DIE MÄRCHEN DER WELTLITERATUR

BEGRÜNDET VON FRIEDRICH VON DER LEYEN

HERAUSGEGEBEN VON HANS-JÖRG UTHER

Plattdeutsche Märchen

Gesammelt von Wilhelm Wisser

EUGEN DIEDERICHS VERLAG

Mit einem Nachwort von Kurt Ranke
Anmerkungen von Fritz Harkort

CIP-Titelaufnahme der Deutschen Bibliothek

Plattdeutsche Märchen
ges. von Wilhelm Wisser.
[Mit e. Nachwort von Kurt Ranke.
Anm. von Fritz Harkort].
39.–43. Tsd. – München: Diederichs, 1990.
(Die Märchen der Weltliteratur)
ISBN 3-424-00307-7
NE: Wisser, Wilhelm [Hrsg.]

39.–43. Tausend 1990

Einbandgestaltung: Ute Dissmann, München
Produktion: Tillmann Roeder, München
Gesamtherstellung: Wiener Verlag, Himberg
ISBN 3-424-00307-7
Printed in Austria

1. De twee Bröder

Dar is mal en Fischer west, de hett mit sien Fru ganz alleen an 'n Strand wahnt, un dat hett ehr man heel nootdürftig gahn. Kinner hebbt se nich hatt.

Nu geiht de Fischer mal enen Morgen to'n Fischen, un do fangt he so 'n wunnerschönen Fisch.

O, seggt de Fisch, laat mi leben! Denn will ik di to groten Rickdom verhelpen. Ja, seggt de Fischer, wenn du dat wullt, denn swümm wedder los.

Na, he kümmt to Huus, de Fischer, un vertellt sien Fru dat.

Do seggt sien Fru – de is so'n beten rachgierig west un hett ümmer nich noog kriegen kunnt –: Bewahre ja, seggt se, den müßt du je mitbröcht hebben! Denn hadden wi je foort wat hatt. Nu hett he di wat godes vörsnackt. Op'n anner Mal bringst du em mit to Huus, wenn du em wedder faat kriggst!

O, denkt de Fischer, wer weet, wat ik em gar wedder fang?

Annern Morgen hett he 'n des Döösters wedder in sien Nett.

Och, seggt de Fisch, laat mi lopen.

Nee, nee, seggt he, ik heff mien Fru dat vertellt, un de hett dar so veel Larm üm maakt: nu mußt du mit. Mien Fru will di slachten.

Na, he nimmt em je mit, den Fisch.

Ünnerwegens seggt de Fisch to em: Wenn dien Fru mi nu slachten deit un kaken, un ji hebbt mi denn opeten, denn raak de Graden op'n Disch tosamen un graav de achter't Finster in.

Ja, dat will ik doon, seggt de Fischer.

He bringt den Fisch je to Huus. Na, Moder, seggt he, hier is de Fisch.

Ja, denn will ik em glick slachten, seggt se.

De Fisch seggt nix, lött sik ruhig slachten. Un 's Meddags kümmt he je to Disch, un se eet em op. Un as se em vertehrt hebbt, do raakt de Fischer de Graden vun 'n Disch un graavt ehr achter't Finster in, so as de Fisch seggt hett.

Dat duurt nich lang, do schall sien Fru in Wuchen. Un kümmt uk je darto. Un kriggt twee lütt Jungs, en paar egaal Jungs, de sik ganz ähnlich seht.

De beiden Jungs – den enen hebbt se Kunz döfft un den annern Klaas –, de waßt je heran un föhrt mit den Olen to Water un helpt em mit fischen. Un wielt se heran waßt, waßt vun de Graden dar achter 't Finster twee son schööн Sweerter herut.

As de Bengels son twintig Jahr sünd, ja, Vader, seggt se, nu wüllt wi in'e Frömm un uns de Welt mal besehn.

Nu warrt se je mit allen utrüst, un 'n annern Morgen schall 't denn je los gahn.

As de Olsch dat Farken wat geben will, do staht dar twee Peer anbunnen an 'n Swienstall, un achter jeden Peerd liggt en Pudel achter.

Süh, seggt se, nu künnt de Jungs rieden, nu dörvt se je nich to Foot gahn.

Se geiht na de Kamer hen, wo de beiden Jungs slaapt, un will ehr wecken: do hängt vör jedereen so 'n schöön Mundeerung in ehr Kamer.

Nu staht man op, Jungs, seggt de Olsch, hier is Tüüch. Un denn künnt ji rieden darto: vör de Döör staht en paar Peer.

Se staht je op, treckt ehr Mundeerung an, nehmt de beiden Sweerter un binnt sik de üm, un do seggt se ehr Olen attüß un riedt los.

As se en Tietlang reden hebbt, kaamt se an 'n Krüüzweg.

Ja, nu mööt wi man ut'n annern, seggt de een. Dat wi beid ümmer tosamen blievt, dat is nix. Een kann rechts reisen un de anner links.

Ja, seggt de anner, dat künnt wie je. Aver dat wi Bescheed weet – dar is so 'n grönen Blink west in 'e Midd –, denn wüllt wi uns hier en Sood utsteken. Wenn een vun uns wedder trüch kümmt, un de Sood is gröön, denn is de anner goot to Weeg; is de Sood aver verdröögt, denn is he doot; un is se nich mehr gröön un uk

noch nich ganz verdröögt, denn is he in Noot, un denn mutt de anner em nakamen un em redden.
Na ja, se steekt de Sood je ut, un do riedt se wieder. Klaas ridd rechts, un Kunz ridd links.
Kunz, as de 'n Tietlang reden hett, do kümmt he bi so 'n ool Kaat an, dar kümmt en ool Fru herut.
Na, mien Jung, seggt se, op di heff ik al lang luurt. Sadel dien Peerd man af, un denn laat 't man mit mien Peerd lopen in 'n Wischhoff; dar is Gras genoog. Un denn kumm man rin, ik heff de Pannkoken al trecht.
Na, he geiht mit ehr rin na Stuuv, un se sett de Pannkoken op'n Disch, un do eet se je tosamen un vertellt sik wat.
Annern Morgen seggt se to em: Na wullt du nich en beten op'e Jagd rieden?
Ja, ik heff je man keen Gewehr, seggt he.
O, seggt se, en Gewehr bruukst du uk gar nich. Wenn du en Hasen sühst oder en Stück Wild, un du wiest dar blot op mit dien Sweert, denn fallt dat al so dal un is doot. Un denn nimm mien Peerd man – dat is dat Lastdregen beter gewohnt as dien – un laat dien hier.
He nimmt ehr Peerd, un do ridd he denn je to Holt, op'e Jagd. O bewahrn! Do kriggt he so veel Wild: he hett sien ganz Peerd behängt; so veel Wild hett he mit sien Sweert schaten. Un he wunnert sik je, dat sien Sweert so'n Deensten doon kann.
A he ut 't Holt wedder rut rieden kümmt, do liggt dar en ganzen Barg Jägers.
Gott bewahrn! Wo he dat all schaten hett.
Ja, dar in 't Holt, seggt he.
Ja, se hebbt den ganzen Dag achter 'n olen Hasen rüm jaagt un hebbt em nich kriegen kunnt. Se hebbt gar nix. Wat he ehr den Kraam nich verköpen will.
Ja, dat will he. Un do verköfft he ehr dat all rein weg.
Do hebbt se gar nich so veel Geld bi sik hatt, dat se dat hebbt betahlen kunnt. Un se geevt em gollen Fingerringen un gollen Uhrn un gollen Uhrkeden to Pand un fraagt em, wat he morrn nich wedder op'e Jagd rieden will: denn wüllt se Geld mitbringen.

Ja, seggt he, üm de un de Stunn schüllt se man dar wesen, denn is he dar wedder.
Nu kümmt he bi sien ool Mudder je wedder an dar in de Kaat.
Na, mien Söhn, seggt se, wo hett 't gahn?
O, ganz goot, seggt he, seh mal hier! Un do gifft he sien Geld un Kraam all af. Un do itt un drinkt he je, un abends geiht he to Bett un slöppt de Nacht, un 'n annern Morgen ridd he wedder op 'e Jagd.
Do schütt he wedder en ganzen Barg Wild mit sien Sweert. Un as he ut dat Holt kümmt, do sünd de Jägers all wedder dar, un he verköfft ehr wedder den ganzen Kraam. Blot enen groten Rehbuck, den nimmt he mit to Huus, den mutt de Olsch em trecht braden.
So drifft he dat nu enen Dag un all Daag.
As he dar 'n Veerteindaagstiet west is, do seggt he: Ja, Mudder, nu will 'k man en beten wieder.
Na ja, seggt se, aver wenn du wedder trüch kümmst un kümmst hier wedder vörbi, denn kümmst du wedder bi mi vör!
Ja wull, seggt he.
Nu ridd he denn je wieder, un de Pudel löppt ümmer achter em in. He hett al mehr Daag reist, do kümmt he bi 'n Weertshuus – dat hett 'n Mielwegs vun 'n köniligen Sloß af legen –, un in dat Weertshuus, dar lött he sik dal, op 'n länger Tiet. Un he is dar so goot op un annahmen, as wenn he dar Söhn in 't Huus is. Un all Daag geiht he op 'e Jagd un leevt as en groten Herrn.
Nu, enen Abend, do kümmt he uk mal vun de Jagd to Huus, un do sünd se all so trurig.
Do fraagt he ehr, worüm as se so trurig sünd.
Och, Gott, seggt den Weert sien Fru, morrn is de Dag, denn warrt den König sien öllst Dochter dar rop heeßt na den Glasbarg, un denn kümmt en Draken, de haalt ehr af. Un dar is keen Minsch, de ehr redden kann un kann ehr vun den Draken erlösen.
Annern Morgen geiht dat je los. Un all de Lüüd wüllt dar je hen un dat ansehn.
Do fraagt de Weert em, wat he keen Lust hett, wat he uk ne hen will un sik dat ansehn.

Nee, seggt he, so wat kann he nich sehn; he will lever en beten op 'e Jagd rieden.
Na, se gaht je all' hen, un he ridd op 'e Jagd.
As dat so wiet to is, dat den König sien Dochter dar rop heeßt is na den Glasbarg, do kümmt mit eenmal en Rüter anrieden. Dat is Kunz je west. Sien Knööp sünd all gollen west, un all dat Geelgeschirr, wat he anhatt hett, sien Helm un Kraam, dat is uk all vun Gold west. Un sien Peerd geiht dat Füür man ümmer so ut de Nüstern, un den Pudel uk. Un je neger as he na 'n Barg heran kümmt, je höger geiht dat Peerd. Un toletzt ridd he na den Barg herop.
Mein Gott! seggt den König sien Dochter, wat he dar will.
Dat kriggt se wull to sehn, seggt he, he will ehr redden. Aver he is so mööd, seggt he, he kann sik gar nich helpen vör Slaap.
Ja, denn schall he sienen Kopp man in ehren Schoot leggen, seggt se, un eerst en beten slapen.
Ja, seggt he, dat will he denn uk. Aver wenn de Draak kümmt, denn schall se em wecken. Eerst schall se sienen Pudel ropen. Un wenn he denn noch nich opwaakt, denn schall se sien Peerd ropen. Un denn em sülben. Denn will he wull opwaken.
Nu leggt he sik je dal, so in de Kneen, un hett den Kopp so in ehren Schoot un slöppt to. Un wielt he slapen deit, kümmt se bi un nimmt ehren Fingerring un knütt em den achter in sien Haar. He hett so'n lang Haar hatt. He hett dar aver gar nix vun spöört: he hett je slapen.
As he en beten slapen hett, do warrt se dat wahr in de Feern, dat de Draak anflegen kümmt.
Do röppt se den Pudel. Aver do waakt he uk al op.
So, seggt he, nu laat'n man kamen!
Nu kümmt de ool Draak denn je answirren. Aver Kunz kümmt bi un haugt em foort twee Köpp af.
Do seggt de Draak: Wenn ik man een Drüpp Bloot vun de Jümfer heff, denn heff ik mien beiden Köpp wedder.
Un wenn ik noch eenmal tohaug, seggt Kunz, denn büst du den drüdden Kopp to los. Dree Köpp hett he hatt, de Draak.
Do haugt he noch mal to un haugt em den drüdden Kopp uk af. Do is de Draak je doot west.

Nu liggt de dree Köpp je dar. Un do kümmt he bi un snidd mit sien Meß de Spitzen vun de Tungen af un wickelt sik de in sienen Taschendook.

Och, Gott, seggt de Königsdochter, mi hest du nu erlööst. Aver morrn fröh kümmt dar en Draken mit söß Köpp, denn kümmt mien Swester an de Tour.

Ja, so goot as för di Raat west is, warrt för de uk wull Raat, seggt he. Un do sett he sik op sien Peer un ridd weg.

Nu hett de König dar en Patschon Suldaten üm den Barg herümstellt, de schüllt em möten. He will je weten, wat dat vör'n Herrn west is. Aver Kunz brickt dar hendör un ridd so wedder weg, as he kamen is, un ridd wedder hen to Holt. Dar schütt he sik noch en beten Wild, un do kümmt he wedder in dat Weertshuus an.

O, do sünd se dar je all so vergnöögt över den König sien Dochter. Dar is en Engel vun 'n Himmel kamen, heet dat, de hett ehr erlööst.

Abends sünd se aver wedder trurig.

Na, wat is dar nu denn wedder los? fraagt Kunz.

Ja, morrn kümmt den König sien tweet Dochter an de Reeg, seggt se, denn kümmt dar en Draken mit söß Köpp.

Och, de arm Deern! seggt he. Dat is je trurig.

Na, 'n annern Morgen geiht dat je wedder los. Do wüllt de Lüüd je all wedder hen un dat ansehn. Un he ridd wedder op 'e Jagd. Un as 't so wiet to is, do ridd he wedder na den Barg herop, as dat eerst Tour, un leggt sienen Kopp uk in ehren Schoot. Un se knütt ehren Fingerring uk in sien Haar. Un do kümmt de Draak denn je an, un Kunz haugt em foort veer Köpp weg.

Do seggt de Draak: Wenn ik man een Drüpp Bloot vun de Jümfer heff, denn heff ik mien Köpp wedder.

Ja, seggt Kunz, un wenn ik man noch eenmal tohaug, denn büst du dien annern beiden Köpp uk los. Un do haugt he noch mal to un haugt em de beiden letzten Köpp uk weg. Do hett he de tweet Dochter uk je erlööst.

Och, Gott, seggt se, morrn kümmt dar noch en Draken mit negen Köpp: denn kümmt mien jüngst Swester an de Reeg.

O, so goot as för di Raat west is, seggt he, wart för dien Swester uk wull Raat. Un do snidd he de Spitzen vun de Tungs af un stickt de uk in de Tasch. Un do sett he sik to Peer un brickt wedder mang de Suldaten dör, un dat weg. Un do ridd he wedder hen to Holt op 'e Jagd.

As he wedder in dat Weertshuus ankümmt, o, do sünd se je all so vergnöögt över den König sien Dochter. Dar is en Engel vun 'n Himmel kamen, seggt se, de hett ehr erlöößt.

Abends warrt se wedder trurig.

Do fraagt he ehr, wat se nu denn wedder hebbt.

Ja, seggt se, morrn kümmt 'n Draken mit negen Köpp. Un Kunz duurt dar je wedder över.

Annern Morgen geiht dat je wedder ebenso. Do wüllt de Lüüd je all' wedder hen. Un he ridd wedder to Holt. Un as dat so wiet to is, do ridd he wedder na den Glasbarg rop un leggt sienen Kopp in ehren Schoot. Un se knütt ehren Fingerring uk in sien Haar.

Do kümmt de Draak denn je anflegen, un Kunz haugt em foort söß Köpp mit eenmal weg.

Do seggt de Draak: Wenn ik man een Drüpp vun dat Jümferbloot heff, denn heff ik mien Köpp wedder.

Ja, seggt Kunz, un wenn ik noch eenmal tohaug, denn büst du dien annern Köpp uk los. Un do haugt he noch eenmal to un haugt em de letzen dree Köpp uk af. Do is se je redd.

Gott sei Dank! seggt se. Nu sünd wi vör ewig Tieden frie vun de Draken. Bet herto hebbt se ümmer all Jahr dree junge Fruunspersonen haalt, un dit Jahr weer de Reeg an uns dree.

Kunz snidd sik wedder de Spitzen vun de Tungen af un stickt ehr in de Tasch. Un do sett he sik op sien Peerd, un dat vörstorm weg. De Suldaten, de de König opstellt hett, de fleegt all an de Siet, de künnt em nich möten.

As he abends to Huus kümmt vun de Jagd, do sünd se aver richtig vergnöögt west, de Weert un sien Fru, un hebbt dar en Buddel Wien op drunken.

En ganz Tiet is dat al in de Stillheit, do mal enen Dag, do seggt de Weert: Ja, vundaag is en groot Gastbott op 'n Sloß. De Mann, de den König sien dree Döchter erlöößt hett, de hett sik

anfunnen, de schall sik nu een vun de Döchter utsöken, de he to'n Fru hebben will.
O, seggt Kunz, denn wull ik wull, dat ik en beten vun den König sien Tafel af hadd. Dar is wull schöön wat op.
Ja, dar wat aftokriegen! seggt de Weert. Dat is wull wietlöftig.
O, seggt Kunz, wat gelt de Wedd, dat wi den bessen Braden, de vör 'n König steiht, gliek in 'n Ogenblick hier hebbt?
Ja, dar will ik mien half Huus un Hoff gegen setten, seggt de Weert, dat wi dat nich kriegt.
Na ja, denn paß op, seggt Kunz. He gifft den Pudel en Korf un seggt: So, Pudel, nun loop man hen un haal uns den besten Braden, de vör'n König op de Tafel steiht.
Na, de Pudel je los, un dat na 'n Sloß hen. Un do een twee dree lang de Trepp op, na 'n Saal herin. Un do springt he op 'n Disch, nimmt den Braden, de vör'n König steiht, un packt sik den in'n Korf, un do suust he dar mit af.
Gott bewahrn! seggt de König. Wat is dat för 'n Pudel? Wer schull den tohören? Den Keerl will ik dat aver aflehrn.
De Pudel kümmt je mit den Braden an.
Na, seggt Kunz to den Weert, wat seggst du nu?
Dat harr ik nich dacht, seggt de Weert.
Ja, seggt Kunz, nu mööt wi uk 'n beten Gebackelwark darto hebben, to dat Fleesch.
Ja, wenn he den Braden halen kann, denn kann he uk mehr halen, seggt de Weert.
De Pudel wedder mit den Korf los.
Nu sünd dar Suldaten opstellt, vör'n Sloß, de schüllt den Pudel möten, wenn he wedder kümmt.
De Pudel aver mang ehr dör, de Trepp lang op, un dat na 'n Saal herin. Un do springt he wedder na de Tafel rop, packt sik den Korf vull Gebackels, un do wedder ut de Döör herut.
De dree Deerns – de kennt den Pudel je –, de verfeert sik un scheet in Dutt.
Dat is je doch rein to dull! seggt de König. Aver de Keerl, de den Pudel tohöört, de schall ophängt warrn.
De Pudel, de kümmt je mit sien Gebackels an.
Nu mööt wi uk noch vun den bessen Wien hebben, seggt Kunz.

So dröög wüllt wi dat nich rin quosen. Un do mutt de Pudel je wedder hen mit den Korf.
De Pudel springt wedder na de Tafel rop, packt sik en Buddel vun den besten Wien in, un dunn ut de Döör herut, un dat de Trepp hendal.
De Suldaten wüllt em möten. Aver he springt mang ehr dör. Se scheet na em. Aver nich een kann den Pudel drapen.
Nu hett de König al 'n ganz Swadron Draguners opkregen, de schüllt all, wat se künnt, achter den Pudel an rieden un schüllt sehn, wo he afblifft, un wer em tohöört. Un denn schüllt se den na 'n König bringen: de Keerl schall ophängt warrn.
As de Pudel mang de Suldaten dör ist, do geiht de Jagd je los. Un de Draguners je all, wat se rieden künnt, achter den Pudel an. Bald seht se em un bald nich. Toletzt kümmt de Pudel je üm de Eck, un dat na 't Weertshuus herin. Un sien Herr nimmt em den Wien je af.
Do kümmt, wat de Offzeer is, de stiggt af un geiht den Pudel na, uk na't Weertshuus herin.
Hööört Se den Hund? seggt he to Kunz.
Ja, seggt Kunz, dat is mien.
Ja, Se weet wull, wat he herbröcht hett, seggt de Offzeer. Dat hett he all vun den König sien Tafel haalt. Un ik heff so'n Order vun 'n König, Ehr gliek op 'e Steed mittonehmen.
Ja, seggt Kunz, wenn de König sülben kümmt, denn gah ik mit. Mit Ehr gah ik nich.
Ja, sehn Se mal de Mannschafft, de ik dar buten heff, seggt de Offzeer. Se mööt.
Ja, ik will Ehr mal wat seggen, seggt Kunz. Dat is enen Sweertslag, denn liggt Ehr Draguners alltosamen dar, un Se mit.
So? seggt de Offzeer.
Ja. Mell'n Se den König man, ik güng anners nich mit, as wenn he sülben kööm.
De Offzeer ridd wedder na'n Sloß hen mit sien Swadron un seggt to den König, de Pudel is dar in dat un dat Weertshuus, un sien Herr uk, un so un so hett he spraken.
Dat is je en Dövelskeerl, seggt de König. Mutt ik dar noch sülben op af!

Na ja, do warrt je foort de Schees anspannt, dar sett de König sik in. Un de Draguners je all wedder mit.
As se vör dat Weertshuus kaamt, do schickt de König em Order, he schall herut kamen.
Nee, seggt Kunz, rut kamen deit he nich. De König schall man rinkamen.
Nee, so 'n Keerl! seggt de König. He stiggt ut un geiht je rin.
Höört Se den Hund to? fraagt de König.
Ja wull, könilich Majestät.
Denn heff ik dat Order spraken, seggt de König, Se schüllt ophängt warden.
Is goot, seggt Kunz. Aver een Beed hadd ik noch.
Na, un wat is de? fraagt de König.
Dat ik op mien egen Peerd hen ried, seggt Kunz.
Ja, dat künnt Se, seggt de König. Dat schüllt Se frie hebben.
Do sett Kunz sik op sien Peerd, un do ridd he ümmer gegen de Schees op.
As se vör 'n Sloß kaamt, do stiggt de König je ut un geiht herop. Kunz blifft aver op sien Peerd sitten un ridd na 'n Sloß herin. Un do de Trepp lang op, un dat na'n Saal herin, wo se all sitten doot.
As he dar kümmt, mein Gott, seggt de König, wo sien Peerd eenmal de Trepp lang op kamen is.
Ja, seggt he, he is al na den Glasbarg herop reden, wo sien Döchter seten hebbt.
Do springt all dree Deerns ünnerhööch: Vadder, dat is de, de uns erlööst hett!
Ja, wat he denn uk wat optowiesen hett, fraagt de König. De anner hett wat optowiesen hatt, seggt he, de hett de Drakentungs mitbröcht.
Ja, de heff ik dar liggen laten, seggt Kunz. Ik heff de Spitzen dar afsneden, un de sünd hier.
Ja, wi hebbt uk wat optowiesen, seggt de dree Deerns. Buck di man mal dal.
Kunz buckt sik dal, un do kriegt de Deerns ehr dree Fingerring ut sien Haar herut.
Süh, Vadder, seggt se, de hebbt wi em inknütt, as wi dar op den

Glasbarg weern. He weer so mööd un hadd sienen Kopp in unsen Schoot leggt.
Do lött de König den annern, den Bedreger, in Keden slüten un fast setten. Un do seggt he to Kunz, he schall sik nu man een vun sien Döchter utsöken, de he to 'n Fru hebben will. Un na sienen Dood – he is al arig to Jahren west, de König –, denn schall Kunz König warrn.
Do söcht he sik de jüngst Dochter ut. Un 'n Achtdaagstiet darna, do warrt de Hochtiet, dar kaamt de Weert un sien Fru uk all beid mit hen.
Nu leevt se je glücklig tosamen los, Kunz un sien Fru.
Do liggt he mal abends in Bett, un do geiht dar so'n groot Füür op in de Feern, dat kann he dör 't Finster sehn.
O, seggt he, wat 's dat för 'n Füür? Dar mutt ik hen.
Dat laat man na, seggt sien Fru, dar bliev man jo weg.
Nee, dar mutt ik hen, seggt he.
He lött sik gau sien Peerd sadeln un ridd los, na dat Füür to. Do kümmt he bi 'n ool hölten Door, und do kümmt dar so'n ool Fru anhümpeln.
Mien Jung, seggt se, wullt du na dat Füür?
Ja, seggt he.
Ja, ik heff hier en Buddel, seggt se, dar nimm man en lütt Drüpp vun. Sünst kannst du dar nix maken: dat is en verwünscht Füür.
He nimmt en paar Drüpp ut den Buddel: do fallt he vun 'n Peerd un warrt to'n Steen.
Do gütt dat Minsch op dat Peerd un op den Pudel uk en paar Drüpp, un do liggt de dar uk as Stenen. –
Nu mööt wi uns eerstmal na den annern Broder ümsehn, na Klaas.
Klaas, de hett reist un reist, un hett dat gar nich to weten kregen, wat sien Sweert för Deensten doon kann.
Nu is he al wedder ünnerwegens west hen to Huus – he hett dacht, sien Broder weer dar wull al –, un do kümmt he je op den Krüüzweg, wo se de Sood utsteken hebbt.
He stiggt af un süht to: do is de Sood nich gröön un is uk nich ganz dröög.

De Kraam is nich richtig, denkt Klaas, dien Broder is in Noot: du mußt em narieden.
He ridd je los, ridd den Weg na, wo sien Broder lang reden is. Un do kümmt he uk je bi de lütt Kaat, wo de ool Fru wahnt hett.
So, mien Söhn, seggt se, nu laat dien Peerd man wedder mit mien in en Wischhoff lopen, un denn kumm man rin. Ik heff de Pannkoken graad trecht.
Aha, denkt Klaas, hier is he al west!
He geiht herin un sett sik bi de Pannkoken. Un se snackt je mit em un fraagt em je allerwegens na, wo em't gahn hett un wat he beleevt hett. Se meent je, sien Broder is dat, dat de wedder kamen is. Se hebbt sik je so ähnlich sehn, de beiden.
Klaas lött sik nix ut un seggt ümmer ja, un darmit vörbi. He will je utspikeleern, wo sien Broder afbleben is. He kriggt aver wieder nix to weten, as dat sien Broder sik en Tietlang bi ehr opholen hett un is ümmer op'e Jagd gahn, un dat he mit sien Sweert ümmer so veel Wild schaten hett.
Annern Morgen seggt se: Na, mien Söhn, wullt du nich en beten op'e Jagd?
Ja, seggt he, dat kann ik je. Un do nimmt he ehr Peerd un schütt uk so veel Wild mit sien Sweert, ebenso as sien Broder.
Annern Dag ridd he wedder op'e Jagd. Do nimmt he sien Peerd un schütt wedder 'n Barg Wild.
Den drüdden Dag, do will he weg. He schall je noch länger töben, aver nee, he hett keen Tiet mehr, seggt he. Un do seggt he de ool Fru attüß un ridd wieder. Un do kümmt he uk na dat Weertshuus, wo sien Broder so lang west is.
O bewahrn! do warrt he je bannig titeleert. Un se fraagt em je, wo he so lang west is, dat he gar nich wedder an 't Huus kamen is. Un darbi kriggt he dat je klook, dat sien Broder een vun den König sien Döchter to'n Fru hett, un dat he weg reden is un is gar nich wedder kamen, un dat keen Minsch weet, wo he afbleben is.
Nu weet he je al arig Bescheed, un do ridd he 'n annern Morgen na 'n Sloß hen.
Do kaamt je foort de Riedknechten un nehmt em sien Peerd af.

Un do kümmt Kunz sien Fru herut, de faat em üm 'n Hals un küßt em un weet sik je gar nich to laten vör Freid. Se meent je, ehr Mann is dat, dat de wedder kamen is.
Nu fraagt se em je, wo he eenmal so lang west is.
Ja, dat will ik di op 'n anner Mal vertellen, seggt he. He denkt je, he kümmt dar wull achter wieltdes, wo sien Broder hen reden is, un denn will he sik wat opdenken.
Abends gaht se je tosamen to Bett. He kümmt aver bi un leggt sien Sweert twischen sik un ehr.
Worüm deist du dat? fraagt se.
Ja, dar heff ik wat ut, seggt he.
As se eben to Bett sünd, un se hebbt dat Licht utpuust, do geiht dat verwünscht Füür wedder op.
Wat is dat för 'n Füür? fraagt he.
Hest dat al wedder vergeten? seggt se. Dar kümmst du je graad eben eerst her. Dat is je dat verwünscht Füür, wo du letzt abends hen reedst, wo du so lang west büst.
Och, dat's uk je wahr, seggt he.
Nu weet he je Bescheed, wo sien Broder afbleben is. Un do denkt he: Aha, dar stickt he fast! Dar muß du morrn fröh hen!
Annern Morgen lött he sien Peerd sadeln.
Wo wullt du nu al wedder hen? fraagt se.
Ja, ik heff dat noch nich ganz klook kregen, seggt he, wat dat darmit op sik hett, mit dat Füür. Ik will dat noch bet nasöken.
Se will em je kortut nich weglaten. Aver he lött sik nich holen: he ridd los.
As he bi dat holten Door ankümmt, do steiht de Olsch dar.
Na, mien Söhn, seggt se, wullt du na dat Füür?
Ja, seggt he.
Ja, denn nimm man eerst en paar Drüpp ut mienen Buddel, seggt se. Sünst kannst du dar nix maken. Dat is all verwünschten Kraam mit dat Füür.
Ja, dar hest du Aas wull graad Schuld to, seggt he. Wenn du nu nich gliek in 'n Ogenblick seggst, wo du mienen Broder hest, denn haug ik di hier op'e Steed den Kopp af.
Do warrt de Olsch je bang un seggt, he schall den Buddel neh-

men un schall op de dree Stenen, de dar liggt, dar schall he en paar Drüpp opgeten.
He gütt dar je en paar Drüpp op, un do kümmt ut den eersten Steen sien Broder herut, un ut den tweten kümmt dat Peerd herut, un ut den drüdden Steen de Pudel.
Mein Gott, Broder, seggt he, wo lang hest du hier al legen?
O, ik heff man enen Ogenblick slapen, seggt he.
Nee, seggt he, du hest hier al lang legen. Du büst in 'n Steen verwünscht west vun de ool Hex. Un dien Fru hett so veel Angst üm di utstahn, dat du gar nich wedder köömst. Ik bün dar gistern ankamen, un do meen se, dat du dat weerst. Un övernacht heff ik uk bi dien Fru slapen.
Do warrt Kunz so böös, un he nimmt sien Sweert un stickt sienen Broder doot. Un do stiggt he to Peerd un ridd hen to Huus.
As he dar ankümmt op 'n Sloß, do is sien Fru je so vergnöögt, dat he dar wedder is. Un do fraagt se em, worüm as he noch mal wedder hen reden is na dat Füür, un gistern Abend, as se to Bett gahn sünd, worüm as he dunn dat Sweert bi sik henleggt hett, twischen sik un ehr.
Do süht he je, dat sien Broder unschüllig is. Un do stiggt he foort to Peerd un ridd dar wedder hen. Un do seggt he to de ool Hex, wenn se nu nich gliek in en Ogenblick sienen Broder wedder lebennig maakt, denn haugt he ehr doot op'e Steed.
Do gütt se 'n paar Drüpp ut ehren Buddel in de Wunn, un do leevt sien Broder wedder op. Un do kaamt se bi – dat hett dar all vull legen vull Stenen –, dar geet se allerwegens 'n paar Drüpp op.
Do geet se dar Prinzen un Prinzessinnen herut un 'n ganz Königriek. Dat hett de ool Hex all in Stenen verwünscht hatt. Un do riedt se wedder hen na 'n Sloß. Un do kriggt Klaas den König sien tweet Dochter to'n Fru. Un dat Königriek, wat se erlööst hebbt, dat kriggt Klaas. Do sünd se beid Könige worrn. Un wenn se nich doot bleben sünd, denn leevt se noch.

2. *Hack an!*

Dar is mal en König west, de hett 'n Dochter hatt, de hett gar nich lachen kunnt. Un do lett de König utgahn, de sien Dochter to'n Lachen kriegen kann, de schall ehr to'n Fru hebben. Wenn he dat aver nich kann, denn kümmt he to Lock un mutt Tietslebens sitten.

Nu is dar 'n Buurn west, de hett dree Söhns hatt, de kriegt dat uk je to höörn.

Do seggt de öllst – dat 's recht so 'n Faxenmaker west –: Du, Vadder, seggt he, weeßt wat? Ik will dar doch mal up af un will mal sehn, wat ik de Königsdochter ne to'n Fru kriegen kann.

Ja, seggt de Ool, dat do man.

He warrt je mit alln utrüst, dat he orntlich war to leben hett up 'e Reis, mit Bodderbroot un Wust un Kees un wat he nich all mitkriggt, un do reist he je los.

Ünnerwegens kümmt he dör 'n Holt, dar begegent em 'n olen Mann.

O, mien Jung, seggt de ool Mann, ik bün rein so hungerig: hest du nich en lütt beten Broot bi di?

Ja, seggt he, hebben do ik noog. Aver dat mag ik sülben. Seh He to, wo He wat kriggt!

Ja, wenn du so büst, seggt de ool Mann, denn warrt di dat uk nich lücken, wo du up af wullt.

Och, wat Snack! seggt he. Wat weet He darvun, wo ik up af will! Un darmit geiht he je wieder.

As he in de Stadt kümmt, do geiht he je na 'n Sloß hen un lett sik anmellen, he will de Königsdochter to'n Lachen maken. He mutt je rup kamen, un do bringt de Bedeenters em na'n Saal herin, wo de Königsdochter is.

Nu maakt he ehr je allerhand Spijöök un Faxenkraam vör: dar schall se je över lachen. Aver se blifft bi ehr eernsthaftig Gesicht. So en Hanswust, seggt se, de will enen to'n Lachen bringen. Rut mit den Keerl! Weg mit den Ulenspegel!

Na, he mutt je maken, dat he ut de Döör kümmt. Un do paßt dar buten je al welk up, de kriegt em foorts bi'n Krips un smiet em in't Lock.

As he gar nich wedder to Huus kümmt, do seggt de tweet Söhn – dat 's uk so'n Ulenspegel west –: Du, Vadder, seggt he, de kümmt nich wedder. Den hett dat nich lückt. Denn mutt ik dar man mal up af.
Ja, mien Söhn, seggt de Ool, wenn du dar man wat bi warrst!
O, Vadder, seggt he, ik weet je so veel Ulenspegeltöög: schaßt man sehn, ik will ehr wull to 'n Lachen kriegen.
Ja, mien Söhn, seggt de Ool, denn seh du to.
Nu packt se em uk je en Barg to leben in, un do sett he sik je af.
As he in dat Holt kümmt, do is de ool Mann dar wedder. O, mien Jung, seggt de ool Mann, ik bün rein so hungerig: hest du nich en lütt Stück Broot?
Dat mag ik sülben, seggt he. Seh He to, wo He wat kriggt!
Ja, wenn du so büst, seggt de ool Mann, denn warrt di dat uk nich lücken, wo du up af wullt.
Dummen Snack! seggt he. Wat weet He darvun, wo ik up af will! Un darmit geiht he je wieder.
As he vör 'n Sloß kümmt, do lett he sik je anmellen, he will de Königsdochter to 'n Lachen maken. Se bringt em uk je na den Saal herin. Aver do geiht 't em graad so as den annern. He mutt maken, dat he ut de Döör kümmt. Un do kriegt se em uk je foorts bi'n Schewickel, un dat mit em to Lock.
Nu kümmt de uk je nich wedder an 't Huus.
Do seggt de jüngst Söhn – dar hebbt se all nix up reekt un hebbt ümmer dumm Hans to em seggt –: Du, Vadder, seggt he, de kümmt uk ne wedder. Den hett dat uk nich lückt. Denn mutt ik dar man mal hen.
Ja, dat weer hooch Tiet! seggt de Ool un lacht. Wenn dien beiden Bröder dar nix bi worrn sünd – un de sünd je doch so leifig –, wat wußt du dar denn? Dar büst du je veel to tumpig to.
Ja, Vadder, seggt he, dat kann 'n männichmal ne weten. Ik will dar doch mal up af.
Ja, wenn du uk geern to Lock wullt, seggt de Ool, denn gah los. Aver dat segg ik di: mitkriegen deist nix.
Sien Mudder stickt em aver doch 'n paar Sneden verschimmelt

Broot in de Tasch un 'n paar dröög Keeskössen, un do maakt Hans sik je up 'n Stieg.
As he in dat Holt kümmt, do is de ool Mann dar wedder.
O, mien Jung, seggt de ool Mann, goot, dat du kümmst! Hest du nich een lütt beten Broot bi di? Ik bün rein so hungerig, ik heff den ganzen Dag noch nix to leben hatt.
Ja, seggt Hans, wat ik heff, dar kann He geern wat vun afkriegen. Aver ik heff man sülben nich recht wat. Ik heff wieder nix as 'n paar Sneed verschimmelt Broot un 'n paar harr Keeskössen.
O, dar bün ik denn uk mit tofreden, seggt de ool Mann.
Ja, denn wüllt wi uns hier up 'n Stubben dal setten, seggt Hans, un wüllt dat tosamen vertehrn. Ik bün uk al hungerig.
As se dat up hebbt, so, mien Jung, seggt de ool Mann, dat hett mi goot smeckt. Nu will ik di uk 'n Gefalln wedder doon. Wo du up af wullt, dat weet ik. Un dat schall di uk lücken. Dar will ik di to verhelpen. Wenn du en beten bet to büst, dar günt bi de groot Böök, dar steiht 'n hübschen Sleden mit 'n hübsch Peerd vör. Un up den Sleden, dar sitt 'n golln Vagel up. Nu geihst du in den Sleden sitten un föhrst los. Un wenn dar denn een kümmt un will di den Vagel weg nehmen, un he langt darna, denn seggst du gau: Hack an! Denn sitt he dar an fast, an den Sleden.
Darmit geiht Hans je wieder. Un as he bi den Sleden kümmt, do stiggt he up un föhrt los. Abends kehrt he in 'n Weertshuus an, dar will he geern 'n Nacht blieben.
Ja, seggt de Weert, dat kann uk angahn.
Ja, seggt Hans, he hett man keen Geld. Aver Slaaplogis verlangt he uk gar ne; he will wull in sienen Sleden slapen.
Ja, dat kann he denn uk je, seggt de Weert.
As dat Bettgahnstiet is, do geiht Hans je rut na de Deel un sett sik in sienen Sleden hen to slapen.
Nu hett he dree Döchter hatt, de Weert. Un de een Dochter, de mag den gollen Vagel so geern lieden. Deerns, seggt se to ehr beiden Swestern – se hebbt al all' dree in Bett legen –, den Vagel, den mutt ik hebben, un wenn 't uk! Wenn de Bengel in Slaap is, denn gah ik sacht hen un nehm em den Vagel weg.

Ja, seggt de annern beiden, laat di dar man nich bi faat kriegen!
O, weest man nich bang'! seggt se. Dar is de ool Bengel je veel to dumm to.
As se meent, dat Hans wull al in Slaap is, do steiht se up un sliekert sik so, as se ut'n Bett kümmt, na de Deel rup. Un dunn – Hans, de beert, as wenn he slöppt, he hett aver noch waakt –, do langt se to un will den Vagel angriepen.
Hack an! seggt Hans. Do sitt de Deern an den Sleden fast.
Deerns, helpt mi doch! röppt se, ik kann nich wedder loskamen.
Do kümmt ehr een Swester, uk in bloten Hemd, un will ehr losrieten.
Hack an! seggt Hans. Do sitt de dar uk an fast, an ehr Swester.
Do kümmt de drüdd Dochter, uk in 'n Hemd, un will de tweet losrieten.
Hack an! seggt Hans. Do sitt de drüdd dar uk an fast, an de tweet.
Do kriggt Hans sien Peerd vör un föhrt los. Un de Deerns mööt je all dree achter an, all' mit barft Benen un mit 'n barden Steert.
Annern Morgen kümmt Hans dör en Dörp mit sien Fohrwark. Un all de Lüüd hebbt de dree Deerns je in'n Kieker.
Do kümmt he den Diek vörbi, dar staht en paar Fruunslüüd, de sünd bi 't Linnenafkloppen, mit son Waschhölter.
Deerns, roopt se, schaamt ji ju gar nich? Wat doot ji spliddernaakt achter den Keerl an to lopen! Tööf, wi wüllt ju helpen!
Se achter de Deerns an un batzt ehr mit de Waschhölter achtervör, vör den barden Steert.
Hack an! seggt Hans. Do sitt de beiden Fruunslüüd uk fast. Se blievt aver ümmer bi to batzen.
As Hans 'n beten bet to is, do kümmt de Preester dar henlang.
Na, wat hett dat to bedüden? seggt de Preester. Wiest dat hen, dat ji mit juun Waschhölter up de Deerns to batzen sünd? Dar gaht hen un kloppt juun Linnen af un laat de Deerns to Huus gahn, dat se sik wat antreckt.
Ja, wi künnt man nich los kamen, seggt de beiden Fruunslüüd.
Nich los kamen? seggt de Preester. Dat müß je doch mit 'n Döö-

ster togahn! He grippt ehr bi 'n Rock an un will ehr je los rieten.
Hack an! seggt Hans. Do sitt de Preester uk fast, an de beiden Fruunslüüd.
Do kümmt de Köster dar henlang.
Kumm doch her un help mi! röppt de Preester. Ik kann nich wedder los kamen.
De Köster kümmt anlopen un kriggt den Preester bi sienen Summari faat –
Hack an! seggt Hans. Do sitt de Köster dar uk an fast, an den Preester.
Do kaamt se bi de Smeed vörbi, un de Smitt hett graad 'n iesern Stang in 't Füür.
Nu kiek de ooln Deerns, seggt he to den Geselln. Tööf, de will ik mit de glöhnig Stang 'n beten achter ketteln!
He mit de glöhnig Stang ut de Smeed herut, un dat achter den Sleden an.
O, Meister, röppt de Köster, help uns beiden doch los un laat de ooln Deerns tofreden!
De Smitt kriggt den Köster bi 'n Arm faat –
Hack an! seggt Hans. Do sitt de Smitt dar uk an fast, an den Köster.
So, denkt Hans, nu hest je al 'n arig Reeg up 'n Dutt. Un do föhrt he mit sienen Sleden wieder.
As he vör 'n Sloß ankümmt, do kiekt den König sien Dochter graad ut 't Finster.
Vadder, röppt se, nu kumm doch gau mal her un kiek di dit Spillwark an! Un darbi sleit se in beid Hänn un will sik je doot lachen.
Do hett Hans ehr je to'n Lachen bröcht. Un do hett he de Königsdochter to'n Fru kregen.

3. De Küken lehrt dat Snacken

Dar is mal en Gräfin west. De Graaf is al doot west, un se hett den Hoff alleen regeert.

Nu hett dar en Möhl to den Hoff hööört, de hett se verpacht hatt. De Möller hett dat Gewees ümmer goot in'e Reeg holln un hett sien Pacht ümmer to rechter Tiet betahlt. Aver de Gräfin hett en Schriever hatt, de hett de Möhl geern hebben schullt. Un do will se den Möller je los wesen un triezt em ümmer mit de Pacht, sett em Jahr för Jahr höger. De Möller hett ümmer noog to doon, dat he de Pacht man up'n Dutt kriggt. Aver he hett en Fru un fiev Kinner hatt, un he will de Möhl je unnoog missen. Dat is je en Brootsteed west för em. Un so suur, as em dat warrt, he gifft je ümmer to.

Do kümmt de Gräfin bi, toletzt, – se will em je kortut los wesen, den Möller – un schickt en Deern hen na de Möhl mit en Kluckheen un en Tucht Küken, de schall de Möller dat Snakken lehrn. Un wenn he dat nich kann, denn schall he vun de Möhl.

As de Deern dar kümmt bi den Möller, un se bestellt dat, nee, seggt de Möller, nu is dat Minsch je wull heel un deel unklook worden! Nimm dien Kluck un dien Küken man wedder mit.

Nee, seggt de Deern, mitnehmen deit se ehr nich wedder. He schall man sehn, dat he dar mit to Gang kümmt. Süß is he wull de längst Tiet Möller west.

Na, he mutt de ool Kluck un de Küken dar je behölln. He weet dar aver je gar nix mit uptostellen.

Nu hett de Gräfin sik en Hoffnarrn holln, de is veel mit bi den Möller kamen.

Do klaagt de Möller den mal sien Noot, wat he dar eenmal bi maken schall.

Ja, seggt de Hoffnarr, dat will ik di seggen. Laat de Küken man eerst noch en beten lopen un foder ehr goot, dat se örntlich fett warrt. So is dar je noch nix an. Un wenn du ehr denn fett hest, denn so laat dien Fru dar man ümmer een vun braden. So'n Kükenbraden, dat is je wat leckers. Un denn seggt mi man üm-

mer an. Denn kaam ik her to Fröhstück, un denn wüllt wi uns dar tosamen an plegen.
Ja, Minsch, seggt de Möller, dat geiht je doch nich. Ik schall ehr je dat Snacken lehrn. Un ik wull de Möhl doch so geern behooln.
Ja, seggt de Hoffnarr, kannst du ehr dat Snacken lehrn?
Nee, seggt de Möller, dat kann ik nich.
Ja, wat wullt du denn? seggt he. Do du man, wat ik di segg. Wat dar na kümmt, dat steiht up mi.
Na, as de Küken fett sünd, do geiht dat Slachten denn je los un dat Braden. Un de Hoffnarr kümmt denn uk je ümmer 'n beten röver un helpt ehr de Küken mit vertehrn.
As de Küken all sünd, ja, seggt de Möller, nu is de ool Kluck dar je noch. Wat stellt wi dar nu mit up?
Ja, is se noch to bieten? seggt de Hoffnarr.
Ja, seggt den Möller sien Fru, dat 's noch 'n jung Tier. Un goot fett is se uk.
Ja, denn laat uns de uk man vertehrn morrn fröh, seggt de Hoffnarr. Denn is de uk je an d' Siet.
Na, 'n annern Morgen, do warrt de Heen uk je braadt.
As se ehr to Bost hebbt, ja, seggt de Möller, wenn dat Minsch nu aver kümmt un will de Kluck un de Küken sehn, wo wiet as se to sünd: wo warrt 't denn? Denn geiht 't je doch mien Daag ne to 'n Goden. Denn bün ik de Möhl je los.
O, wiß man nich bang! seggt de Hoffnarr. Dar laat mi man för sorgen. Un darmit geiht he je wedder to Huus.
As he vör 'n Sloß över geiht, do hett de Gräfin baben ehr Slaapstubenfinster apen un kickt ut.
Do sleit he sik mit de Hand ümmer so achtervör, un darbi seggt he ümmer: Nee, wat hett 't 'n Schick! Nee, wat hett 't 'n Schick! Wat hett 't eenmal 'n Schick!
De Gräfin, de hóört dat. Wat is dar los? seggt se. Wat hett dat denn för 'n Schick?
O, wat hett 't 'n Schick! seggt he wedder.
So segg dat doch! seggt de Gräfin. Wat is dar denn eenmal los?
Ja, Fru Gräfin, seggt he, de Kluck un de Küken, de künnt snacken.

Süh, de Aas! seggt se. Hett he ehr richtig wat bibröcht! Dat hadd ik nich dacht! Is dat denn to verstahn, seggt se, wat se snacken doot?

Ja, Fru Gräfin, seggt he, dat is dat je man graad! O wat hett 't eenmal en Schick!

Na, wat seggt se denn? fraagt de Gräfin.

Ja, Fru Gräfin, dat kann ik hier gar nich seggen. Wenn dat ween höörn deit!

Ja, denn kumm herup, seggt se, un segg mi dat alleen.

As he mit ehr alleen is, na, seggt se, wat seggt se denn? Du maakst enen je rein nelich.

Ja, Fru Gräfin, seggt he, ik mag 't gar nich seggen. Nee, wat hett 't eenmal en Schick! seggt he wedder.

O, segg dat man, seggt se.

Ja, denken S' mal an, Fru Gräfin! De Küken, de seggt: Fru Gräfin hölt mit en Schriever to, mit en Schriever to! Un de ool Kluck, de seggt: Mit en Kock uk, mit 'n Kock uk!

Dat Takeltüüch! seggt se. Denn gah man foort hen un segg to den Möller, he schall de ool Heen mitsams de Küken den Kopp afhauen.

Do hett de Möller de Möhl beholln.

4. Bet de Kukuk röppt

Dar is mal en Buur west, de is so giezig west, de hett sien Knechten ümmer so meed't. Wenn de Kukuk rööp, denn weer ehr Tiet üm, un wenn se ehr Tiet uthölen, denn kregen se en Spint Geld. Wenn se aver böös wörrn vörher, wenn ehr wat verdreten dee, denn müssen se so afgahn, denn kregen se gar nix. Un denn wörrn ehr beid Ohrn afsneden. Wörr he aver böös vörher, de Buur, denn kregen se ehr Lohn, un denn kunnen se dat ebenso bi em maken.

Wenn he nu en frischen Knecht kregen hett, de Buur, denn is he eerstan ümmer ganz örntlich gegen ehr west un hett ehr nix seggt. Aver wenn dat gegen Fröhjahr gahn hett, denn hett he ehr so veel op'n Stock daan un ehr so lang tribeleert, bet se toletzt böös worrn sünd. Un denn hebbt se je ümmer so weg müßt, ahn'n Lohn. Un he hett sien Geld je beholln.

Nu is dar mal 'n Knecht west, de hett Hans heten, de kriggt dat uk to höörn. Un do denkt he: Tööf! den Keerl schaßt dat aflehrn!

He geiht je hen un vermeedt sik bi den Buurn, un is je mit alln inverstahn.

'n eersten Morgen seggt de Buur to em: Hans, du kannst na 'n Plögen rieden vundaag. Wenn 't Meddag is, denn weet de Pudel Bescheed – de Pudel is ümmer mitlopen to Felln –, denn kümmt de to Huus. Denn kannst du man achter den Pudel an rieden.

Ja, is goot, seggt Hans.

As Hans 'n Tietlang plöögt hett, na, denkt he, schull de ool Pudel noch ne bald Meddag maken?

De Pudel kriggt den Kopp in Enn un rüükt in't Weder. Aver dat is je noch lang keen Meddag, un he leggt den Kopp wedder dal.

O, denkt Hans, denn mußt em man 'n beten nahelpen!

He nimmt den Stöker un neiht den Pudel dar enen mit över.

Ok! seggt de ool Pudel. Un do treckt he 'n Steert mang de Been un maakt, dat he vun de Koppel kümmt, dweer dör 'n Knick hendör, un dat to Huus an.

Hans sett sik to Peer un ridd den Pudel na – de Ploog ümmer achteran – un ridd allerwegens graad to, dör Knick un Tuun hendör, ümmer achter den Pudel an. Un de ool Ploog klötert je in Dutt, un een Deel blifft hier beliggen un een Deel dar. Un as he to Huus kümmt, do hett he vun de ganz Ploog meist nix mehr vun na.

Na, Hans, seggt de Buur, wat hett dat to bedüden?

Ja, seggt Hans, de Pudel lööp hen to Huus. Un ik schull je achter den Pudel an rieden. Un dar is de ool Ploog bi in Dutt gahn. Verdrütt den Herrn dat?

Nee, seggt he, verdreten deit mi dat graad nich.

Naamdaags kriggt Hans 'n frisch Ploog, un do mutt he dar je wedder mit hen.

Nu plöögt he dicht an de Lehmkuul lang. Un nu is dat uk 'n

beten reegnig Weder west, un do glidd dat een Peerd dar an't Över hendal. Un dat anner Peerd, dar sett Hans gau den Stöker gegen, un do arbeidt se beid na de Lehmkuul herin un versuupt.

Do nimmt Hans den Stöker un geiht hen to Huus.

Na, seggt de Buur, wat wullt du denn? Woneben hest du de Peer?

Ja, de liggt beid in de Lehmkuul, seggt Hans, de sünd versapen. Verdrütt den Herrn dat?

Nee, seggt de Buur, verdreten deit mi dat graad nich.

Moder, seggt de Buur to sien Fru, schast sehn, de Keerl föhrt uns an! Vunmorgen de Ploog twei, un vunnaamdag beid Peer doot: de Keerl kriggt uns faat!

O, seggt sien Fru, laat em man mit de Ossen plögen; dat warrt em wull verdreten.

Annern Morgen kriggt Hans de beiden Ossen vör de Ploog.

He hett eerst en Ogenblick plöögt, do geiht dar en Slachter vörbi.

Hans röppt em an. Höör mal, seggt he, wat giffst mi för de beiden Ossen?

Dar geev ik di tweehunnert Daler för, seggt de Slachter.

Ja, aver de Steerten snied ik mi af, seggt Hans.

Ja, dat kannst uk geern doon, seggt de Slachter, dar sitt je doch keen Fleesch an.

Hans snidd de Steerten dicht bi'n Liev af. Un as de Slachter mit de Ossen weg trocken is, do maakt Hans en paar Löcker in de Eer, dar stickt he de Steerten in, so dat de Haarenn noch buten de Eer is. Un do löppt he all, wat he kann, hen to Huus. Herr, wat eenmal en Spillwark! seggt he. Kaam de Herr doch mal mit! Un darmit kehrt he üm, un dat wedder trüch, na de Koppel wedder hen.

De Buur weet je nich, wat dar los is; de löppt je achter em an. As he op de Koppel kümmt, na, wat is dar denn los? seggt he.

Ja, ik hadd de beiden Ossen vör de Ploog, seggt Hans, un do sünd se dar beid na de Eer rin gahn. Blot de beiden Steerten kiekt noch ut. Faat de Herr man mal mit an! Wi wüllt mal sehn, wat wi de Ossen dar nich wedder rut kriegen künnt ut de Eer.

Se faat je beid bi den enen Steert an un riet, un fallt je beid op 'n Rüggen.
Na, seggt Hans, dat 's al enen, de dör weg sackt is dör de Eer! Nu faat de Herr man mit bi 'n annern Steert an!
Se faat je beid wedder an un riet, un liggt je beid wedder op 'n Rüggen.
So, seggt Hans, dat 's de anner! De is uk dör de Eer weg. Verdrütt den Herrn dat uk?
Nee, seggt de Buur, verdreten deit mi dat graad nich.
Moder, de Keerl föhrt uns an! seggt de Buur to sien Fru. Ik segg di, he föhrt uns an!
O, seggt se, laat em man de Schaap höden. Dat warrt em wull verdreten.
De Buur hett twintig Maschschaap hatt, de behölt he to Huus. Mit de anner Scheperie mutt Hans weg höden, hen to Felln.
As he mit sien Schaap op'e Koppel is, kümmt dar 'n Slachter an.
Wat giffst mi för all de Schaap? fraagt Hans.
O, dar geev ik di veerhunnert Daler för.
Ja, 'n paar lütt Dinger will ik aver trüch behooln, seggt Hans.
Ja, dat kannst uk geern, seggt de Slachter. Un do drifft he mit sien Schaap weg.
Nu hett Hans Repen un Taun bi sik hatt, un do kümmt he bi un heeßt de olen magern Dinger, de de Slachter em dar laten hett, baben na 'n Boom herin, dar binnt he ehr fast. Un do löppt he hen to Huus.
Wat eenmal 'n Spillwark, uns' Herr! seggt he. Kaam de Herr doch blot mal mit!
De Buur je wedder achter em an.
As he op de Koppel kümmt, na, Hans, seggt he, wat 's dar nu denn wedder los? Woneben hest du dien Schaap?
Ja, dat is dat je graad! seggt Hans. De sünd all wegflagen. 'n paar sünd dar noch baben in'n Boom behängen bleben. Verdrütt den Herrn dat uk?
Nee, seggt de Buur, verdreten deit mi dat graad nich.
Sühst du wull, Moder? seggt de Buur to sien Fru. Heff ik di dat nich seggt? De Keerl föhrt uns an!

O, seggt sien Fru, du hest je noch 'n paar Faden Holt stahn in't Holt. Dat laat em man mit de annern beiden Peer her halen. Un denn kann he dat uk je foorts opsetten.
Hans, seggt de Buur, du kannst de annern beiden Peer vör'n Wagen kriegen un kannst dat Fadenholt halen ut't Holt. Un denn kannst du dat hier opsetten, all een op't anner.
Ja, is goot, seggt Hans.
As de Buur un sien Fru abends to Bett sünd, do kriggt Hans de beiden Peer vör'n Wagen un föhrt dat Holt na de Hoffsteed hen. Un as he dat all dar hett, do sett he dat op. Un do nimmt he den Wagen utenannern un leggt all de Stücken baben op dat Holt. Un do nimmt he de Peer de Selen af un leggt de dar uk op. Un do stickt he de Peer doot un snidd ehr in Stücken, so dat he ehr böörn kann, un do leggt he dat dar uk all baben op.
Annern Morgen kümmt de Buur je op.
Hans, wat hest dar nu wedder maakt?
Ja, de Herr see je, ik schull dat all een op 't anner packen.
De Peer hest uk doot steken un ut enannern sneden?
Ja, so kunn ik ehr je nich böörn, seggt he. Verdrütt den Herrn dat uk?
Nee, verdreten deit mi dat graad nich.
Heff ik di dat nich seggt, Moder? seggt de Buur to sien Fru. De Keerl föhrt uns an!
O, laat em man en Tietlang so herümlopen, seggt se, un gar nix doon.
Na, de Buur, de heet em gar nix.
Dat gefallt Hans. Un he nimmt sik ümmer ganz örntlich, pusselt so'n beten in'n Garden herüm un maakt dat all so, as dat höört.
Nu schall dar en Hochtiet warden in'n anner Dörp, dar sünd de Buur un sien Fru uk mit to beden.
Do seggt de Buur to sien Fru: Wer schall uns nu man henföhrn, Moder?
O, dat laat Hans man doon, seggt se.
Hans, de höölt je to rechter Tiet mit'n Stöhlwagen vör de Döör, un de Buur un sien Fru, de stiegt je op, un do föhrt se je los tosamen.

Nu mööt se, ehr se in den groten Weg kaamt, eerst över en paar Koppeln, in so'n Feldweg henlang. Un in den Feldweg, dar sünd arig Haulöcker, dat de Waag ümmer so hen un her sleit.
Hans, seggt de Buur, wenn du wedder trüch kümmst, denn kannst du dat hier 'n beten eben maken. De Weg, de haut je so.
Ja, seggt Hans.
Ja, un övernacht Klock dree, denn haal uns man wedder af ut dat Kösthuus. Un wenn du denn vör de Döör steihst, denn smiet uns man 'n paar Plinkogen to. Denn weet wi je Bescheed, dat du dar büst.
Ja, Hans, seggt se, de Fru, un denn seh to, dat de Teeketel kaakt to de Tiet, dat wi to Huus kaamt.
Ja, seggt Hans.
As Hans wedder trüch föhrt, hen to Huus, na, denkt he, wo schaßt du de Plinkoog man her nehmen?
O, fallt em in, dar kannst du je Schaapsogen to nehmen.
He kriggt de twintig Maschschaap her un snidd ehr alltosamen de Kehl af. Un do stickt he ehr de Ogen ut un stickt sik de in de Tasch. Un do snidd he de Schaap in Stücken, un mit de Stücken sleept he na de Steed hen, wo he den Weg eben maken schall. Un allerwegens, wo 'n Haulock is, dar smitt he 'n Stück in.
As he dat hett, do schall he dar uk je noch na sehn, dat de Teeketel kaakt.
He haalt 'n Drach Stroh ut de Schüün, dat smitt he buten an de Schüün hen. Un do stickt he 'n Sleet dör de Wand, un üm de Sleet bindt he 'n Keed üm, un an de Keed, dar hängt he den Teeketel an, graad baben den Strohdutt.
So, seggt he to de Kööksch, wenn ik 'n Stunnstiet weg bün, denn stick dat Stroh man an, dat de Teeketel örntlich kaken deit, wenn de Fru to Huus kümmt.
Darmit föhrt he je los un will den Buurn un sien Fru je afhalen.
Nu steiht he dar vör de Huusdöör, un de Buur un sien Fru, de sitt arig op'n annern Enn de Deel: do kriggt Hans sien Plinkogen ut de Tasch un smitt den Buurn dar 'n paar vun to. Un de Fru kriggt uk 'n paar.

I, denkt de Buur, wat 's dat? Dat sünd je Schaapsogen!
In de Tiet kaamt dar noch mehr Ogen lang 'n Disch rulln. Hans smitt ümmerlos. He schall je man all sien Plinkogen los wesen. Toletzt kaamt se denn je rut, de Buur un sien Fru.
Na, Hans, büst du hier?
Ja, seggt Hans.
Segg mal, Hans, wat weern dat ümmer för Ogen, wo du uns mit smieten dees?
Ja, ik schull den Herrn je Plinkogen tosmieten, seggt Hans, un do wüß ik nich, wo ik de hernehmen schull: do heff ik uns' Maschschaap slacht un heff de de Ogen utsteken.
All uns' schönen Maschschaap? seggt de Buur.
Ja, seggt Hans. Verdrütt den Herrn dat uk?
Nee, dat graad nich, seggt de Buur. He denkt, ut de Felln un ut dat Fleesch, dar kann he je noch arig wat ut maken.
As se över de Koppeln kaamt, wo Hans den Weg eben maakt hett, do quietscht de Darmen ümmer bi'n Wagen ünnerhööch.
Wat quietscht dar ümmer so? fraagt de Buur.
Ja, dat sünd de Darmen, seggt Hans, vun de Schaap. Ik schull den Weg je eben maken, un do heff ik de Maschschaap darto namen.
All dat schöön Fleesch? seggt de Buur.
Ja, seggt Hans. Verdrütt den Herrn dat uk?
Nee, seggt de Buur, verdreten deit mi dat graad nich. Aver – mein Gott, Hans, wat is dat? Uns' Schüün, de brennt je!
Ja, seggt Hans, ik schull den Teeketel je in'n Kaken hebben, wenn de Fru to Huus kööm. Un nu is de Schüün wull en beten mit in Gang kamen. Verdrütt den Herrn dat uk?
Nee, verdreten deit mi dat graad nich, seggt de Buur. Aver eerst all de schönen Maschschaap doot, un nu brennt de Schüün mi to op – dat is doch meist en beten to dull.
Moder, seggt de Buur to sien Fru, wat stellt wi mit den Keerl op?
Ja, seggt se, wi wüllt em mal gar keen Freed laten in Bett, dat he gar kenen Slaap kriggt. Wenn he eben in Slaap is, denn roop ik: Hans! Un denn mutt he wedder ut'n Bett herut un mutt mi dit henlangen un dat henlangen. Dat schall em toletzt wull över warden.

Hans hollt dat dree Nacht ut, ahn Gnurrn un Murrn.
Ja, Moder, dar warrst nix mit, seggt de Buur. Wat du em heten deist, dat deit he all tru weg. Aver kumm mal bi, wenn he eben in Slaap is, denn roop mal: Hans, kumm mal her, dat Kind hett sik vull maakt, maak dat mal wedder rein! Dat schall em wull verdreten.
Na, de Fru, de röppt em je: Hans, kumm mal her, dat Kind hett sik vull maakt, maak dat mal wedder rein!
Ja, seggt Hans.
Hans nimmt dat Kind ut de Weeg, geiht darmit na'n Huusgraben un spöölt dat so af in dat Water. Un do leggt he 't op 'en Tuun, op so'n Hadoornheck hen, to'n Drögen.
De Buur un sien Fru, de sünd je mööd west vun de dree Nachten, wo se Hans ümmer opstökert hebbt, de slaapt beid foorts wedder to. Un Hans, as de dat Kind op de Heck leggt hett, do geiht he uk wedder to Bett.
Se hebbt al 'n arig beten slapen, do waakt se op, de Fru.
Hans, wo hest du dat Kind laten? röppt se.
O, dat liggt op de Heck un dröögt, seggt Hans.
Dat hest du buten laten, seggt se, bi de Küll? Dat's recht so'n scharp Frostwedder west. Loop doch gau hen un haal dat rin!
Hans, de haalt dat Kind herin. O bewahrn, Hans, dat Kind is je doot!
Ja, seggt Hans, ik schull dat je rein maken, un do müß dat je doch wedder drögen. Verdrütt den Herrn dat uk?
Nee, seggt de Buur, verdreten deit mi dat graad nich. Aver du maakst dat doch rein to dull!
Hans, de geiht wedder hen to Bett un slöppt bet morgens to, as wenn nix passeert is.
Annern Morgen seggt de Fru: Weeßt wat, Vader? Wi mööt den Keerl los wesen. Ik will mi 'n paar ool Plünnen antrecken un will in'n Beerboom krupen, baben rop, un denn will ik ›Kukuk‹ ropen. Denn mutt he je afgahn. Denn behöllst du doch de Ohren.
Na, de Fru kladdert je na'n Beerboom rin un röppt ümmerlos ›Kukuuk‹.
Hans, de beert, as wenn he dat gar nich höört.

Toletzt kümmt de Buur. Hans, seggt he, dien Tiet is üm: de Kukuk, de röppt.
So? seggt Hans, woneben?
Ja, dar in unsen Beerboom.
Tööf, seggt he, den will ik enen lellern! He na de Stuuv herin, ritt den Buurn sien Flint vun 'n Balken, un darmit na den Beerboom hen. Un ehr de Buur em noch ropen kann, bums! schütt he to. Un hulter gepulter kümmt de Kukuk in 'n Boom hendal fallen.
Gott bewahrn, seggt de Buur, nu schüttst mien Fru uk noch doot? Du helpst mi je vun all dat Mienig!
Ja, dat heff ik je nich weten, seggt Hans. De Herr see je, dar seet en Kukuk in'n Boom. Verdrütt den Herrn dat?
Ja, dat schull mi nich verdreten, seggt de Buur, wenn du mien Fru doot schüttst?
Aha, seggt Hans, denn man her mit dat Spint Geld un mit de beiden Ohrn!
Do mutt de Buur em en Spint Geld geben. Un de beiden Ohrn snidd Hans em to af. Do hett he Duld hatt, de Buur.

5. De Köster un de Preester

Dar is mal en Preester west, de hett mal kenen Köster hatt. Do kümmt dar en Mann bi em, de söcht Arbeit.
Ja, seggt de Preester, he hett graad kenen Köster; wat he keen Köster bi em warden will.
Ja, seggt de Mann, dar hett he wull Lust to, aver he hett en Fru un söß Kinner. Wenn he de nakamen laten dörv, un se künnt dar uk mit vun leben, denn will he dat wull ünnergahn.
Ja, seggt de Preester, dat künnt se; he schall ehr man nakamen laten.
Do lett he ehr je nakamen. Un do warrt he je Köster bi den Preester, un in't Kösterhuus kaamt se to wahnen.
Nu warrt dat je Winter, un do kümmt de Tiet je, wo Swien slacht warrt.

Do seggt de Preester mal enen Dag to den Köster, wenn de Buurn slachten doot, denn schickt se em je ümmer en Stück Fleesch hen. Un he mutt ehr je wedder en Stück hen schicken, wenn he slachten deit. Aver wenn he all de Buurn en Stück Fleesch hen schickt, denn behöllt he je vun dat ganz Swien sülben nix na.
O, seggt de Köster, he mutt sien Swien 's Abends recht lang buten hängen laten, un denn kann he je man seggen, dat 's em stahln. Denn dörv he de Buurn je nix afgeben.
Ja, seggt de Preester, dat 's uk wahr, dat geiht.
As de Preester nu slacht hett, do lett he dat Swien 's Abends je recht lang buten hängen, bet dat balkendüüster is. Do kümmt de Köster aver un haalt sik dat Swien weg. Un as he naher hen geiht, de Preester, un will dat Swien rin halen, do is sien Swien je weg.
He je hen na 'n Köster. Sieh so! seggt he, du hest mi wat schööns angeben! Ik schull mien Swien recht lang buten laten, un nu hebbt 's mi dat stahln.
So is't recht! seggt de Köster, dar schall he man bi blieben.
Nee, seggt de Preester, he meent dat so, sien Swien is weg.
Ja, seggt de Köster wedder, so mutt he seggen, wenn de Buurn dat löben schüllt. Un dar geiht de Köster nich vun af, de Preester kann seggen, wat he will.
Do denkt de Preester toletzt, de Köster beert man so, he will em man nich verstahn. Un do fallt em mit'n Mal in, dat de Köster em dat je graad angeben hett, he schull sien Swien recht lang buten laten, un do denkt he: Dat Swien, dat hett anners nümms stahln as de Köster.
Nu gruwelt he dar je ümmerlos över na, wo he dat rut kriegen will.
Toletzt, do denkt he, he will seggen, he mutt up'n paar Daag verreisen, un denn will he sien ool Grootmudder in 't Klederschapp kriegen un dat Schapp so lang bi den Köster hen stelln. Un denn schall de Olsch ehr beluurn.
Na, he kriggt sien ool Grootmudder je in't Klederschapp, gifft ehr so veel Broot un Kees mit, dat se för 'n paar Daag wat to leben hett, un do geiht he hen na 'n Köster un seggt, he mutt

up'n paar Daag verreisen, wat he sien Klederschapp dar man so lang bi em hen stelln schall, dar hett he sien Weertsaken in.
Ja, seggt de Köster, dat kann dar je geern so lang bi em stahn.
Do warrt dat Schapp je röver transperteert un warrt in den Köster sien Stuuv hen stellt, un de Preester reist je af.
Nu 's Abends, as de Köster mit sien Fru un Kinner an'n Disch sitt, un se doot sik dar recht wat bi to goot, bi dat Swienfleesch, do seggt de een vun den Köster sien Jungs: Vadder, seggt he, wat smeckt eenmal den Preester sien Swienfleesch sööt!
As dat de Olsch höört in 't Klederschapp, do ballert se an de Döör un röppt: Denn hebbt ji Takeltüüch dat doch stahlen! Dat heff ik mi dusend noog dacht.
De Köster, de verfeert sik je. Sieh so, seggt he, nu is 't Spill verraden! Wat stellt wi nu up?
He maakt dat Schapp apen un gifft de Olsch enen mit'n Hamer vör'n Kopp. Un do pruppst he ehr so veel Broot un Kees in'n Hals, as dar man jiggens ringeiht, dat de Preester menen schall, se hett sik dar an stickt. Un do maakt he dat Schapp wedder to.
As de Preester wedder trüch kümmt vun sien Reis un he maakt dat Schapp apen to Huus un will de Olsch utlaten, do steiht se dar je un is doot un hett den ganzen Hals vull Broot un Kees.
Wat eenmal en Stück Arbeit! denkt de Preester. Wenn dat utkümmt, dat bringt je en bösen Upwand!
He hen na'n Köster un seggt, sien ool Grootmudder hett Broot un Kees eten un hett sik dar an stickt. He schall ehr doch weg bringen un ingraben, dat dar doch man blots keen Minsch wat vun to weten kriggt. He will em uk hunnert Daler geben.
Ja geern, seggt de Köster, dat will he wull doon.
Nu 's Abends, as dat düüster is, do driggt he je los mit de Olsch. Eerst beert he so, as wenn he mit ehr na'n Kirchhoff will. Aver as he den Preester ut't Oog is, do böögt he afwaß un bringt ehr na den Preester sien Backhuus hen – den Preester sien Kööksch hett 'n annern Morgen backen wullt, dat hett he weten, de Köster –, un dar stellt he ehr vör'n Backtrog hen, mit beid Arms in'n Deeg.
Annern Morgen, as de Kööksch na 'n Backhuus geiht un se maakt de Dör apen, do steiht de Olsch dar je.

Na, denkt se, wenn Grootmudder al sülben bi is, denn kannst du je wieltdes wat anners doon. Un darmit kehrt se üm un kümmt in 'n Huus wedder an.
Na, seggt de Preester, wat hett dat up sik? Wi wullen je doch backen vunmorgen. Schall dat noch nich losgahn?
Ja, seggt se, Grootmudder is al sülben bi to backen. Denn kann ik je man mien anner Arbeit doon.
De Preester verfeert sik un geiht sülben hen.
Richtig, do steiht de Olsch dar vör'n Backtrog, de Ärmeln upkrempelt un beid Arms bet an'n Ellbagen in 'n Deeg.
Den Preester treckt de Gresen dör. He sleit gau de Döör wedder to, un dat na 'n Köster hen.
De Olsch is wedder kamen, seggt he, se steiht in'n Backhuus un backt. Wat stell ik eenmal up? Un he bidd den Köster, he schall ehr doch wedder weg bringen un ingraben; he will em uk noch mal wedder hunnert Daler geben.
Ja geern, seggt de Köster, dat schull wull besorgt warrn.
Na, 's Abends, as dat düüster is, do sleept de Köster je wedder los mit de Olsch un sleept ehr na den Preester sienen Koornböhn rup. Dar stellt he ehr bi 'n Wetendutt hen un gifft ehr 'n Schüffel in'e Hänn, as wenn se bi den Weten to schüffeln is. Un do maakt he dat een Finster apen, streit 'n paar Handvull Weten buten rut, un do maakt he sik ut'n Smook.
Annern Morgen, do maakt de Preester sien Finster apen un will mal in't Weder kieken: do warrt he den Weten je wahr.
I, denkt he, wo kümmt de Weet dar hen?
He kickt ünnerhööch – do steiht dar 'n Finster apen up'n Böhn.
Dövel, denkt he, wat hett dat to bedüden?
He to Böhn an un maakt de Döör apen: do steiht des Döösters de Olsch wedder dar un is bi 'n Weten to schüffeln.
He wedder hen na 'n Köster un seggt: De Olsch is wedder dar. Se steiht up 'n Böhn un schüffelt den Weten ut 't Finster. Wo schall ik ehr eenmal vun 'n Lief los warrn? Un he bidd den Köster so veel, he schall ehr doch wedder weg bringen un deep ingraben. He will em uk noch mal wedder hunnert Daler geben.
De Köster seggt je wedder ja.

's Abends, as dat düüster is, do sett he sik je wedder af mit de Olsch. Un do bringt he ehr na sien Huus hen, un dar verstickt he ehr.

Annern Dag, do kümmt dar 'n Juden bi em mit'n groten Packen up'n Nacken. Un de Köster köfft em Büxentüüch af vör sien Jungs.

As he sienen Packen wedder toknütt hett, de Juud, do fraagt de Köster em, wat he al bi den Preester west is.

Nee, seggt de Juud, dar mag he nich hen gahn.

O, worüm dat nich, seggt de Köster, dar schall he man hen gahn. De Preester hett Truur kregen, de köfft em sachs Truurtüüch af.

Ja, seggt de Juud, denn will he aver eerstmal to Weertshuus un will sik Moot drinken.

As de Juud weg is – sienen Packen hett he so lang bi den Köster laten –, do kümmt de Köster bi un packt de Olsch mit na den Packen rin, un do knütt he den Packen wedder to.

As de Juud wedder trüch kümmt ut't Weertshuus un he nimmt sienen Packen up'n Puckel, do is he je so swaar, de Packen. He denkt aver, dat kümmt darvun, dat he sik in 't Weertshuus enen uppackt hett, un sleept je mit sienen Packen los.

Nu kümmt he je bi den Preester an un maakt sienen Packen apen. Nehmen Sie dies, Herr Pastor, seggt he, das ist fein. Oder nehmen Sie dies, seggt he, das ist noch feiner. Un so nimmt he ümmer een Stück na'n annern ut sienen Packen herut. Nehmen Sie dies, seggt he toletzt, das ist das allerfeinste. Un so as he dat Stück herut nehmen deit, kümmt de Olsch je to Ruum.

De Juud lett sienen Packen in Stick un maakt, dat he ut'n Huus kümmt. Un de Preester hett de Olsch je wedder up'n Liev.

He je wedder hen na'n Köster un klaagt em dat, wo em dat geiht mit de Olsch. Un he biddet em so veel, he schall ehr doch wedder wegbringen un schall ehr so deep ingraben, dat se sien Daag nich wedder kümmt. He will em uk noch mal wedder hunnert Daler geben.

Na, de Köster seggt dat je wedder to un kriggt je wedder sien Geld.

's Abends, as dat düüster is, do puckelt he je wedder af mit de

Olsch. Un do bringt he ehr hen na den Preester sien Weidkoppel. Dar hett den Preester sien ool Tööt up 'e Weid gahn mit ehren tweejöhrigen Fahlen. Un do kümmt he bi, de Köster, un snallt de Olsch up den Fahlen fast un gifft ehr en Gaffork ünnern'n Arm.

Nu hett de Preester den annern Dag utrieden wullt, un 's Morgens – dat 's noch so in'n Schummern west –, do geiht he hen un will sik de Tööt vun de Koppel halen.

As he up de Koppel kümmt, do steiht de ool Tööt al vör an bi'n Slagboom. De Fahl, wo de ool Grootmudder up seten hett, de hett bet afwarts gahn, dar hett de Preester sik wieder nich an kehrt.

Nu kriggt he de ool Tööt den Halter je üm un stiggt up. Un as he ut't Döörlock ridd, do kickt he sik mal üm, wat de ool Fahl uk wull nakamen deit – alleen hett de Fahl dar je nich blieben kunnt up'e Koppel –, do warrt he de Olsch je wahr.

He schütt in en'n Dutt un gifft de ool Tööt de Hacken. Aver de Fahl kümmt je achter de Tööt anlopen, un up den Fahlen sitt de Olsch je up mit de Fork, as wenn se den Preester dar mit dörjagen will.

Den Preester kaamt de Haar to Barg, un he lett lopen, all wat 't Tüüch holen will. Aver de Fahl kann je duller lopen as de ool Tööt, un de Olsch mit de Fork kümmt em je ümmer neger up 'e Hacken. Toletzt, up 'e Hoffsteed, is de Olsch al ganz kort achter em, un dar fehlt nix an, un he kriggt de Forkentinnen twischen de Ribben. Aver to 'n Glück hett de Grootdöör man half apen stahn. Un wielt de Preester up de ool Tööt na de apen Döör rin flutscht un na de Grootdeel rup suust, wieltdes fahrt de Olsch mit de Fork gegen de to Döör an, dat se vun den Stoot achteröver fallt.

Nu de Preester je wedder hen na 'n Köster un klaagt em dat, wo em dat gahn deit mit de Olsch, un wat he vör 'n Angst utstahn hett. Un he bidd em vun Himmel to Eer, he schall ehr doch wedder weg bringen. He will em uk noch mal hunnert Daler geben. He schall ehr aver noch veel deper ingraben; sünst kümmt se doch wedder.

Na, denkt de Köster, na dissen hest em je wull noog ängst. Un

do bringt he de Olsch hen na'n Kirchhoff, un dar graavt he ehr in. Do is se uk nich wedder kamen.
'n paar Daag darna, do geiht de Preester mal över'n Kirchhoff, un do sünd de Jungs dar to speeln, den Köster sien Jungs uk mit. Un as de Preester dar vörbi geiht, do seggt de een Kösterjung graad to de annern Jungs: Mienen Föten un dienen Föten, un mien Vadder hett den Preester sien Swien stahlen.
Wat seest du dar eben? seggt de Preester. Segg dat noch mal, mien Jung.
Ja, seggt de Jung, ik see wieder nix as: Mienen Föten un dienen Föten, un mien Vadder hett den Preester sien Swien stahlen.
Mien Jung, seggt de Preester, hier hest du 'n Daler, denn segg dat Sünndag in de Kirch noch mal. Ik segg denn, wenn de Predigt ut is: Jetzt wird ein unmündig Kind aufstehn, und was das Kind sagt, das ist die Wahrheit. Un denn seggst du dat.
Na, de Jung, de löppt mit sienen Daler hen to Huus un wiest sienen Vadder den.
Jung, seggt de Köster, wo büst bi den Daler kamen?
Ja, seggt de Jung, den heff'k eben vun'n Preester kregen. Ik schall Sünndag in de Kirch seggen: Mienen Föten un dienen Föten, un mien Vadder hett den Preester sien Swien stahlen.
Jung, seggt de Köster, du ünnersteihst di nich un seggst dat! Wenn he di upropen deit, de Preester, dat du dat seggen schast, denn seggst du: Mienen Föten und dienen Föten, un de Preester hett bi all de Buurnwiever legen un bi mien Mudder uk.
Na, Sünndags, as de Predigt ut is – de Preester steiht noch up'e Kanzel –, do seggt he: Jetzt wird ein unmündig Kind aufstehen, und was das Kind sagt, das ist die Wahrheit. Do steiht de Jung up un seggt: Mienen Föten un dienen Föten, un de Preester hett bi all de Buurnwiever legen un bi mien Mudder uk.
Do haut de Preester up'e Kanzel un röppt: Dat 's haal mi der Drööster nich wahr! Un darmit vun de Kanzel raf, un dat ut de Kirch herut.
Vun de Tiet af an hett he den Köster tofreden laten mit dat Swien.

6. *De Zegenbuck*

De Zegenbuck is bi to drinken west. Un do warrt he sienen groten Baart wahr in 't Water un sien groten Hööŕn, de hebbt sik dar je in spegelt. Un do seggt he: Ba! Mit Löben un Baren wull ik mi wull bieten!
Do seggt de Baar – de hett achter em stahn, de hett uk graad mal drinken wullt –, de seggt: Wat seest du dar eben? Mit Baren wullst du di wull bieten?
O, Minsch, seggt de Zegenbuck – de verfeert sik je hellisch –, dat heff ik man so seggt. Bi'n Drunk sleit'n je männigmal veel herut.

7. *Herr Negenkopp*

Dar is mal 'n Buur west, de hett dree Söhns hatt un een Dochter. De Dochter is de öllst west.
Nu will se mal enen Dag hen to Holt, de Dochter, un will Beern plücken.
Do seggt de Vadder to ehr: Laat di man nich faat kriegen vun Herr Negenkopp. De bildt sik in, all wat in't Holt kümmt, dat is sien, un de he faat kriggt, de nimmt he mit na sien Höhl.
O, seggt de Deern, mi schall he nix doon, ik will mi wull wahrn.
Also se geiht je hen to Holt.
Dat duurt nich lang, do kümmt Herr Negenkopp – negen Köpp hett he hatt –, de kriggt ehr faat un nimmt ehr mit na sien Höhl.
Nu kümmt de Deern je nich wedder to Huus.
Ja, seggt de Vadder to de Jungs, nu hett Herr Negenkopp ehr weg. Wat wüllt wi nu opstelln? Nu hebbt wi nümms, de uns de Grütt kaken deit.
Ja, seggt de öllst, denn gah ik ehr na. Ik will ehr wull wedder an't Huus bringen.
Na, he geiht to Holt, un dat duurt nich lang, do dröppt Herr Negenkopp em uk.

Na, wat wullt du hier in mien Holt?
Ja, ik wull mien Swester söken.
Dar dörvst nich lang na söken, seggt he. Kumm man mit, de is bi mi.
He geiht mit em na sien Höhl.
Na, seggt Herr Negenkopp, nu sett di man dal. Wüllt eerst wat eten.
Do kriegt se Swartsuur.
As se bi to eten sünd, do findt he 'n Minschenhand op sien Töller, de Jung.
Do warrt em gruun, un do seggt he: Nu mag ik nich mehr.
Ja, seggt Herr Negenkopp, denn gah hen un klei de ool Grootmudder den Rüggen, de sitt dar achter'n Aben.
As he ehr den Rüggen kleien will, do gifft de Olsch em 'n Stoot, dat he en ganz Flach weg flücht. Un do fallt he op so'n Klapp un fallt na'n Keller rin.
Na, nu kümmt de uk je nich wedder to Huus.
Ja, seggt de tweet Söhn, denn will ik mal na.
As he in't Holt kümmt, do kümmt Herr Negenkopp wedder an.
Na, wat wullt du hier in mien Holt?
Ja, ik wull mienen Broder un mien Swester söken, seggt he.
Ja, denn kumm man mit, seggt he, de sünd bi mi.
He geiht mit em na sien Höhl.
Na, wi wüllt man eerst wat eten, seggt Herr Negenkopp.
Nu geiht dat Eten bi de Swartsuur je wedder los. Un do dröppt he uk en Minschenhand dar in sien Töller.
Nee, seggt he, nu mag ik nich mehr.
Ja, denn gah hen un klei de ool Grootmudder den Rüggen.
He geiht hen un will ehr den Rüggen kleien: do gifft se den uk en Stoot, dat he en Flach weg flücht. Un do fallt he op de Klapp, un dar uk na'n Keller rin.
Na, seggt de Vadder, wat nu? De kümmt uk nich wedder. De ool Negenkopp hett ehr wull al alltosamen opfreten.
Ja, seggt de jüngst – de hett Tolleteufel heten –, denn will ik ehr mal na. Denn nehm ik unsen Pilseputz mit. Dat is ehr Hund west, so 'n groten Hund.

Ja, denn bün ik ju je all los, seggt de Vadder, du kümmst uk je nich wedder.
Nu geiht he je los, de Jung.
As he eben in 't Holt is, kümmt Herr Negenkopp wedder an.
Na, wat wullt du hier mit dienen groten Hund?
Ja, ik will mien Swester un mien Bröder söken, seggt he.
Ja, denn kumm man mit, seggt he, denn schast ehr wull finnen, de sünd bi mi.
Nu geiht he je mit em.
As se dar in de Höhl kaamt: nu wüllt wi man eerst wat eten, seggt Herr Negenkopp. Un do geiht't wedder bi dat Swartsuur los.
Do dröppt he uk en Minschenhand.
He kümmt bi un nimmt de Minschenhand un smitt ehr an de Eer. So, Pilseputz, seggt he, de fritt du man op. Un do gifft he em dat anner Swartsuur to. Un de Hund fritt dat all op.
Do seggt Herr Negenkopp: Wenn du nich mehr eten wullt, denn gah hen un klei de ool Grootmudder den Rüggen. Denn du hast gegessen und getrunken: nu klei ihr auch örntlich den Rüggen.
De Hund, de springt je achter ehr un fangt sik 'n Kleien an un ritt ehr den ganzen Rüchgraat ut.
Do fallt s' dar hen un is doot.
Wat maakst du mit dienen Hund? seggt Herr Negenkopp. Du maakst mien ool Grootmudder hier doot?
Ja, seggt Tolleteufel, de schull uk doot.
Do geiht dat Haugen los mit de beiden. Aver de Hund, de springt herop na em un ritt em een na't anner all sien Köpp af.
Do fallt Herr Negenkopp dal un is doot.
As de doot is, do kümmt sien Swester denn je hervör.
O, Tolleteufel, seggt se, dat is goot, dat du kamen büst! denn ik weet nich, wat dien Bröder noch leevt oder doot sünd in'n Keller.
Ja, denn wüllt wi mal nasöken, seggt Tolleteufel.
Se söökt sik 'n Ledder her un stiegt na'n Keller rin. Do huukt se dar beid achter'n Tunn un sünd al binah half doot.
Se kriegt ehr je herop, un de Dochter kaakt wat eten, un do eet

un drinkt se tosamen, un do warrt de beiden Bröder uk örntlich wedder lebennig. Un do seht se dat all na: do is dar so veel Geld un Kraam west: se hebbt dat gar nich all mitkriegen kunnt.
Do blifft de Dochter un de beiden öllsten Söhns, de blievt dar un packt dat all tosamen. Un Tolleteufel geiht mit sienen Hund wedder hen to Huus.
Vadder, seggt he, nu spann man an, nu wüllt wi uns 'n ganzen Wagen vull Geld halen.
Ja, hest du de annern beiden Jungs funnen?
Ja, seggt he, de Deern uk.
Do spannt se Peer vör 'n Wagen, un do föhrt se den ganzen Dag ümmerlos Geld, bet se den ganzen Kraam dar weg hebbt.
Do ist dat de riekst Buur worrn, de dar in 'n Dörp west is.

8. Dischdeckdi, Esel un Fiedel

Dar is mal en Snieder west, de hett dree Söhns hatt. De öllst is Discher worden, de tweet is in de Schoosterlehr kamen, un de jüngst hett bi sienen Vadder as Snieder lehrt.
As de öllst utlehrt hett, do geiht he in de Frömm. Do kümmt he dör en Holt, dar begegent em so'n lütten Keerl.
Mien Jung, wullt du in'e Frömm?
Ja, seggt he.
Ja, denn kumm man mit mi. Denn kannst du een Jahr bi mi arbeiden. Üm Lohn warrt wi uns wull enig.
Na, he geiht mit un arbeidt bi den lütten Mann.
As dat Jahr üm is, do seggt de lütt Mann: Nu will ik di dien Lohn uk geben. Hier hest du en lütten Disch. Ween du to den seggst: Disch, deck di! denn steiht dat schöönst Eten un Drinken dar op, all wat du verlangst.
He nimmt sienen Disch op'n Nacken un geiht je los, will je wedder to Huus.
As he op den schieren Weg is, ut't Holt herut, dar licht en Weertshuus, dar will he 's Nachts blieben.
Do fraagt de Weert em, ob he uk wat to eten hebben will.

Nee, seggt he, he hett sülben noog. Dat schall he man mal sehn.
He kriggt sienen Disch her un seggt: Disch, deck di!
Do steiht dar all dat schöönst Eten un Drinken op. Un de Weert un sien Fru un all, de dar sünd in de Stuuv, de eet uk all mit.
Naher, do sett he sienen Disch dar in de Eck hen, un do geiht he baben to Bett.
Do seggt de Weert to sien Fru: Moder, weeßt wat? Den Disch wüllt wi em wegnehmen. Wi hebbt je graad so'n lütten Disch, den wüllt wi darför in de Steed stellen.
Ja, seggt se. Un do nehmt se em sienen Disch je weg.
Annern Morgen, as he Kaffi drunken hett, do nimmt he den Disch op'n Nacken, un dat hen to Huus.
Vadder, seggt he, nu laat man dat ganz Dörp anseggen. Ik heff 'n Dischdeckdi. Nu schüllt s' sik mal all örntlich satt eten.
Nu warrt je Dischen un Bänken hen stellt, un dat ganz Dörp kümmt op 'n Dutt. Un do kriggt he sienen Dischdeckdi her. Ja, he seggt eenmal, he seggt tweemal, he seggt dreemal: Disch, deck di! Aver dar passeert nix.
Do lacht de Lüüd em je all wat ut un mööt je so wedder weg.
Nu geiht de Schooster denn je in'e Frömm.
Dar kümmt de lütt Mann uk wedder bi. Mien Jung, wullt du 'n Jahr bi mi arbeiden?
Ja. – He geiht mit un arbeidt bi den lütten Mann.
As dat Jahr üm is, na, seggt he, nu will ik di dien Lohn uk geben. Sieh, hier hest du 'n Esel. Wenn du den achter op 'n Steert kleist un du seggst ›prd, prd‹, denn kaamt dar luter Dukaten rut.
He je los mit sienen Esel un kehrt uk wedder in dat Weertshuus an.
Do seggt de Weert, wat he mit den Esel vörhett.
Ja, seggt he, dat's 'n Esel, de is gar nich mit Geld to betahlen. Wenn 'n den op 'n Steert kleit un dar seggt 'n denn ›prd, prd‹, denn kann 'n sik so veel Dukaten opsammeln, as 'n hebben will.
Ja, denn schall he em dat mal wiesen.
Na, he wiest den ooln Weert dat, un naher geiht he je rop na sien Logis un geiht to Bett.

Do seggt de Weert to sien Fru: Weeßt du wat, Moder? De Buurvaagt hett eben so'n Esel, de süht graad so ut as diß, un de will sienen verköpen.
He köfft den Buurvaagt sienen Esel af un treckt den an de Steed hen, wo diß anner stahn hett. Un den treckt he weg, in'n annern Stall.
Annern Morgen, as he opkümmt, de Schooster, do treckt he sik an un drinkt Kaffi. Un do sett he sik op sienen Esel – meent he je – un ridd hen to Huus.
Vader, seggt he, nu segg dat ganz Dörp man an. Ik heff 'n Esel, de maakt luter Dukaten.
Ja, seggt de Ool, probeer man eerst mal. Wüllt uns nich wedder utlachen laten.
Na, he kleit sienen Esel op'n Steert un seggt eenmal un seggt tweemal un seggt dreemal ›prd, prd‹, aver dar passeert nix. De ool Esel seggt ›y-a,y-a‹, aver Dukaten kaamt dar nich.
Sieh da! seggt de Vadder, dar hebbt wi dat wedder! Di hebbt se uk anföhrt.
Ja, seggt de drüdd, wat de Snieder is, denn will ik in'e Frömm.
As he in dat Holt kümmt, do kümmt de lütt Mann dar wedder her.
Mien Jung, wullt du een Jahr bi mi arbeiden?
Ja, seggt he.
He geiht mit un arbeidt bi den lütten Mann.
As dat Jahr üm is, so, seggt de lütt Mann, hier hest du en Fiedel. Wenn du dar op speelst, denn mutt all danzen, wat du vör di hest. Seh di aver vör, wenn du in dat Weertshuus kümmst, wo dien beiden Bröder 's Nachts bleben sünd. De Weert, dat is en Filu, de hett den Dischdeckdi ümtuuscht un den Esel uk.
He geiht je los mit sien Fiedel un kehrt uk in dat sülvig Weertshuus an. He is aver so klook un seggt dar gar nix vun, vun sien Fiedel. Un abends, as he to Bett geiht, do nimmt he sien Fiedel mit rop.
Annern Morgen, as he bi'n Kaffi sitt, do seggt de Weert to em, wat he dar in hett, in sienen Büdel.
Ja, seggt he, dat schast gliek to sehn kriegen, wat ik dar in heff.

Un do kümmt he bi un kriggt de Fiedel her un fangt an to fiedeln. Un de ool Weert un sien Fru, de mööt danzen, dat ehr de Tung ut'n Hals hängt.
Holl op, holl op! röppt de ool Weert.
Ja, denn giff mi den Dischdeckdi un den Esel wedder.
De Weert haalt den Dischdeckdi her. Aver den Esel, seggt he, den heff ik nich.
He fiedelt ümmerto. Toletzt, do mutt he den Esel uk je her halen ut'n Stall, in vullen Danzen. Un do sett de Snieder sik op den Esel, un den Disch nimmt he vör sik op. Un de Fiedel hett he ümmerlos in de Hand un fiedelt, dat se em ne överrumpeln doot un nehmt em sienen Kraam wedder af. Un de Weert un sien Fru mööt ümmerlos danzen. Toletzt, as he ehr nich mehr sehn kann, do höllt he op. Un do kümmt he je to Huus.
So, Vadder, seggt he, nu laat dat ganz Dörp man anseggen. Ik heff dat all wedder, wat de annern beiden weg brödit hebbt. Nu schüllt de Lüüd sik mal örntlich satt eten.
Do warrt Dischen un Bänken her kregen. Un dat ganz Dörp, lütt un groot, de kaamt all tosamen, wüllt dat je all sehn un beleben. Un do eet un drinkt se sik denn je düchtig satt. Un as se satt sünd, do haalt he den Esel un kleit den achter op'n Steert. Un do geddert de Dukaten je man ümmer so weg. Un de Lüüd, de grapst dar je na un sammelt, bet se all de Taschen vull hebbt. Un do kriggt he sien Fiedel her un fangt an to fiedeln.
Nu hebbt se je all dat dick Lief hatt, hebbt sik je so veel rin puult hatt, aver dat helpt je nich: se mööt je danzen un springen. Se schriet je all, he schall doch opholen. Aver he lött ehr ümmerlos springen, dat ehr dat Sweet vun Nees un Ohren gütt. Toletzt, do seggt de Vadder: So, nu is't noog, nu hool man op. Do höllt he denn je op.
Do hebbt de Lüüd mal all 'n schönen Gaßbott hatt. Dar hebbt s' noch lang naher vun snackt.

9. De dree Geselln un de Düvel

Dar sünd mal dree Reisen west, dree Handwarksburßen, 'n Schooster, 'n Snieder un 'n Wever, de sünd tosamen op 'e Reis west, un dat hett ehr man heel armselig gahn. Do maakt se sik af, se wüllt sik mit 'n Düvel afgeben. Un do kümmt de Düvel uk bi ehr an.

Na, wat wüllt ji denn? seggt de Düvel.

Ja, seggt se, wi wulln Geld vun di hebben.

Ja, seggt he, Geld künnt ji kriegen, so veel as ji hebben wüllt. Aver üm'n Jahr, denn kaam ik wedder. Denn kaam ik mit dree Deel. Wenn ji denn raden künnt, wat dat is, wat ik mitbröcht heff, un wo dat vun maakt is, denn sünd ji frie. Künnt je dat aver nich raden, denn so sünd ji mien egen.

Ja, is goot, seggt se, dar sünd se mit inverstahn.

Nu reist se je wieder, un do kaamt se in en Stadt, dar sünd de Hüser al all oolt west.

Do riet se de ganzen Straten dal un buugt dar nie Hüser för hen, un buugt so bi lütten de ganz Stadt üm. Un darbi leevt se ümmer ›herrlich un in Freuden‹ un föhrt in Kutschen un Kaleschen. Geld hebbt se je ümmer noog hatt. Dat hett de Düvel ehr je levern müßt.

Nu is dat Jahr aver üm, un do warrt dat Abend, un dat sünd man en paar Stunnen mehr hen, dat de Düvel wedder kamen will. Do sünd de annern beiden, de Schooster un de Wever, de sünd al half doot vör Angst un weet nich, wat se opstellen schüllt. De Snieder aver, de sliekert sik heemlich weg na 'n Galgenbarg un graavt sik dar en deep Lock, wo he ganz in kann: dar geiht he in sitten. Un do deckt he dat Lock mit Soden wedder to, dat nix vun em to sehn is.

As de Klock twölf sleit, do kümmt dar en Düvel an. Un dat duurt nich lang, do kümmt dar noch een.

Gun Abend, Broder, seggt he.

Gun Abend, Broder.

Dat duurt noch en beten, do kümmt de drüdd Düvel uk. Dat is de west, de mit de dree Reisen to doon hatt hett.

Gun Abend, Bröder, seggt he.

Gun Abend, Broder, seggt se. Na, wo hett di 't gahn, seggt se, mit dien dree Handwarksburßen?
Ja, seggt he, dat 's mi suur noog worden. Ik wüß knapp mal so veel Geld op 'n Dutt to schanzen. Aver nu will ik ehr wull kriegen, seggt he. Nu schüllt se raden, wat dat is, wat ik mitbröcht heff. Un denn schüllt se uk noch raden, wo dat vun maakt is.
Na, wat hest du denn mitbröcht? fraagt de annern beiden.
Ja, seggt he, ik heff en Füllepel mitbröcht un en Zuckertang un en Teeputt.
Wo hest du dat denn vun maakt? fraagt se.
Vun mien ool Grootmoder ehren Kater, seggt he. Wo hett 't ju denn gahn? seggt he to de annern beiden.
O, seggt de een, ik heff arig welk kregen. Aver de sünd mi so suur nich worden. De heff ik all so kregen.
Wodennig büst du dar denn bikamen?
Ja, seggt he, in de un de Stadt, dar hebbt se keen frisch Water.
Un nu hett de König vör'n Jahrstiet utgahn laten, de frisch Water schaffen dee dar in de Stadt, de schull Börgermeister warrn. Wenn he dat aver nich kunn, denn schull em de Kopp afhaugt warrn. Un nu hebbt sik dar so veel to meldt, aver keen een hett dat kunnt. Un do is ehr all de Kopp afhaugt worrn. Un de heff ik all kregen. Un dat is doch so licht to, dar frisch Water to schaffen.
Ja, wodenni is dat denn to maken? fraagt de annern beiden.
O, seggt he, midden op'n Markt, dar liggt 'n Steen, in de Steenbrüch, dar is 'n Peeriesen in haugt. Un ünner den Steen, dar sitt 'n groten Brettfoot ünner. Dar is dat Water ümmer fuul vun. Wenn se den Steen opböört un se kriegt den Brettfoot dar ünner ut, denn hebbt se so veel frisch Water in de Stadt, dat se sik dar gar nich vör bargen künnt.
Na, un wat hest du denn kregen? seggt se to den drüdden.
O, seggt he, ik heff uk arig welk kregen. Den König sien Dochter is al so lang krank. Un keen Dokter kann ehr helpen. Un nu hett he utgahn laten, de König, de sien Dochter wedder gesund maken kann, de schall ehr to'n Fru hebben un König warrn. Wenn he dat aver nich kann, denn schall em de Kopp afhaugt

warrn. Un nu sünd dar al so veel kamen, de ehr hebbt doktern wullt, aver keen een hett dat dörhaalt. Un do is ehr all de Kopp afhaugt worrn. Un de heff ik all kregen. Un dat weer doch so licht to, ehr to kureern.
So? fraagt de annern beiden. Wodenni is se denn wedder gesund to kriegen?
O, seggt he, dar steiht so'n lütt blau Bloom, de steiht dicht bi de Lööv. Wenn se dar 'n Taß Tee vun in kriggt, denn warrt se wedder beter.
As se sik dat nu all vertell't hebbt, de dree Düvels, do seggt de een, de mit de dree Reisen to doon hett: Ja, seggt he, nu warrt't uk so bi lütten Tiet, dat ik hen kaam un haal mien dree Braden.
Ja, seggt de annern beiden, wi mööt uk wedder op 't Geschäft ut.
As se eben weg sünd, da kladdert de Snieder – de hett dat je all anhöört –, de kladdert een twee dree ut sien Lock herut, un dat na sien beiden Kollegen hen, de hebbt in't Weertshuus seten.
O wat! seggt he, laat den Kopp doch nich hängen! Wat ' s hier för Noot! Man gau en Buddel Wien her! Wüllt man eerst enen nehmen!
As se bi den Wien sünd, do kümmt Musche Urjaan uk al na de Döör herin.
Na, seggt he, künnt ji mi nu seggen, wat dat is? Un darmit smitt he de dree Deel vör ehr op'n Disch hen.
De annern beiden, de kiekt sik den Kraam an un gruveleert je, wat dat wull wesen kann. Aver se künnt dat nich klook kriegen.
Na, seggt de Düvel, nu radet man en beten flink to! Wat is dat?
Och wat! seggt de Snieder, wat schull't wesen! Dit is en Füll-lepel, un dat is en Zuckertang, un dat dar is en Teeputt.
Ja, wo heff ik dat aver vun maakt? seggt de Düvel.
Ja, wo schußt dat wull vun maakt hebben! seggt de Snieder. Dat heßt vun dien ool Grootmoder ehren Kater maakt.
Fffft! do fahrt de Düvel ut't Finster herut, do geiht he af.

Sieh so, seggt de Snieder, hadd ik ju nich holpen, denn hadd he ju mitnahmen. Aver ik heff 'n faat kregen.
Nu sünd se je so vergnöögt un drinkt sik düchtig enen. Un do gaht se to Bett un slaapt bet 'n annern Morgen.
As se opstahn sünd – ja, do is ehr Geldbüdel aver weg. Un Geld hebbt se uk nich mehr.
Ja, seggt de Snieder, nu will ik ju mal wat seggen. Wi wüllt na de un de Stadt henreisen; dar hebbt se keen frisch Water. Un de König hett utgahn laten, de dar frisch Water schaffen deit, de schall Börgermeister warden in de Stadt. Wüllt doch mal sehn, wat wi dar uns' Glück nich maken künnt.
Ja, wat weet wi vun frisch Water af? seggt de annern beiden. Wo wüllt wi dat wull angahn?
O dat kriegt wi je to sehn, seggt de Snieder.
As se dar kaamt in de Stadt, do meldt de Snieder sik, he will frisch Water schaffen. Un do söcht he op'n Markt na un finnt den Steen uk mit dat Peeriesen. Un as he den Steen opböört, do liggt da so 'n groten Brettfoot ünner. He kriggt den Brettfoot herut ut de Eer: do kümmt dat Water anquillen, so rein un klaar, as dat man wesen kann. Un do hebbt se so veel frisch Water in de Stadt, mehr as se hebbt bruken kunnt.
Do warrt de Snieder dar ansett as Börgermeister. Un as he Börgermeister is, do helpt he de annern beiden dar uk an as Meisters, dat de uk goot to leben hatt hebbt.
Nu is den König sien Dochter je so krank west.
Do geiht de Snieder hen un lött sik anmelln bi 'n König: he will sien Dochter wedder gesund maken. Un do söcht he de lütt blau Bloom un findt ehr uk. Un do kaakt he dar 'n Taß Tee vun. Un as de Königsdochter dar 'n paar Kluck vun nahmen hett, do warrt se al arig beter. Un as se de ganz Taß ut hett, do steiht se op un is frisch un gesund. Un do kriggt de Snieder ehr to'n Fru un warrt König.
Nu sünd de annern beiden dar aver afgünstig op west, dat de Snieder so hooch ankamen is. Un do denkt se – de Snieder hett ehr dat vertellt, dat he de dree Düvels op 'n Galgenbarg beluurt hett –: Tööf man, seggt se een to 'n annern, wi wüllt uk hen na 'n Galgenbarg un uns dar versteken. Denn kriegt wi uk wat to höörn.

Na ja, de beiden denn je Maidagabend na'n Galgenbarg hen un graavt sik dar uk 'n Kuul in de Eer. Un do, üm midden Nacht ut'n, do kaamt de dree Düvels denn je wedder.
›Gun Abend, Broder.‹ ›Gun Abend, Broder.‹ Un ›gun Abend, Bröder‹, seggt de drüdd.
Na, wo hett 't gahn? fraagt se.
Nu hebbt de beiden, de dar in dat Lock seten hebbt, de hebbt sik je wull ne örntlich todeckt hatt, un do seggt de Düvel, de toletzt kamen is: Ja, seggt he, hier sünd veer Ogen to veel op 'n Barg. Kiekt mal, dar in dat Lock, dar sitt welk in. Wüllt wi ehr dat Gnick ümdreihn?
Ja, man to! seggt de annern beiden. Un do kriegt se den Schooster un den Wever dar herut ut dat Lock un dreiht ehr dat Gnick üm.
Do is't ut west mit de beiden. Do hebbt s' Duld hatt.

10. Hans un de Buur

Dar is mal en Buur west, de hett dree Knechten hatt. De een hett Hans heten, den hett he so geern lieden mücht.
Seggt he enen Dag to em: Hans, du kunnst di en Fru nehmen un kunnst hier as Döscher bi mi blieben. Ik geev di frie Hüsung un Füerung un en Koh frie Foder un Weid.
Ja, seggt Hans.
Do vertöörnt sik mit'n Herrn.
Schickt em Order, de Herr, schall de Koh vun'e Koppel halen.
Wenn de Herr ehr nich gahn laten will, mutt ik se je halen.
Dar blifft dat bi.
Annern Dag schickt he em Order, schall de Koh vun de Koppel halen, oder he schütt se doot.
Wenn de Herr ehr nich leben laten will, mutt he se je doot scheten.
Annern Dag kriggt he Order, schall kamen un schall de Koh aftrecken, he hett se doot schaten.
Wenn se doot schaten is, mutt se uk je aftrocken warden.
Treckt de Koh af un will mit't Fell to Markt. Kümmt dör so'n

lütt Holt, un dar in'n Barg, sünd de Spitzbööv bi un tellt Geld.
Kriggt he sik dat Fell över 'n Kopp, dat de Höörn graad vör staht, un dat up ehr los. Do meent se, dat de Dövel dat is. Loopt weg un laat all ehr Geld in Stick.
Hans smitt 't Fell an de Siet un raakt sik all dat Geld in. Un dar mit to Huus.
As he in'n Huus kamen deit, seggt he to sien Fru, de hett Greet heten: Greet, gah mal hen na'n Herrn, wat Hans dat Spint man en beten hebben schall. Wenn he fraagt, wat ik meten will, denn segg man: Geld, wat Hans för 't Fell böört hett.
Greet, du büst tüderig! seggt de Herr. So veel hett he doch nich kregen, dat he 't meten kann!
De Herr smeert Sirup in't Spint, dat he dat sehn kann, wat dar in west is.
Hans mitt dat: hett he söben Spint.
Bringt se dat Spint je wedder hen.
Na, Greet, wo veel Spint hett 'e hatt?
Söben, uns' Herr.
O Greet, dat kann doch wull nich angahn!
Wenn de Herr 't nich löben will, kann he mitkamen un tosehn.
De Herr, de geiht mit un süht to. Un se meet: hett he goot söben Spint.
Ei, Dövel, Hans wenn ik so veel för een Fell kriegen kann, will ik all mien Köög doot scheten.
De Herr lett de Köög up'n Dutt jagen un schütt s' all doot. Do lett he s' aftrecken, un do mit de Felln to Stadt. Dar föllert he eerst heel veel Tunns Geld för sien Felln. Se lacht em je all wat ut. Toletzt lett he so wiet af bet up een Spint: dat mutt he doch hebben! Kaamt s' mit de Pietsch achter em un jaagt em ut de Stadt.
Geiht he wedder na Hans. Nee, Hans, hest mi doch gar to dull anföhrt!
Wo denn, uns' Herr?
Ja, nu heff ik all mien Köög doot schaten, un nu kann ik nix för de Felln kriegen.

Ik heff je doch söben Spint kregen! Hett de Herr je sülben sehn!
Dat heff ik wull.
Do schall he keen Füürholt mehr hebben.
Kaakt Greet enen Dag Grütt un hett örntlich Füür ünner. Un do is se so wiet, de Grütt, dat se dick warrn will un dat se örntlich prüddelt.
Seggt Hans to Greet: Greet, de Herr, de kümmt! Nimm gau den Grapen un stell em in't Vörschuur! Un denn röög ümmerlos!
Kümmt de Herr je heran. Greet, wat hest dar?
Kaakt Grütt, uns' Herr.
Hest je gar keen Füür ünner!
Schall uk je keen Füürholt hebben. Denn mutt ik mi je 'n Grapen holen, de vun sülben kaakt, ahn'n Füür!
Ei, Dövel, Hans, den Grapen laat mi kriegen!
Dat kann ik je nich! Heff je keen Füürholt! Wo schall ik denn wat eten gaar kriegen!
De Knechten schüllt foorts bi un schüllt di so veel Holt ran föhrn, dat du seggst, du hest noog. Un dar geev ik di hunnert Ei, Dövel, Hans, den Grapen laat mi kriegen!
Ja, seggt Hans. De Herr, de kriggt den Grapen. Un Hans kriggt de hunnert Daler.
Do kriggt de Herr dar Grütt un Melk in un sett'n in't Vörschuur. Un kriggt dar en Fru in Daglohn bi to rögen. De röögt dree Daag. Aver de Graap kaakt nich un warrt uk nich kaken.
Geiht he wedder na Hans, de Herr. Nee, Hans, nu hest mi doch gar to dull anföhrt!
Wo denn, uns' Herr?
Heff di den Grapen so düür betahlt, un nu will he nich kaken warden.
Hett je doch bi mi kaakt! Hett de Herr je sülben sehn!
Dat heff ik wull.
Seggt Hans enen Dag to Greet: Greet, ik will mi up'n Bett leggen. Un denn mußt du mi kleden. Un denn na'n Herrn gahn un wenen un klagen: Och, Gott, uns' Herr, Hans is doot! Un denn will ik twee Piepen an'e Wand hen hängen, een to'n Kopp un een to'n Föten. Un denn pust du mi mit de een Piep Wind

in'n Hals, un denn mit de anner Piep Wind in'n Noors. Denn leev ik wedder up.

Greet kleedt em. Un do na'n Herrn hen un weent un klaagt: Och, Gott, uns' Herr, Hans is doot! Wenn de Herr 't ne löben will, kann he mitkamen un tosehn.

De Herr, de geiht mit un beföhlt em: Ja, Greet, doot is he. Dat 's gewiß.

Ei, seggt Greet, hier hängt en paar Piepen. Wüllt doch mal sehn, wenn wi em en beten Wind in 'n Hals puust, wat he denn nich wedder upleevt. Se kriggt de een Piep her un puust em Wind in'n Hals. Hans schubbt sik. Dat kann goot warden! seggt Greet. Se kriggt de anner Piep her un puust em Wind in'n Noors. Do springt Hans up, un do leevt he wedder.

Ei, Dövel, Hans, de Piepen laat mi kriegen!

Nee, seggt Hans, dat kann ik je ne. Wenn ik denn doot blieben do, kann ik je gar nich wedder upleben.

Ja, denn lehn ik di ehr. Ik will di ehr goot betahlen. Ik will di för 't Stück hunnert Daler geben. Un wenn een vun ju doot blifft, will ik ju de Piepen lehnen.

Ja, seggt Hans. De Herr kriggt de Piepen, un Hans kriggt tweehunnert Daler.

Do stift de Herr 'n groot Gaßbott an un laadt all darto in, wat rund bi em üm wahnt.

As se wat eten hebbt, do seggt he, se schüllt sik all an de Siet setten, all rund in'n Saal herüm.

Do haalt he 'n Disch herin un sett den in de Mitt in 'n Saal hen, haalt de Äx herin un sett de darbi hen, haalt sien Fru herin un leggt ehr up'n Disch, sleit s' mit de Äx vör 'n Kopp – doot is se! Do kriggt he de Piepen her un puust, enen Wind in'n Hals un enen Wind in 'n Noors. Helpt aver nix.

De darbi herüm sitt, maakt sik all gau weg. Se meent je all, dat ehr dat uk so gahn schall.

He wedder hen na Hans. Nee, Hans, nu hest mi doch gar to dull anföhrt!

Wo denn, uns' Herr?

Ja, nu heff ik mien Fru doot slagen, un nu kann ik dar keen Leben wedder in kriegen.

Ik bün je doch wedder upleevt! Hett de Herr je sülben sehn!
Dat heff ik wull.
Do schafft Hans un Greet sik Peer un Waag an, föhrt vör'n Herrn sien Döör –
Ei, Dövel, Hans, wo hest dat schöön Fohrwark her?
Ut't Water, uns' Herr.
Sünd dar noch mehr in?
Ja. Wenn de Herr uk so'n hebben will, kann he man mitkamen.
De Herr stiggt bi ehr up. Un do föhrt se över so'n groten Möhlndamm.
Süh! seggt Hans, dar steiht al so'n!
De Herr springt vun'n Wagen af, pledooz herin, un versüppt.
Do föhrt Hans un Greet na'n Hoff hen un nehmt den Hoff.
Un do geben se noch mal vun frischen wedder Köst. Dar weern so veel Muskanten, Marß Klinker, Marß Kloth un Marß Veerbeen ut de Achterhöörn. Un den sien Grootvadders Grootvadder speel up 'n Dudelsack. Dar stünn 'n witten Löben vör de Döör, de harr en swart Aarslock. Un de't nich glöben will, kann man hen gahn un tosehn.

11. Hans Hillbrand

Dar is mal en Buur west, de hett Hans Hillbrand heten, de is so'n beten tumpig un tüffelich west.
Nu hett he so'n hübsch Fru hatt, dar hett de Preester ümmer mit toholln. Un nu hebbt se den olen Buurn je geern los wesen wullt – he is ehr je ümmer in Wegen west –, un do snackt sien Fru em vör, he schall na Rom reisen, dar schall he Weisheit un Verstand lehrn.
Hans Hillbrand lett sik je besnaken, un so rüst sien Fru em ut to de Reis, un he reist je af.
As he eben ut'n Dörp is, do begegent em de Bodderkeerl, de ümmer de Bodder vun em kriggt.
Na, Hans Hillbrand, seggt de Bodderkeerl, woneben wullt du denn na to?
Ja, seggt Hans Hillbrand, du weeßt je, ik bün so'n beten sün-

nerlich. Un nu meent mien Fru, ik schall na Rom reisen, dar schall ik Weisheit un Verstand lehrn.
O, Minsch, seggt de Bodderkeerl, wo kannst du di so wat vörsnacken laten! De Preester hollt je mit dien Fru to! Se wüllt di je man blots los wesen, de beiden. Kumm du man wedder mit trüch. Ik pack mien Bodder in de een Kiep, un du leggst di in de anner. Mit dat Laken deck ik di to. Un denn dreeg ik mit di na dien Huus hen. Un wenn ik in de Stuuv kaam, denn sett ik mien beiden Kiepen dar an de Wand hen. Du mußt di aver jo nich ehr wat marken laten, ehr ik di nömen do.
Na, Hans Hillbrand, de leggt sik in de leddig Kiep, un de Bodderkeerl driggt mit em los.
As se dar nu ankaamt in de Stuuv, do is de Preester je al dar un sitt mit Hans Hillbrand sien Fru an'n Disch. Un se hett en Buddel Wien rop haalt ut'n Keller, dar sünd se bi to drinken. Se sünd je so vergnöögt, dat se den Olen los sünd.
As de Bodderkeerl dar nu överto kümmt, do paßt ehr dat je nich recht. Se wüllt sik aver je nix marken laten, un do nödigt se den Bodderkeerl uk mit ran. Un do geiht 't Drinken je vun frischen wedder los.
As se nu recht so in Gang sünd, do meent de Preester, dar müß je doch mal ins 'n Ding bi sungen warrn. De Fru schall anfangen.
Nu fangt se je an:
Ich hab mein'n Mann nach Rom gesandt, diderallallallalla!
Er lernt da Weisheit und Verstand, diderallallallalla!
Nu kümmt de Preester:
Ik wull, dat he nich wedder kööm, diderallallallalla!
Un unse Leef keen Ende nöhm, diderallallallalla!
Nu de Bodderkeerl:
Nu höörst du wull, Hans Hildebrand, diderallallallalla!
Liggst in de Kiep dar an de Wand, diderallallallalla!
Do kümmt Hans Hillbrand ut de Kiep herut und singt:
Nu kann ik dat nich länger lieden, diderallallallalla!
Nu will ik em den Büdel afsnieden, diderallallallalla!
Do maakt de Preester, dat he ut'n Huus kümmt, un is sien Daag nich wedder kamen.

12. Wo bleibt denn der Sohn?

Dar is mal en Buur west, den hett dat toeerst man wat knapp gahn. Un as sien Fru in Wuchen kümmt un kriggt en lütten Jung, do will he dat Dööpgeld spaarn un döfft den Jung sülben.

Dat is in't Sleeswigsch west, un he is dar so mit lang kamen.

Na'n paar Jahr, do verköfft he sien Steed un köfft sik in't Holsteensch an. Dar is he beter to Gang kamen, dar hett he sik ganz goot stahn.

Nu kümmt de Jung je na School, un do schall he je 'n Dööpschien vörwiesen. De Buur hett aver je keenen Dööpschien un kann uk je kenen levern. Do meldt de Schoolmeister dat an 'n Preester. Un de Preester schickt em Order, den Buurn, he schall mal to em kamen.

Do seggt de annern Buurn – de hett he dat vertellt, dat he den Jung sülben döfft hett –, de seggt to em: Minsch, seggt se, dar löppst je böös mit an! Dat warrt di je leeg gahn!

Na, de Buur, de kriggt en fett Mastkalf in 'n Reep, dar treckt he mit hen. Un den Jung nimmt he uk mit. Un as he rin geiht na'n Preester, do mutt de Jung so lang buten stahn blieben, vör de Döör, un mutt dat Kalf wiß holln.

Na, seggt de Preester, und Sie können keinen Taufschein beibringen? Wer hat das Kind denn getauft?

Ja, Herr Pastoor, seggt de Buur un dreiht so mit de Mütz, ik heff em sülben döfft, den Jung.

Sie selbst? seggt de Preester. Das wird Ihnen aber teuer zu stehen kommen! Wie haben Sie das denn gemacht?

Ja, seggt de Buur, ik gööt em en beten Water up 'n Kopp, un do see ik: Ich taufe dich im Namen des Vaters und – und des heiligen Geistes.

Ja, wo bleibt denn aber der Sohn? seggt de Preester.

Ja, Herr Pastoor, seggt he, de steiht buten vör de Döör un höllt dat Kalf so lang wiß. Ik heff den Herrn Pastoorn en schöön, fett Mastkalf mitbröcht.

Ja, mein lieber Mann, seggt de Preester, dann haben Sie das ja ganz richtig gemacht.

Do is de Buur dar so mit lang kamen, un de Preester hett em nix seggt.

13. Slang, Müch un Swülk

Als Noah up't Schipp west is, do hett he je all de Tiern bi sik hatt. Un nu sünd se midden up't Water west, un do warrt he wahr, dat dar en Lock in is, in sien Schipp.
Do seggt de Slang, wenn he dat söötst Bloot hebben schall, denn will he sik vör't Lock hen leggen, dat dar keen Water rin lopen kann.
Noah, de is je bang, dat dat Schipp ünnergeiht, de seggt, ja, dat söötst Bloot schall he denn hebben, de Slang.
As se nu wedder up dröög Land sünd, do schickt de Slang de Müch ut, de schall tosehn, wokeen as dat söötst Bloot hett.
Do findt de Müch, dat söötst Bloot, dat hett de Minsch. Un do is de Minsch dat je, wo de Slang dat Bloot vun to kriegen hett.
Nu kümmt de Swülk aver bi un bitt de Müch ünnerwegens 'n Stück vun de Tung af. Un as de Müch do bi den Slang wedder ankümmt, do kann se nich spreken un seggt ümmer ›mm, mm‹.
Do warrt de Slang so böös un bitt de Swülk in'n Steert un bitt ehr in'e Midd 'n paar Feddern ut.
Dat maakt, dat de Swülken 'n tweelten Steert hebbt.
Do nimmt Noah de Swülk mit na sien Huus rin. Dat maakt, dat de Swülken ümmer in't Huus buut.

14. Haak un Öösch

Dar is mal 'n Mann un Fru west, de hett dat man so arm gahn. Twee Kinner hebbt se hatt, 'n lütten Jung, de hett Hans heten, un 'n lütt Deern, de hett Greten heten. De Deern is de öllst west.
Nu sünd se mal hen to Holt un schüllt Holt sammeln. Do verbiestert se dar un kaamt ümmer wieder rin in't Holt. Toletzt –

se weet gar nich mehr, wohen un woher, un düüster warrt dat so bi lütten uk al –, do draapt se dar so'n lütt Huus, dat is mit Pannkoken deckt west, un dat Dack is man ganz siet west. Un do gaht se dar bi to gnabbern.

Do röppt dar een vun binnen to – dat is 'n ool Hex west, de hett dar wahnt –, de röppt:

Gnabber, Gnabber, Müschen!
Wat gnabbert an mien Hüschen?

Do seggt Greten:

De Wind, de Wind,
dat himmelsch Kind.

De lütt Hans is aver bang. Greten, seggt he, dat is en ool Hex! Laat uns man gau weglopen!

Do kümmt se uk al rut, de ool Hex. O, lütten Kinner, seggt se, weest man nich bang, ik do ju nix. Kaamt man rin un rauht ju en beten ut. Ji schüllt eerst en Happen eten.

Nu sünd se je so mööd west un so hungerig, un do gaht se mit rin un eet wat. Aver as se wat eten hebbt, do kümmt de Olsch bi un kriggt den lütten Hans in'n Stall mit so'n Lattendöör vör. Se hett em fett maken wullt un denn slachten. Un Greten mutt ümmer Schötteln waschen un de Köök rein maken un so wat. Un denn mutt se den lütten Hans ümmer fodern.

Nu sünd se dar al en arig Tiet west bi de ool Hex – to Hans hett se ümmer Haak to seggt un to Greten Öösch –, do seggt se mal enen Dag to Greten: Na dissen mutt dat Krööt uk doch al fett noog wesen. Ik will mal hen naher un will sienen Finger mal beföhlen, wat dar al wat an is.

Do seggt Greten to Hans: Hans, wenn de Olsch naher kümmt un seggt, du schaßt dienen Finger mal dör de Trallen steken – hier hest du en lütten Stock –, denn steek den dar man hendör.

Naher, do kümmt de ool Hex je an. O, mien Jung, seggt se, steek dienen Finger mal dör de Döör. Do kümmt Haak bi un stickt den lütten Stock dar dör.

Och, Jung, seggt se, du büst je noch so mager as en olen Gooskötel!
Nu hett se twee Döchter hatt, de Olsch, de hebbt uk hexen kunnt. Un wenn Greten mit ehr Arbeit to Schick west is, denn hebbt se de dat uk ümmer lehrt. Un toletzt hett Greten al meist ebenso goot hexen kunnt as de annern.
Do seggt se to Hans: Wenn de Olsch nu mal wedder kümmt, dat du dienen Finger dör de Trallen steken schaßt, denn steek dienen Finger man hendör. Denn wüllt wi sehn, dat wi weg kaamt.
Do kümmt de ool Hex uk al an un seggt: Haak, steek dienen Finger mal dör de Döör.
Do stickt he sienen Finger dar dör.
O, seggt se, nu büst je al so fett as en Plumm! Denn kannst morrn fröh uk je slacht warden.
Annern Morgen, do seggt se to Greten: So, Döösch, nu krieg de Bröh man to Füür. Un wenn du dat hest, denn kannst du eerst rin kamen un sammeln mi de Vageln 'n beten af. Mit de Vageln, dar hett se de lütten söößbeenten mit meent.
Do haalt Greten sik 'n Heen ut'n Höhnerstall. Un as de Olsch över dat Afsammeln indrusselt is, do streit se ehr 'n beten Bookwetengrütt op'n Kopp, un do sett se de Heen darbi hen, dat de dat afhackt, dat de Olsch nich opwaken deit. Un do geiht se gau hen na Köök un behext de Bröh, kriggt de darto, dat se antwoorden schall, wenn de Olsch ropen warrt. Un do löppt se hen na'n Stall un lett den lütten Hans ut. Un do maakt se, dat se weg kaamt.
As de Heen sik de Bookwetengrütt raf söcht hett vun'n Kopp, do höllt se je op vun hacken, un do waakt de Olsch je so bi lütten op. Do röppt se: Döösch, kaakt de Bröh noch nich bald?
Ja, gliek, röppt dat Water.
De Olsch, de luurt noch 'n Tietlang, do röppt se wedder: Döösch, kaakt de Bröh noch nich?
Ja, gliek, röppt dat Water wedder.
Toletzt – dar röögt sik je nix in de Köök –, do kümmt ehr de Kraam je verdächtig vör, un do geiht se hen un will je sehn, wat dat to bedüden hett. Döösch, röppt se, woneben büst du?

Ja, wo is Döösch? De is je över all de Bargen.
Se geiht na 'n Stall un röppt: Haak hest du Döösch nich sehn?
Ja, do steiht de Stallndöör apen, un Haak is uk weg.
Do röppt se ehr jüngst Dochter, se schall sik to'n Wulk maken un schall de beiden naflegen un halen ehr wedder trüch.
Nu sünd Hans un Greten je al 'n Flach weg, do seggt Greten: Mi ahnt dat so, as wenn uns wen nakümmt. Pedd mi op mienen rechtern Foot un kiek mi över de linker Schuller, wat sühst du denn?
Do seggt Hans: 'n groot düüster Wulk.
Dat is de jüngst Dochter, seggt Greten. Denn will ik di to 'n Rosenbusch maken mit recht so'n scharp Dörn un mi to'n Roos dar op. Un wenn se denn kamen deit un will mi afplücken, denn mußt du ehr so dull steken, dat se mi nich afkriegen kann.
Nu kümmt de jüngst Dochter je an un will de Roos afplücken. Aver de Rosenbusch stickt ehr so dull, dat se ehr nich afkriegen kann. Un do mutt se je so wedder trüch.
Na, hest ehr drapen? seggt de Olsch.
Nee, seggt se, Haak un Döösch heff ik nich drapen. Ik heff wieder nix drapen as 'n Rosenbusch mit recht so'n schöön Roos op. Ik wull de Roos afplücken; aver de Dörn, de steken mi so dull, un ik kunn ehr nich afkriegen.
O, seggt de Olsch, hadd's de bröcht, denn hadden wi se beid hatt!
Nu mutt de öllst Dochter je na.
Do seggt Greten wedder to Hans: Pedd mi op mienen rechtern Foot un kiek mi över de linker Schuller, wat sühst du denn?
En groot düüster Wulk, seggt Hans.
Dat is de öllst Dochter, seggt Greten. Denn will ik mi to en Kirch maken un di to'n Preester dar in. Un wenn se denn kümmt un fangt mit di an to snacken, denn mußt du wieder nix seggen as ›amen, amen‹.
Nu kümmt se je an un fangt mit em an to snacken. Aver he seggt wieder nix as ›amen, amen‹, un se kann nix mit em opstellen un mutt uk je so wedder trüch.
Na, hest ehr drapen? seggt de Olsch.
Nee, seggt se, Haak un Döösch hadd se nich drapen. Se hadd wie-

der nix drapen as en Kirch mit en Preester in. Se weer mit em anfungen to snacken, aver he hadd wieder nix seggt as ›amen, amen‹.
O, seggt se, haddst den mitbröcht, denn hadden wi se beid hatt!
Nu mutt de Olsch je sülben na.
Do seggt Greten wedder to Hans: Pedd mi op mienen rechtern Foot un kiek mi över de linker Schuller, wat sühst du denn?
En groot düüster Wulk, seggt Hans.
Dat is de ool Hex sülben, seggt Greten. Denn wull ik, dat ik en Diek weer un du de Ent dar op. Aver wenn se di locken deit, denn mußt du di jo nich faat kriegen laten. Du mußt ümmer to middeweegs op't Water fleten un wieder nix seggen as ›park, park‹.
Nu kümmt de Olsch je an un röppt ›Prüüten, Prüüten, Prüüten‹, un streit ehr Brootkrömeln in't Water. Aver de Ent blifft ümmer to middeweegs op't Water un seggt wieder nix as ›park, park‹.
Do süht de Olsch je, dat ehr dat all nix helpen deit, un do leggt se sik op'n Buuk un will den Diek leddig drinken. Aver se hett em noch nich half ut, do baßt se vun een.
Do is se doot west. Un do gaht Hans un Greten je wieder un kaamt glücklich to Huus an. Un do sünd ehr Vadder un Mudder je vergnöögt west, dat se ehr Kinner wedder hatt hebbt.

15. De Snieder un de Ries

Dar is mal 'n lütten Snieder west, de hett op 'n Sniederdisch seten un hett neiht.
Wat hest du dat doch eenmal suur, denkt he, dat du hier so mit de iesern Stang rüm hanteern mußt!
Wieltdes hebbt sik dar 'n Patschon Flegen op'n Disch hen sett. He hett eerst Kaffi drunken hatt, un dar is 'n beten bi spillt.
De Snieder kriggt 'n Flicken her, sleit to un sleit söben Flegen doot.
Aha, denkt he, du kannst dien Geld lichter verdenen!

He söcht sik 'n Stück Papier her, dar schrift he mit groot Bookstaben op: Söben in enen Slag, un dat deiht he sik vör'n Bossen op 'n Rock. Un do maakt he frömd bi 'n Meister un reist af.
Ünnerwegens kümmt he in 'n Holt. Dar leggt he sik hen un slöppt.
Do kümmt dar 'n Riesen, de warrt dat Papier wahr un list dat. O denkt he, den Keerl kannst bruken!
He weckt den Snieder op un fraagt em, wat he keen Lust hett bi em as Knecht.
Ja wull, seggt de Snieder. He geiht mit den Riesen na sien Höhl.
Annern Dag wüllt se Roggen döschen. Se hebbt vör 'n Backen holen. Do seggt de Ries to em: Wullt du dal smieten oder wullt du anleggen?
O, seggt de Snieder, laat mi man dal smieten. Du kriggst je doch nix hendal.
De Snieder stiggt rop na de Hill un smitt ümmer för Gewalt dal.
He hett al en ganzen Dutt dal smeten, do seggt de Ries: O, mööt na dissen man opholln.
O, du hest je noch nix kregen, seggt de Snieder, un smitt ümmer to, ümmer to.
Toletzt höllt he denn je op. Nu schall dat Döschen je losgahn.
De Ries hett so'n ganz groot Flögel un sleit dar rop na de Laad, dat dat Stroh ümmer hooch in Enn flücht. Un den Snieder sien Stroh, dat röögt sik gar nich.
Do seggt de Snieder: Wat is dat för'n Döschen, wat du deist. Du mußt dar so dull rop slagen, dat dat Stroh still beliggen blifft.
De Ries sleit ümmer duller. Un je höger flücht dat Stroh.
As se dat afhebbt, do maakt se denn je rein. Un do geet se dat op de Möhl. Dat is so'n Möhl west, de mit de Hand dreiht warrt.
Do fraagt de Ries: Wullt du dreihn oder wullt du den Sack vörholln?
O, seggt de Snieder, laat mi man den Sack vörholln, dat dar nix to Spill geiht. Dat Dreihn kannst du man doon.

Do höllt de Snieder den Sack je vör, un de ool Ries mutt dreihn. De Snieder hett de Möhl aver so fast schraben vörher, dat se knapp mal to dreihn geiht. Un de ool Ries mutt rieten, dat he ganz natt sweet warrt.
As se dat Koorn dör hebbt, do süürt se den Deeg je an. Un do gaht se hen to Holt un wüllt Holt halen in'n Backaben.
De Ries grippt so'n groot Böök an, üm en Drumm, un böögt ehr krumm, un brickt den Stubben mit ut de Eer. Un do wöltert he ehr mal üm, dat se ganz los warrt. Un do seggt he to den Snieder: Wullt du nu ünner den Stammenn oder ünner den Pull?
O, seggt de Snieder, laat mi man ünner den Pull. Den kannst du je nich dregen. Dar sitt je all de Tangens an. Gah du man ünner den Stammenn. Ik will di em ophelpen.
He beert so, as wenn he den Riesen den Stammenn ophelpt. Un do geiht he achter hen un brickt dar ümmer mang dat Buschwark herüm.
Do seggt de Ries: Du mußt maken, ik kann bald nich mehr holen.
Ja, gliek in'n Ogenblick, seggt de Snieder, hier sünd noch 'n paar ool Tangens, de mööt eerst af.
De Snieder geiht achter op so'n dicken Tang sitten, un do seggt he: So, nu man to! Nu heff ik 'n op 'n Nacken.
De Ries, de dricht je los, un de Snieder singt un fleit achter em an.
Dat is je 'n dull'n Keerl! denkt de Ries. He singt un fleit, un du kannst den Boom knapp mal wracken!
As se den Boom hen to Huus hebbt, do wüllt se noch enen halen.
De Ries grippt wedder'n Boom an un böögt em krumm. De hett aver deper Wötteln hatt un blifft in de Eer bestahn.
Tööf, seggt de Snieder, ik will di 'n beten helpen. Ik will hier bi'n Busch anfaten un will em mit dal bögen.
De Snieder faat je an, un as he faat hett, lett de Ries den Boom los.
Do flüggt de Boom wedder graad, un de Snieder flüggt je mit in Enn, un dat baben över den Boom weg. Un 'n ganz Flach achter den Boom, dar quuckst he op 'e Eer hen.

As he wedder in de Benen is, seh mal, seggt he to den Riesen, kannst du uk so hooch springen as ik?
Dövel, denkt de Ries, dat's je 'n gresigen Keerl! De is di över!
Nu ritt de Ries den Boom je mit de Wötteln ut de Eer. Un do dreegt se den uk je to Huus. De Snieder sitt je wedder achter in'n Pull un singt un fleit.
As se to Huus sünd, do haugt se de beiden Bööm je twei un kriegt dat Holt in'n Backaben.
Nu is dat aver je gröön Holt west, un do will dat je nich brennen. Do puust de Ries na'n Backaben rin, dat dat Füür ut't Abenlock kümmt.
Kannst dat nich in Gang kriegen? seggt de Snieder. Tööf, ik will di pusten helpen.
De Snieder geiht so schreeg vör den Riesen stahn, un darbi kümmt he vör den Riesen sienen Aten, un do flücht he baben na de Hill rop, wo dat Stroh liggt.
He smitt gau en Klapp Stroh dal. Wat wullt dar noch lang bi pusten! seggt he to den Riesen. Hier hest en Klapp Stroh. Bööt dat dar mit an. Dat geiht je veel beter.
's Abends seggt de Ries to sien Fru: Den Keerl mööt wi los wesen. Övernacht, wenn he in Slaap is, will ik em doot maken.
De Snieder steiht achter de Döör un höört dat. He kümmt bi un maakt sik en Strohkeerl un leggt den in sien Bett. Un he krüppt ünner't Bett.
's Nachts kümmt de Ries mit en groot iesern Stang, dar haugt he dreemal mit to un haugt je na den Strohkeerl herop. He meent je, dat is de Snieder.
Sieh so, denkt he, den hest an de Siet!
Annern Morgen steiht de Snieder op un kaakt Kaffi. Un as he den Kaffi gaar hett, weckt he den Riesen.
De Ries höört je hooch op, dat de Snieder noch leben deit.
As se bi'n Kaffi sitt, do fraagt de Ries em: Is dar övernacht uk wat passeert bi di?
Ja, seggt he, dar kööm een herin, de slöög dreemal mit en Strümpenschacht op mien Bett.
Do warrt de ool Ries bang un seggt to sien Fru: Laat uns man

maken, dat wi weg kaamt! De Keerl maakt uns noch all beid doot. Do loopt se weg, de Ries un sien Fru, un laat ehren ganzen Kraam in Stick, all wat se dar hebbt.
So, denkt de Snieder, nu is dat dien. Aver wat wullt hier in de ool Höhl to sitten doon!
He packt sik so veel Gold un Sülver tosamen, as he dregen kann – dat hett de ool Ries sik dar tosamen roovt hatt –, un do reist he wedder hen to Huus.
Do hett he sik mit de groot iesern Stang nich mehr afquälen dörvt: do hett he so leben kunnt.

16. Hans mit de hölten Koh

Dar is mal 'n Mann west, de hett 'n Söhn hatt, de hett Hans heten. Dumm Hans hebbt se ümmer seggt. As he ut de School is, do seggt he to sienen Vadder: Du, Vadder, seggt he, nu will ik in'e Frömm. Ik mutt de Welt mal sehn.
Ja, seggt de Ool, wenn du de Welt denn uk nich to sehn kriggst, denn kriggt de Welt di doch mal to sehn, wat du för 'n Keerl büst.
He reist je af.
Nu fröggt he hier an üm Arbeit un fröggt dar an, aver nee, 'n orntlichen Deenst kann he narms kriegen.
Do kümmt he in'n Dörp, dar fröggt he uk wedder an.
Ja, seggt se, he kann dar ankamen as Kohharr. Aver Lohn geevt se wieder nich; he mutt för de Kost denen. He hett uk wieder nix to doon, seggt se, he hett blots een Koh to höden. Dar hebbt veer Mann tohöört.
Na, sien beten Reisgeld, wat he mitkregen hett, dat hett he up, fechten will he uk nich geern: he nimmt dat an.
As he 'n Tietlang hött hett – de ool Koh bölkt ümmer so veel –, do denkt he: Wenn se doch blots beten Gesellschaft harr! Se mag alleen nich wesen.
Oh, fallt em in, schast di so'n hölten Gestell maken, wat so utsüht as so'n Koh. Tiet hett he je noog hatt.
He klütert sik richtig so'n Art Koh tosamen, mit veer Rööd ün-

ner, dat he ehr hen un her schuben kann, maalt ehr 'n beten an, root un witt, mit'n fein'n Harten vör'n Kopp, un stellt ehr bi de anner hen. Abends lett he de hölten up de Weid. Mit de anner treckt he ümmer to Huus, un dar kriggt he ehr in 'n Stall.
Nu hett de Koh up'n Jungn stahn. Un do kümmt dar 'n Slachter helang, wat he de Koh nich verköpen will.
Och, denkt he, dat kannst je geern doon. De Koh hett je al so lang dröög stahn: dar kümmert sik je doch nümms üm.
He verköfft de Koh. Un denn treckt he abends in'n Schummern de hölten Koh ümmer in'n Stall, dat de Lüüd dar nix vun marken schüllt.
Dat hett en ganz Tiet goot gahn, do kümmt dar mal een vun de veer, de dar tohöört hebbt, de will mal sehn, wo wiet as se al to is, de Koh. Dat is je up'e Tiet, dat se jungen mutt, dünkt em. Un do findt he de ool hölten Koh dar je in'n Stall.
He je na de annern hen un vertellt de dat. Un do kriegt se Hans denn vör't Brett.
Na, he kann je nich utkrupen. Un do gesteiht he, dat he de Koh verköfft hett.
Wo he dat Geld denn hett.
Ja, tein Daler hett he dar man för kregen. Un de hett he so bi lütten utgeben.
Nu hett he sik dar so'n lütt Klapplock in maakt hatt, in de hölten Koh, dar hett he inkrupen kunnt, un denn hett he dar bi leeg Weder ümmer in legen.
Do seggt de een vun de veer – se hollt je Gericht över em, wat se mit em upstellen wüllt –, de seggt dunn: Ja, hett he so lang in de ool Koh legen, denn schall he dar uk noch länger in liggen. Wi wüllt de Koh half vull Steen packen un denn em dar in. Un denn versuupt wi em dar in de Waterkuul.
Dat is so'n deep Kuul west: wenn se dar mit'n Winnelboom in dal föhlt hebbt, denn hebbt se gar keen Grund föhlen kunnt.
Na, dat geiht je los. Se steekt Hans na de Koh herin, maakt de Klapp to, mit en Överfelg, un mit en Sticken tosteken, un do schuuvt se em an de Waterkuul ran.
Do bidd Hans so veel, so schüllt em doch en beten Tiet laten, dat he eerst en Vaderunser beden kann vör sienen Dood.

Ja, dat wüllt se denn uk. Dat is graad Meddag west: denn wüllt se eerst hen to Huus un eten wat. Wieltdes kann he denn je sien Vaderunser beden.
As se üm de Eck sünd, do fangt he in de Koh luudhals en Ropen an: Ik schall Börgermeister warden, un ik will nich! Ik schall Börgermeister warden, un ik will nich! Dat röppt he ümmerlos.
Nu hett dar nich wiet vun af, dar hett en olen Scheper hött up'e Koppel, de hööрt dat Bölken. De dar je hen.
Wat 's hier los? seggt he.
Ja, seggt Hans, ik schall Börgermeister warrn, un ik will nich!
O, mi dünkt, dat's 'n goden Possen, seggt de Scheper. Dat do ik geern.
Ja, seggt he, denn kruup du hier man rin. Sie wüllt mi ehr nich utlaten, ehr ik dat will.
Ja, seggt de Scheper, dat will ik glieks. Wenn ik eerst Börgermeister bün, denn laat de Schaap to'n Dööster lopen! Denn kannst du de Schaap nehmen.
De Scheper maakt de Klapp apen un lett Hans ut. Un do krüppt he dar rin na de Koh, un Hans stickt den Sticken wedder vör. Un do sett he sik achter'n Knick un will je afluren, wo dit wull warrn deit.
Wieltdes kaamt de annern veer je wedder un fraagt: Na, büst nu so wiet?
Ja, seggt de Scheper, ik will wull Börgermeister warrn.
Ja, wi wüllt di bald bi Börgermeister warrn! seggt se. Un pledooz stööt se de hölten Koh na dat Waterlock herin. Un de ool Scheper versüppt je.
Do geiht Hans hen na de Schaap. Dat sünd nu je all sien. Un abends kümmt he mit de ganz Schoov Schaap lang 'n Dörp drieben.
De veer, as de em wies warrt, do kaamt se je anlopen un fraagt em: Hans, wo kann dat angahn? Wi hebbt di je doch versapen. Wo kümmst bi all de Schaap?
Ja, seggt he, de heff ik mi dar all ut de Waterkuul kregen. Dar sünd noch heel veel mehr in. Ik wull blots nich mehr hebben.
Schullen wi dar uk wull welk rut kriegen künnen? seggt se.

Ja, seggt he, kaamt morrn Meddag man hen, wenn de Sünn recht 'n beten warm schient. Denn is dat je nich so schruterig dar rin to springen. Ik jaag dar denn uk hen mit mien Schaap. Denn künnt ji dat sülben sehn, dat dar welk in sünd.

Annern Meddag jaagt Hans sien Schaap ganz dicht an de Kuul heran, dat se sik dar in spegelt, in dat Water.

Süh, seggt de een, dar sünd al welk to sehn!

Ja, seggt Hans, nu laat juun Uhren un juun Geld man up'e Kant liggen. Dat warrt sünst je all natt. Un denn will ik tellen: Een, twee, dree! Un so as ik ›dree‹ segg, denn springt ji all veer mit'n Mal herin.

He hett man eerst ›een‹ seggt, do springt de een – de kann dat nich aftöben –, de springt al booz to. Un versüppt je.

As de an'e Grund geiht, as dar so'n Blubbern in Enn kamen doot, süh, seggt de annern dree, he hett al een faat! Un do springt de uk herin un versuppt uk je all.

Do sammelt Hans sik dat Geld un de Uhrn up'n Dutt. Un do jöcht he mit sien Schaap hen to Huus, na sienen Vadder. Un dat heet, dat vun dat Slag Schaap noch sünd in de Gegend.

17. De Buur un de Raatsherr

Dar is mal en Mekelbörger Buur west, de is mal na Lübeck west mit Eier. Un do kümmt he uk bi 'n Raatsherrn. Do seggt he to den Raatsherrn: Se sünd je en Raatsherr, seggt he, denn raden S' doch mal, wo veel Eier as ik in mien Kiep heff. Wenn S' dat raden künnt, denn schüllt Se se all hunnert hebben.

O, seggt de Raatsherr, dar hest je wull en fiev Stieg in.

Dövel haal! seggt de Buur, dat hebbt Se raadt, dat hadd ik nich dacht. Un do kriggt de Raatsherr je de hunnert Eier.

En paar Daag darna, do kümmt de Buur wedder. Do hett he en Sack, de is up'n Enn en beten twei. Un ut dat Lock, dar kickt en Been un en Steert ut vun en Katt.

Na, Herr Raatsherr, seggt he, wüllt wi mal wedder raden? Aver dit Mal draapt Se dat nich. Dar will ik tein Daler up wedden. Un darmit leggt de Buur tein Daler up'n Disch.

Ja, wat schall ik denn raden? seggt de Raatsherr.
Ja, wat ik in mienen Sack heff, wenn S' dat raden künnt.
Ja, seggt de Raatsherr, dar sett ik tein Daler gegen. Un darmit leggt he uk tein Daler up'n Disch. In dienen Sack, dar hest du en Katt in.
Nee, seggt de Buur, dat hebbt S' nich drapen. Dat heff ik je gliek seggt. Dat's 'n Kater. Un darmit raakt he sik dat Geld up'n Dutt un geiht mit sienen Kater ut de Döör.
Do hett he sien Eier je goot betahlt kregen.

18. De Buur un de Professer

Dar is mal 'n Buur west, de is mit 'n Föhr Holt to Stadt. Un do verköfft he dat eerst op een Steed un naher op 'n anner Steed un kriggt sien Holt je dubbelt betahlt. Do höögt he sik je, wat he eenmal för 'n kloken Mann is.
Nu sitt dar Studenten vör 't Weertshuus, de drinkt dar Beer. Do seggt he to de Studenten: Jungs, seggt he, nu seggt mi mal, wo geiht dat eenmal to, dat ji hier in de Stadt so lang na School gahn mööt? Welk vun ju hebbt je al örntlich so'n beten Baartwarks ünner de Nees. Bi uns, seggt he, op'n Dörpen, wenn de Jungs kunfermeert sünd, denn sünd se dar je mit liekut, mit dat ool Quälkraam.
Ja, seggt de Studenten, in de Stadt, dar mööt se mehr lehrn as op'n Lann. Darför sünd se denn uk je so veel klöker naher.
Och, ji grönen Bengels, seggt he, wat ji ju inbildt! Ik bün klöker as ji. Ik bün noch klöker as juun Professer.
Oho, seggt se un lacht, denn schall he man mal mitkamen na ehren Professer; denn schall he dat wull to sehn kriegen.
Ja, man to! seggt de Buur.
De Studenten drinkt ehr Beer je ut, un de Buur geiht mit ehr.
As se bi den Professer sien Huus kaamt, do geiht de een Student eerst mal rop un seggt den Professer Bescheed, dat dar 'n Buur is nedden, de will klöker wesen as he is.
Ja, denn schüllt se man mal mit em rop kamen, seggt de Professer.

As de Studenten mit den Buurn rinkaamt, na, seggt de Professer to em, und Sie wollen klüger sein als ich?
Ja, dat bün ik uk, seggt de Buur.
Ja, wollen wir mal fünf Taler wetten? seggt de Professer.
Ja, man to! seggt de Buur.
De Professer leggt fiev Daler op 'n Disch, un de Buur sett dar fiev Daler gegen.
Na, seggt de Professer, dann sagen Sie mir mal, wie hieß Jesus seine Mutter?
De hett Maria heten, seggt de Buur.
Ja, die Frage war zu leicht, seggt de Professer, ich will Ihnen eine andere vorlegen.
Nee, hollt puß! seggt de Buur, nu bün ik an de Reeg. Nu seggen Se mi mal, wo hett mien ool Grootmöhm heten?
Ja, mein lieber Mann, wie kann ich das wissen?
Ja, dat heff ik je seggt, seggt de Buur, ik bün klöker as Se. Mien Grootmöhm heet Else Katrin, un de tein Daler sünd mien. Un darmit raakt de Buur sik dat Geld vun'n Disch, un dat ut de Döör herut.

19. De gries Buck

Dar is mal en Scheper west, de hött mal op 'n Sünnabend Naamdag mit sien Schaap in't Redder.
Do kümmt de Preester dar angahn.
Na, seggt he to den Scheper, du hest je bannig Schaap.
Ja, seggt he, ik hööd uk goot.
Wullt mi den olen griesen Buck nich verköpen? seggt de Preester.
Ja, seggt de Scheper, den kann he kriegen, wenn he em dat un dat geben will.
Na, se warrt je hanneleens.
Ja, seggt de Preester, Geld heff ik noch nich vundaag, aver morrn is Abendmahl, denn kann ik sachs so veel op'n Dutt kriegen. Du kunnst uk man mal hen kamen, seggt he, un günn mi en paar Schilling.
Ja, wonehr hest du dat? seggt de Scheper.

Ja, Klock hen to elben, seggt he, wenn de Kirch ut is.
Ja, denn kaam ik hen, seggt de Scheper.
Abends seggt de Preester to den Köster: Morrn künnt wi 'n Rebbes maken. Ik heff den Scheper den griesen Buck afköfft vundaag un heff to em seggt, he schull morrn Klock elben to Abendmahl kamen. Denn kunnst du wieltdes hen gahn un halen em den griesen Buck weg. Denn wüllt wi em slachten naher un uns dat Fleesch deelen.
Ja, seggt de Köster, dat künnen wi je.
Annern Morgen hett de Scheper sik 'n beten in de Klock versehn, un do will he de Schaap eerst in de Fleken kriegen, ehr he to Kirch geiht. Un do warrt he wahr, dat dar 'n Keerl ankümmt un löppt graad op de Schaap to.
Dövel, denkt he, wat will de Keerl bi dien Schaap?
He töövt noch 'n beten, do jaagt de Köster dar mang de Schaap rüm un kriggt noch to den griesen Buck faat, den he an den Preester verköfft hett.
De Scheper hen un kriggt mienen leben Köster bi'n Wickel un wackelt em ganz unbannig af.
Nu hett he den Buck je nich mitkregen, de Köster, un do denkt he: Nu mußt man lopen, dat du wedder na de Kirch kümmst!
As he rin kümmt in de Kirch, do steiht de Preester graad vör't Altar. Un do warrt he den Köster je wahr.
Do denkt de Preester: Schull he den Buck wull kregen hebben? O, denkt he, wenn he op de Orgel is, denn schaßt mal anfragen.
As de Köster nu baben is, do fangt de Preester denn je nedden vör't Altar an to singen: Hast denn den griesen Bobba nicht gehoolt? ›Buck‹ hett he je nich seggen kunnt. Denn harrn de Lüüd dat je verstahn.
Dunn de Köster vun de Orgel to: Nein, er kriggte mich beim Weikel und schlug mich halber zu To-o-o-de. ›Bi'n Wickel‹ hett he je nich seggen kunnt.
Dunn wedder de Preester: Das wär der Flü-ü-ü-gel! ›Düvel‹ hett he je nich seggen kunnt.
Och Gott, hebbt de olen Buurfruuns do seggt, dat mutt 'n hogen Festdag wesen vundaag. Preester un Köster snackt kramellatiensch.

20. Dat Undeert

Dar is mal en Fru west, de is so smuddelich west un so nusselich un hett ehr Stuuv ümmer nich orntlich utfeegt.

Nu hett de ool Katt dar mal wat henmaakt hatt ünner de Bänk. De Fru is dat aver gar ne wahr worden un hett dar ümmer bi lang feegt. Un do is dar je so'n Ruuchriep op wussen un is ümmer höger worden.

Toletzt, do warrt se dat doch wahr. Un do warrt se dar bang vör – se meent, dat is en Undeert –, un weet gar nich, wo se dat wegkriegen schall.

Do kriggt se to höörn, dat de Buurgvaagt en Knecht hett, de bi de Suldaten west is, dat de so driest is. Un do geiht se hen un bidd em, he schall doch mal hen kamen. In ehr Stuuv liggt en groot Undeert ünner de Bänk, dat schall he doot maken.

Ja, seggt he, he will mal henkamen.

As he dar nu kümmt, un he besücht dat, ja, seggt he, so geiht dat noch nich. He will sik en Wagenstell halen un dat vör de Stubendöör schuben, dar will he op stahn gahn. Un denn will he en lang Staakfork nehmen, dar will he dat Undeert mit doot steken.

He haalt sik en Wagenstell her, un de Lüüd ut'n Dörp – dat hett sik je rüm snackt –, de loopt je all achteran, de wüllt dat Spillwark je all mit beleben.

As he nu op dat Wagenstell steiht, do roopt de annern: Buurvaagtsknecht, steek to, Buurvaagtsknecht, steek to!

Ja, seggt he, un darbi bevert em de Büx, ji schulln man weten, wo mi to Moot is! Wenn ji hier stünnen, ji steken uk nich to! Un darmit springt he vun 't Stell heraf un maakt, dat he weg kümmt. Un wenn dar keen driestern kamen is as de Buurvaagtsknecht, denn steiht dat dar noch ünner de Bänk.

21. Dat Unweder

In Harmsdörp – dat liggt dar je na Ollenborg to –, dar hebbt se vör Jahren mal so 'n drögen Sommer hatt, un de Buurn hebbt so geern 'n beten Regen hebben wullt. Dat is all so ümfullen in 'n Felln, Koorn un Kantüffeln un Kraam, un't Veeh hett ok nix mehr to freten hatt.

Nu kaamt se mal in'n Kroog tosamen, de Buurn, un wüllt dat je besnacken, wat dar eenmal bi uptostellen is, dat se Unweder kriegt. Un de een gifft dit an un de anner dat.

Do sitt dar 'n Frömmen mit in de Stuuv – dat is so 'n Spaaßvagel west –, de hett dar 'n Nacht blieben wullt, un de höört dat je all mit an, wo de Buurn sik den Kopp tobreken doot. Un do seggt he to ehr, ja, wenn 't wieder nix is as dat, dar kann he ehr in raden. De Apteker in Ollenborg, dar schüllt se man hen schicken, de hett Unweder to verköpen. Dat is aver arig düür, seggt he; unner hunnert Mark is dat wull nich to hebben.

O, meent se, dat seggt je nix, dat wüllt se dar je geern an wennen.

Se scheet je tosamen. Un 'n annern Morgen, do kriegt se dar je 'n Knecht up af.

As de Knecht dar kümmt up de Apteek, na, seggt de Apteker, wat wußt du denn hebben?

Ja, seggt he, de Harmsdörper Buurn hebbt mi her schickt, ik schull vör hunnert Mark Unweder halen.

Na, seggt de Apteker, ut Harmsdörp büst du, dar ut de warmen Länner, wo de Sliepsteen in't Ulenlock dreiht warrt un wo de Hund mit'n Steert bellt? Ja, denn weet ik al Bescheed. Denn kumm man üm 'n half Stunn wedder vör.

De Apteker geiht na'n Gaarden un fangt sik so'n groten Brummer, un den kriggt he in'n lütt Schachtel. Un as de Knecht wedder kümmt, do gifft he em dat Schachtel mit. He schall dat aver jo un jo nich apen maken, seggt he, ehr nich, ehr he in Harmsdörp is; sünst flüggt dat Unweder rut.

De Knecht betahlt sien hunnert Mark un geiht je mit sien Unweder af.

As he ünnerwegens is, do kriggt he dat Schachtel mal ut de Tasch, un do snurrt un brummt dat dar je ümmer so in.
I, denkt he, wo schull so en Unweder wull utsehn? Mußt doch rein mal tokieken!
He kümmt bi un maakt dat Schachtel so'n beten apen, un brr! surrt de Brummer je rut. Eerst brummt he em en paar Mal so üm'n Kopp herüm, un do huult he je af.
De Knecht, de löppt achteran un wiest un wenkt. Na Harmsdörp to! röppt he ümmerlos. Na Eenhuus nich! Man ümmer na Harmsdörp to!
As he wedder to Huus kümmt, na, seggt de Buurn, hest Unweder kregen?
Ja, seggt he, kregen heff ik wat. Aver dat is mi ünnerwegens wegflagen. Eerst wull 't na Eenhuus to. Aver ik rööp ümmerlos achteran. Un do kreeg dat toletzt den Dreih hier na Harmsdörp to.
De Knecht is noch nich lang wedder to Huus, do treckt dat so swart up, un dat warrt blitzen un wedern un warrt regen, ganz gefährlich. Un dat regent un regent ümmerlos, enen Dag un all Daag, un will gar nich wedder upholln.
Do hebbt se seggt, de Harmsdörper, vör hunnert Mark, so veel Unweder hadden se gar nich nödig hatt. Wenn nu mal wedder en Dröögnis kööm, denn wullen se dar ne mehr an wennen as föfftig.

22. *De lütt Ent*

Dar is mal 'n König west, de hett 'n Bedeenter hatt. Un de Bedeenter hett so 'n hübsch Swester hatt, dar hett he en Bild vun hatt.
Nu sitt he dar mal in sien Stuuv un besüht dat Bild, do kümmt de König dar över to.
Do fröggt de König em, wat dat för'n Bild is, wat he dar hett.
Ja, dat is sien Swester, seggt de Bedeenter.
Do besüht de König dat Bild, un do seggt he, wenn sien Swester

so schöön is, as se up dat Bild utsehn deit, denn will he ehr to'n Fru nehmen. He schall ehr doch mal toschrieben, dat se mal henkamen schall.
Nu hett he'n Steefmudder hatt, de Bedeenter, dat is en ool Hex west. Un de Olsch hett noch 'n Dochter hatt – dat is ehr recht Dochter west –, de is so häßlich west.
As de Bedeenter ehr dat nu toschrifft, sien Swester schall mal hen kamen, so un so hett de König to em seggt, do kümmt de Olsch bi un verwünscht ehr Steefdochter to'n Ent. Un do seggt se to ehr recht Dochter, se schall sik recht fein maken, un denn schall se hen reisen na'n König.
As se dar nu kümmt, de recht Dochter, do seggt de König to den Bedeenter, he hett em bedragen. Sien Swester is je lang so hübsch nich, seggt he, as se up dat Bild utsehn deit. Wenn se so häßlich is, denn will he ehr nich hebben. Un he warrt dar so gramm över un so grillich un lett den Bedeenter in't Lock smieten.
As he nu in't Lock sitten deit, do kümmt de lütt Ent – dat is sien Swester je west –, de swümmt de Nacht över up'n Sloßgraben. Un morgens krüppt se dör't Götellock na de Köök herin un seggt:

Park, park!
Was macht mein Bruder im Loch?
Er sitzt auf Wasser und Brot.
O weh!

Do wüllt se ehr faat kriegen. Aver een twee dree is se ut 't Götellock herut un swümmt wedder up'n Sloßgraben.
Annern Morgen kümmt se to'n tweeten Mal. Se stickt ehren Kopp wedder dör't Götellock un seggt wedder ganz dat sülvig.
Do sünd se uk je wedder achter ehr her un wüllt ehr griepen. Aver wutsch! is se ut 't Götellock herut un swümmt wedder up'n Sloßgraben.
Den drüdden Morgen kümmt se to'n drüdden Mal dör't Götellock. Un do seggt se uk wedder:

Park, park!
Was macht mein Bruder im Loch?
Er sitzt auf Wasser und Brot.
O weh!

Nu hett dar aver buten een uppaßt mit en Sack. Un as se do wedder rut will ut't Götellock, do is de Sack dar je vör. Un do hebbt se ehr in'n Sack.
Do seggt de lütt Ent, se schüllt dree Tunnen henstellen in de Köök, een Tunn mit Water un een Tunn mit Beer un een Tunn mit Wien. Un denn schüllt se ehr eerst in de Tunn mit Water ünnerdükern un denn in de Tunn mit Beer un denn in de Tunn mit Wien.
Na, se dükert ehr je eerst in Water ünner un do in Beer un do in Wien. Un as se ehr dar in ünnerdükert hebbt, do is se erlöst. Do is se wedder en Minsch west un is noch heel veel smucker west as vörher.
Do hett de König ehr to'n Fru nahmen. Un wat ehr Broder west is, de Bedeenter, de is do wedder frie kamen un is hoch ankamen bi'n König.

23. Gniedeln un Fiedeln

As ik so 'n Jung weer so vun 'n Jahrer veertein, do harr ik nu bi 'n Buurn vermeedt. Lohn kreeg ik graad nich veel. Dat Geld weer je knapp in olen Tieden. Ik kreeg dree Dreeling dat Jahr. As dat Jahr nu rümmer weer – ik harr mi vun mien Geld gar nix doon laten vörher –, do kreeg ik je mien ganz Lohn utbetahlt. Un do weer ik je so vergnöögt as keen Minsch. Dree Dreeling – dat weer je 'n Barg Geld.
Nu nöhm ik mienen Bünnel je ünner'n Arm un maak mi op'n Weg, hen to Huus. Do begegen mi 'n olen Mann ünnerwegens, de fröög mi, worüm as ik so vergnöögt weer.
Ja, see ik, ik heff mien Lohn eerst kregen. Ik heff mi gar nix doon laten vörher un heff mien dree Dreeling all beholln.
O, mien Jung, seggt de ool Mann, laat mi de dree Dreeling krie-

gen! Ik will di dar 'n Pistol för geben un 'n Zauberstock un 'n Vigelien. Mit de Pistol, seggt he, all wat du scheten wullt, dat dröppst du. Un de Zauberstock, wenn dar een is, de dat nich doon will, wat du hebben wullt, un du wiest op em mit den Zauberstock, denn mutt he all doon, wat du wullt. Un de Vigelien, wenn du dar op spelen deist, denn mutt all, wat vör di is, dat mutt danzen.
O, denk ik, wenn du dat all harrst, dat weer je so wat! Un do tuschen wi je tosamen. De ool Mann kreeg mien dree Dreeling. Un ik kreeg de Pistol un den Zauberstock un de Vigelien. Un do güng ik je wieder.
Nu wull ik mal probeern, wat dat uk wull all so weer, as de ool Mann seggt harr. Un do nöhm ik mien Pistol – dar flöög graad 'n Adbaar baben mi, ganz hooch in de Luff, so hooch, dat he mit'n anner Flint gar nich to recken weer –, un do schoot ik to. Un richtig, ik drööp em, un de Adbaar füll doot bi mi dal.
Nu güng ik je wieder. As ik 'n lütt Flach bet to weer, do drööp ik dar 'n Juden, de harr sik an 't Water hen leggt to'n Slapen. Un nu quark dar ümmer en ool Ent op't Water. Un do see de Juud: Du lüttje Buttje, seggt he, scheet mi mal de Ent vun 't Water.
Ja, segg ik, scheten will ik ehr wull. Aver wat ik scheet, dat will ik uk sülben beholln. Ik nöhm mien Pistol un schööt to un schööt de Ent doot.
So, segg ik to den Juden, nu gah man hen un haal mi de Ent her.
Nee, seggt he, dat kann ik je nich. De Ent liggt je in't Water.
O, segg ik, du kannst dar waden. Gah du man hen.
Nee, seggt he, denn warr ik je ganz natt.
O dat dröögt wull wedder, segg ik, waad du man rin.
De Juud wull dar aver nich rin na't Water.
Do kreeg ik mienen Zauberstock her un wies darmit op den Juden. Do müßt he je na't Water rin.
As he midden in't Water weer, do kreeg ik mien Vigelien her un füng an to spelen. Un so as ik speel, müß de Juud je danzen. Un de ool Juud, de spaddel un tallfööt in dat Water rüm as en Poch in'n Maanschien. Waih geschrien! rööp he, hool doch op

vun spelen! Ik gniedel un fiedel aver ümmer to, bet he ganz klatschennatt weer toletzt. Do hööl ik op.

Do köön de Juud je ut't Water herute un schimp je kröpelskraft. Dat schast du wahr warden, seggt he, ik will di verklagen!

Ja, dat do man, segg ik, verklaag mi man! Un darmit güng ik wieder.

As ik en beten bet to weer, do drööp ik noch en Juden, de hadd sik an'n Knick henleggt to slapen. Un do seet dar en Vagel in de Doornheck, de quirk ümmerlos.

Du lüttje Buttje, seggt de Juud, scheet mi mal den Vagel ut de Heck.

Ik schööt to un schööt den Vagel doot. Un de Vagel bleev midden in de Heck behängen.

Do segg ik to den Juden: Nu haal mi den Vagel man her.

Ja, seggt he, dar kann ik je nich rinner kamen. Denn riet ik mi je in de Döörn.

Do nöhm ik mienen Zauberstock un wies darmit op den Juden. Do müß he je rin na de Döörn. Un as he recht so midden in de Döörn weer, do kreeg ik mien Vigelien her un füng wedder an to gniedeln. Do müß de ool Juud je danzen in de Döörn. Waih geschrien! rööp he, hool doch op vun fiedeln! Ik gniedel un fiedel aver ümmer to, bet he sien Gesicht un sien Hänn un sien Tüüch all twei reten harr. Do hööl ik op.

Do kööm de Juud je ut de Heck herute un füng an to schimpen. Dat schast du to sehn kriegen, seggt he, ik will di verklagen!

Ja, dat do man, segg ik, verklaag mi man! Un darmit güng ik wieder.

As ik en beten bet to weer, do begegen mi so 'n ool Fru mit 'n Putt vull Boddermelk.

O, lütt Mudder, segg ik, laat mi doch mal drinken!

Do wörr se schellen vun ›legen Bengel‹. Wat ik wull meen! Se harr sik de Boddermelk sülben snurrt, un nu wull ik s' ehr utsupen!

Do kreeg ik mien Vigelien ünner'n Arm ut un füng an to fiedeln: do müß de Olsch je danzen. Un do gööt se eerst all ehr Boddermelk ut, un naher slöög se mit ehren Putt an'n Steen, un de ool Putt flöög in Gniddern un Fliddern.

Do füng se uk je an to schimpen: se wull mi wull kriegen, se wull mi verklagen.
Ja, lütt Mudder, segg ik, dat do man, verklaag mi man! Un darmit güng ik je wieder, hen to Huus.
'n paar Daag naher, do wörr ik to Tremien föllert. Un de beiden Juden un de ool Fru – de harrn mi je verklaagt –, de weern dar uk je mit. Un do wörr ik je verdunnert.
Do beed ik den Amtmann, wat ik mien Vigelien man 'n beten halen kunn. De harr ik in't Weertshuus liggen laten.
Do röpen de beiden olen Juden: Geevt em de Fiedel nich! Geevt em de Fiedel nich!
De Amtmann lööt mi aver doch weg, dat ik mien Vigelien halen kunn. Un as ik do wedder trüch kööm mit mien Fiedel, do füng ik an to gniedeln un to fiedeln. Un do müssen se je all danzen, de beiden Juden un de ool Fru un de Amtmann un de Schriever un wat dar süß noch in de Amtsstuuv weer, uk je all mit. Un de olen Juden, de schreen: See 'k dat nich, see 'k dat nich? Geevt em de Fiedel nich!
As se 'n Tietlang danzt harn, do rööp de Amtmann, ik schull doch opholen vun Fiedeln. Denn schull mi de Straaf uk schenkt warrn.
Do hööl ik denn je op vun speeln un güng wedder hen to Huus.
Nu leev mien ool Grootvadder noch to de Tiet, de müch mien Vigelien so geern lieden un speel dar ümmer op. Un as he doot blieben döö, do beed he mi, ik schull em de Vigelien doch mitgeben. Dat weer graad op de Tiet, dat Petrus sien gollen Hochtiet warden schull. Un op de Hochtiet, dar wull mien Grootvadder geern mit speeln.
Na, ik müch je nich nee seggen un geev em mien Fiedel mit. Aver vun Petrus sien gollen Hochtiet, dar is nix vun worden. En paar Daag vörher hadd Petrus op'n Kieler Ümslag en paar Dreelingssemmeln wegnahmen bi'n Bäcker, un dar hadden se em bi faat kregen un hadden em foort intuckert. Do kunn vun de Hochtiet je nix warden: Petrus seet je in't Lock.

24. Haspelholt

Dar is mal 'n Fru west, de hett ümmer nich spinnen müücht. Un wenn ehr Mann to ehr seggt hett, se schull doch spinnen, denn hett se ümmer seggt, se hadd kenen Haspel.
Do seggt ehr Mann toletzt: Na, denn will ik vunabend hen to Holt un Haspelholt halen; denn will ik di en Haspel maken.
As he nu hengeiht 's Abends, do löppt se em na. Un do verstickt se sik in't Holt un röppt ümmerlos: De Haspelholt haalt, schall ophängt warden. De Haspelholt haalt, schall ophängt warden!
Do ward he bang un geiht wedder hen to Huus.
As he in 'n Huus kümmt, do is sien Fru dar uk al wedder, un do seggt se: Na, Vadder, du bringst je keen Haspelholt.
Nee, seggt he, dar weer een in't Holt, de rööp ümmer: De Haspelholt haalt, schall ophängt warden. Denn laat dat Spinnen to'n Dööster wesen, ehr ik mi darüm schall ophängen laten.
Do hett he ehr sien Daag nix wedder seggt vun spinnen. Do hett 't en Enn hatt.

25. De groot Gatz

Dar is mal 'n Buur west, de is bi 't Klevermeihn, un do kümmt de Düvel bi em an.
Wat, meihst du man alleen?
Ja, seggt de Buur, dat sühst du je. Wullst du mi mit helpen?
Ja, du hest hier je keen Lee.
Nee, dat heff ik nich.
Ja, denn bring morrn fröh 'n Lee mit. Denn will ik di mit helpen. Aver denn wüllt wi mal in'e Wedd meihn. Wenn du mi vörbi meist, denn kriggst du 'n Spint Geld. Un meih ik di vörbi, denn büst du mien.
Ja, seggt de Buur, dat laat ik gahn.
Ja, denn bring mi morrn fröh 'n Lee mit.
Ja, seggt he, ik bring een mit. Darmit geiht de Düvel je weg.
As he weg is, geiht de Buur uk to Huus. Moder, seggt he, ik mutt to Stadt un mutt mi en nie Lee halen.

O, Vader, du hest je so veel ool Leen.
Ja, dat helpt nich.
He nimmt en Peerd un ridd hen to Stadt. Un dar geiht he na'n Tinngeter. Höörn Se mal, künnt Se mi en Lee geten?
Ja, seggt de Tinngeter.
Wo lang duurt dat wull?
O, dat warrt Abend, seggt de Tinngeter.
Na ja, denn will ik hier in de Stadt so lang töben.
Abends geiht he wedder hen na den Tinngeter un haalt sik de Lee. Un as he to Huus is, do sleit he s' in'n Boom. Un 'n annern Morgen nimmt he ehr mit na de Koppel un fangt je 'n Meihen an, de Buur.
He hett al annerthalf mal heröver meiht, do kümmt de Düvel denn je an. Na, seggt he, du büst wull al bi to meihn?
Ja, so lang kann ik je nich töben, bet du kümmst.
Na, hest mi 'n Lee mitbröcht?
Ja, hier is se, seggt de Buur.
O, dat 's je 'n hübsch, blank Lee!
Na, nu geiht't Meihen je los. De Buur treckt ümmer stramm weg. Toletzt do kickt he sik mal över de Schuller, wo 't mit sienen Macker is, wo de mit de tinnen Lee to Gangen kümmt. Richtig, denn hett he ehr krumm, un denn hett he se mal wedder graad. Un de Klever, de waßt meist all wedder achter em an. He kriggt je nix af.
Höör mal, seggt de Buur, wat 's mi dat för'n Meihen mit di!
Ja, dat ool Schiet will je gar nich, seggt de Düvel. Sieh, hier hest du dien Spint Geld.
Do kann de Buur sik Lüüd annehmen un laten meihn. Do hett he je Geld noog.
Nu duurt dat weg. He hett de Aarn al daan, de Buur, un is Harßdaags bi't Falgplögen: do kümmt de Düvel wedder bi em an. Na, seggt he, büst bi to plögen?
Ja, seggt he.
Ja, kennst mi noch?
Nee, ik kenn di gar nich, seggt de Buur.
Ja, weeßt nich? Wi hebbt mal tosamen meiht.
Na, du büst dat, de ool dull Meiher! Ja ja ja, nu kenn ik di.

Ja, wüllt wi mal wedder wedden?
Ja, wo wüllt wi nu op wedden, seggt de Buur. Dat Plögen mutt ik je alleen doon.
O, wi künnt je annerwoorns op wedden, seggt he, dat findt sik wull. Wenn du blot wedder mit mi wedden wullt.
O, worüm dat nich? seggt de Buur. Vun mien'ntwegen geern. Denn laat dat man wedder losgahn.
He denkt, de ool Düvel is je so dumm: den will he wull wedder faat kriegen.
Ja, dat geiht aver wedder ünner de ool Beding, seggt de Düvel. Wenn du winnst, kriggst du en Spint Geld. Un winn ik, denn so büst du mien.
Ja, is goot, seggt de Buur. Du kannst man seggen, wo wi op wedden wüllt.
Ja, denn künnen wi uns nu je mal kleien, seggt he.
Dövel, denkt de Buur, haddst di dar man nich op inlaten! De Aas hett bannig scharp Krallen op de Fingern: de warrd di je över!
Ja, kleien, seggt he, dat weet ik doch nich recht. Dar mutt ik mi eerst mal op bedenken.
Nee, nee, seggt de Düvel, du hest dat eenmal seggt, un Woort is 'n Woort. Morrn fröh kaam ik hier wedder her.
Ja, wenn ik denn aver nich hier bün? seggt de Buur.
Ja, denn kaam ik na dien Huus, seggt de Düvel. Ik weet, wo du wahnst. Darmit geiht de Düvel je weg.
De Buur – dat 's uk al Fierabend west –, de spannt ut un ridd to Huus. Un itt nich un drinkt nich. He hett dat hellisch op'n Magen mit dat Kleien. Abends geiht he mit sien Olsch to Bett. Aver slapen kann he nich. He kant sik ümmer rundüm in'n Bett, bald op een Siet, bald op'e anner Siet.
Gott bewahrn, Vader, seggt de Olsch, wat schaadt di? Du wrangst hier je ümmer so rüm in't Lager. So ligg doch still un slaap!
Ja, du magst den Düvel! seggt he. Ik un slapen!
Na, wat hest du denn, Vader?
Ja, ik heff mi wedder mit den Düvel inlaten, seggt he. Wi hebbt wedder wedd.

Och, mit juun ool dwatsch Wedden! seggt se. Wo hebbt ji nu denn wedder op wedd?
Ja, nu will he sik mit mi kleien. Aver de Aas hett bannig scharp Klauen. He warrt mi över. Wat stell ik dar eenmal mit op? seggt he.
O, Vader, seggt de Olsch, wieder man nix as dat! Denn legg di man ruhig hen un slaap to. Dat wüllt wi wull kriegen.
Ja, wo meenst du dat, Moder?
O, dar laat mi man för sorgen, seggt se. Morrn fröh, vör Sünnschien, denn geihst du hen na de Smeed, dat du ut 'n Wegen büst, wenn he hier kümmt. Denn will ik wull mit em trecht warrn.
Na, annern Morgen, do steiht de Buur je op un geiht na de Smeed. Un de Olsch blifft alleen to Huus.
Nu is dat so 'n Huus west – eerst kümmt de groot Deel, un denn de Stuuv dar op'n Enn, vör de groot Deel to. Un dar geiht de Olsch sitten un luurt, dat he kamen schall, de Düvel.
Dat duurt nich lang, do kümmt he dar denn uk je an op de Deel.
Wo is de Buur? seggt he, recht so basch.
Do fangt de Olsch an to jaukern un an to wenen.
Na, wo is Ehr Mann denn? seggt he noch mal.
Och, Gott, seggt se, he hett mit'n Mann weddt, se wüllt sik klei'n. Un nu hett he bi mi eerst mal probeert. Un do weern em de Nägel noch nich scharp noog, un nu is he hen na'n Smitt un lött sik ehr verstahlen.
Woneben hett he Ehr denn kleit? seggt de Düvel.
Do sett se den enen Been so op'n Stohl, un mit den annern steiht so op'e Eer. Ja, sehn S' man mal, seggt se. De groot Gatz dar, de hett he mi kleit.
De Düvel kickt je to. Oha, seggt he, nee! Hier is dat Spint Geld! Un denn seggen S' man to Ehr'n Mann, ik wull mi gar nich mehr mit em klein.
Do is de Düvel gar nich wedder kamen. Un de Buur hett de twee Spint Geld hatt.

26. Hans Veertein

Dar is mal en Buur west, de hett al dörtein Jungs hatt, un do is noch de veerteinst nakamen.
Nu hett he dar kenen Namen mehr för weten, un do geiht he hen na 'n Preester, wat he den Jung för en Namen geben schall.
Ja, seggt de Preester, wat he mit den Jung in Sinn hett.
Ja, in Sinn hett he wieder nix mit em, seggt de Buur: he mutt wull bi de Ossen.
Wo veel Jungs as he denn al hett, seggt de Preester.
Dörtein, seggt de Buur. De nu tokamen is, dat is de veerteinst.
Ja, denn kann he em je man Hans Veertein heten laten, seggt de Preester.
Ja, seggt de Buur, dat kann he denn je.
Nu waßt de Jung je heran un warrt so groot un strevig, dat he Krafft hatt hett för veertein Mann. He hett aver uk för veertein Mann eten.
Do seggt de Ool mal enen Dag to em: Ja, Hans, seggt he, du büst je gar nich satt to kriegen un ittst uns hier noch rein bankerott: du mußt in'e Frömm un mußt sehn, dat du dien Brot sülben verdeenst.
Ja, Vadder, seggt Hans Veertein, dat will ik denn uk wull. Un do geiht he in de Frömm.
As he 'n Tietlang gahn hett, do dröppt he 'n Wagen in'n Weg mit so'n groot iesern Stang up, de is dar fast föhrt. Un de Fohrlüüd tagelt ümmerlos up de Peer herüm.
Dat duurt em so. Un do seggt he to de Fohrlüüd, wenn he sik dar een mang ut söken schall, mang de iesern Stang, denn will he ehr los helpen.
Ja, seggt se, dat schall he, en Stang kann he geern kriegen.
Ja, seggt he, denn schüllt se de Peer man utspannen.
Se kriegt de Peer je vörweg. Un do faat Hans Veertein bi'n Dießel an un ritt den Wagen alleen ut de Schiet herut un bringt den ganzen Kraam up'n Drögen. Un do söcht he sik de dickst Stang ut, de dar mang is, un dar geiht he mit los. Un in dat neegst Dörp geiht he bi'n Smitt vör. Un de mutt em dar 'n Handstock vun maken, vun de Stang.

As de Handstock trecht is, do seggt de Smitt, dat Iesen, wat dar nableben is vun de Stang, wat he dar för hebben will.
O, seggt he, dar will he wieder nix för hebben, dar will he sik man mal satt för eten.
Do mutt den Smitt sien Fru je wat up'n Disch kriegen, un Hans itt dat all up. Aver as he dat up hett, do is he noch lang nich satt. Do mutt se je noch mehr rin halen un ümmer mehr, bet he ehr ganz Spieskamer leddig eten hett. Do geiht he wieder.
As he wedder 'n Flach gahn hett, do kümmt he in'n Dörp, dar fröggt he bi'n Buurn üm Arbeit an.
Ja, seggt de Buur, he kann bi em ankamen: wat he för Lohn hebben will.
O, seggt he, Lohn will he gar nich hebben, he will för de Kost denen.
Dövel, denkt de Buur, dar kümmst goot bi!
Ja, seggt Hans Veertein, he hett aver noch een Deel. Wenn de Buur em nich länger beholen will, dat he afgahn schall, denn will he em enen mit de Hand achtervör geben.
O, denkt de Buur, dat hett je keen Noot. So'n Knecht, de för de Kost arbeidt, den jöggt he je nich weg. Un do seggt he, ja, dar is he mit inverstahn.
Na, den eersten Dag, do kriggt de Buur em hen na'n Plögen.
Hans Veertein fangt dar je bi an, aver dat geiht em to nölig. He peddt je ümmer veertein Schreed weg, un denn sünd de Peer em je ümmer in Wegen.
He spannt de Peer vörweg un jöggt ehr to Huus. Un do nimmt he de Ploog un schüfft ehr, Koppel up un Koppel dal. Un dat geiht je so forsch: wenn he en paar Mal topeddt, is he de Koppel je lang. Un as dat Meddag is, do hett he sien Koppel ümplöögt. Do nimmt he sien Ploog ünner 'n Arm un geiht hen to Huus.
Na, seggt de Buur, wat hett dat denn to bedüden? Ik schick di hen na'n Plögen, un de Peer kaamt to Huus wedder an?
Ja, seggt Hans Veertein, ik heff uk plöögt. Aver mit de olen Kracken güng mi dat veel to nölig, de weern mi ümmer ünner'n Föten. Do heff ik sülben Peerd speelt un heff de Ploog schaben.

De Ploog schaben? seggt de Buur. Denn hest uk wull recht wat beschafft!
Ja, seggt Hans Veertein, mit mien Arbeit bün ik to Schick: de Koppel is üm.
De ganz Koppel? seggt de Buur. Dat kann je gar nich angahn! Denn büst je heel flietig west, Hans. Denn kumm man rin un itt eerst wat.
Na, Hans Veertein geiht je rin un sett sik achter'n Disch. Un in'n Ogenblick hett he dat ganz Fatt je leddig.
Ja, uns' Fru, seggt he, satt bün ik noch nich.
De Fru, de wunnert sik je, dat he dat ganz Fattvull alleen uteten hett. Se lött sik dat aver nich ankamen un haalt en frisch Fattvull rin.
Hans Veertein fangt je wedder an, un een twee dree hett he dat uk je ut.
Ja, seggt he, so'n lütt Fattvull, dat versleit je nix. Dat is je man en Lickup. Dar warrt'n je blot hungerig bi.
Mein Gott, seggt de Fru, du hest je wull gar kenen Borm in 'n Liev!
Se haalt den ganzen Kraam herin, all wat se kaakt hett. So, seggt se, dar hest je doch wull noog an.
Ja, seggt Hans Veertein, en lütt Lock kann 'n dar je mit tostoppen. Wenn dar nix mehr is, denn mutt't je sienen Willen hebben. Aver up'n anner Mal kann de Fru wull 'n gröttern Grapen nehmen. Satt bün ik noch lang nich.
Du, seggt de Fru to ehren Mann, mit den Keerl, dar hebbt wi uns wat schööns mit ankröömt: de is je gar nich satt to kriegen. Wenn wi den noch länger behoolt, de fritt uns je bankerott.
Naamdaags schall Hans Veertein mit veer Peer hen to Holt un schall Drümm halen.
He laadt den Wagen baben vull. Aver do künnt de Peer em nich ut de Steed kriegen.
Hans Veertein spannt de Peer vörweg, bindt ehr all veer Been tosamen un hängt ehr an'n Wagen, an jeden Rung een. Un do spannt he sik sülben vör un treckt sienen Wagen hen to Huus.
As he to Huus ankümmt, sünd de Peer je al veer doot.
Mein Gott, Hans, seggt de Buur, wat maakst mi nu wedder för

Töög! Hängst de Peer an'n Wagen un treckst den Wagen sülben? Un all veer Peer doot? Dar mutt ik je 'n armen Mann bi warrn.

Ja, seggt Hans Veertein, de olen Kracken kunnen den Wagen je nich trecken. Un to Huus jagen schall ik s' je nich. Do heff ik ehr an'n Wagen hängt. Wenn se dat nich verdregen künnt, dar kann ik je nix an doon. Aver nu man gau 'n beten Eten up'n Disch! seggt he. Ik bün hungerig. Hüüt Meddag heff ik je nich recht wat kregen.

Nu bringt de Fru je wat do Disch un sett em noch mal so veel vör, as he meddaags kregen hett. Un Hans Veertein verputzt den ganzen Kraam.

Nee, Mudder, seggt de Buur to sien Fru, so kann't nich länger gahn. Den Kerl mööt wi wedder los wesen. De bringt uns je vun Huus un Hoff.

Nu maakt de Buur dat af mit sien Lüüd, den annern Dag, denn will he to Hans Veertein seggen, he schall den Soot utmaden. Un wenn he dar denn in hendal stegen is, in den Soot, denn will de Buur sien Lüüd 'n Teken geben, un denn schüllt se so'n groot Steen na'n Soot rin smiten – bi'n Soot hett en groten Dutt Steen legen, dar hett de Soot mit utsett warden schullt –, un denn schüllt se em ünner de Steen besmieten.

Na, den annern Morgen, do seggt de Buur to Hans Veertein, he schall den Soot utmaden. Hans Veertein stiggt je rin un fangt dar bi an. Do gifft de Buur sien Lüüd en Teken, un do geiht't Smieten je los, ümmer vun baben dal mit de groten Steen na'n Soot herin.

Höört mal, röppt Hans Veertein, jaagt de olen Höhner doch mal en beten trüch! De kleit enen hier all Sand un Schiet in de Ogen.

Nu hett dar uk so'n groten Möhlnsteen bi'n Soot legen, in'e Midd mit'n Lock in. Un do seggt de Buur to sien Lüüd, se schüllt all Mann anfaten un schüllt den groten Möhlnsteen rinsmieten. He denkt, denn schall Hans Veertein dar ünner befalln.

Hans Veertein kickt graad in Enn, un do kriggt he den Kopp graad dör dat Lock hendör. Un do kümmt he mit den Möhlnsteen ut den Soot herutstiegen. Hurrah! seggt he, nu kann ik Preester warden: en Kragen heff ik al üm.

Nu süht de Buur je, dat he nix mit em warden kann, un do denkt he: Den Keerl mußt los wesen, un wenn't uk! Un do seggt he to Hans Veertein, he kann em nich länger beholln, he mutt afgahn.
Ja, seggt Hans Veertein, dat will he denn uk wull. Aver he weet je, de Buur, wat se denn afmaakt hebbt, dat he denn enen achtervör kriggt.
Ja, dat mutt denn all sienen Willen hebben, seggt de Buur.
Ja, seggt Hans Veertein, so dull will he dat denn uk nich maken. He will de ganz Hand gar nich nehmen, he will den lütten Finger man nehmen.
Nu hett de Buur hunnert Strohdiemens hatt, un do lött he de all ut'n annern spreden, wenn Hans em enen gifft, dat he denn week to fallen kümmt.
As dat Stroh all vuneen spreedt is, do nimmt Hans Veertein denn je den lütten Finger un gifft den Buurn dar enen mit achtervör.
Do flücht de Buur över all dat Stroh weg, na de Luft herin. Un wenn he nich wedder dal kamen is na Eer, denn flücht he noch in de Luft herüm.

27. *Giff di!*

Dar sünd mal 'n paar Daglöhners west, de hebbt sik Kohl stehlen wullt.
Nu weet se, de Preester hett je so'n schönen Kohl in'n Gaarden. Un do gaht se 's Abends hen un sniedt sik dar 'n Sack vull Kohlköpp af, un dar dreegt se mit na'n Kirchhoff rop, dar wüllt se sik de Köpp vuneen delen.
As se op'n Kirchhoff sünd, do kümmt ehr in'n Sinn, bi witten Kohl, dar höört uk je 'n Stück fett Hamelfleesch bi. Un nu weet se, dat de Preester uk je noch 'n paar schöön fett Hameln hett, wo he ehr enen vun afstahn kann. Un do schall de een hen un schall den Hamel halen, un de anner schall wieltdes de Kohlköpp vuneen delen.
As he dar nu bi is to delen – tellen hett he nich kunnt, vun een

twee dree hett he nix af weten –, do seggt he ümmer: Dat is mienen Kopp, un dat is dienen Kopp; dat is mienen Kopp, un dat is dienen Kopp.
Do kümmt de Köster dar vörbi – de hett de Klock opwunnen in de Kirch –, de höört dat. Un do meent de, dat sünd de Doden, dat de dar mang ehr Köpp rüm to söken sünd.
He gau na'n Preester hen un seggt: Herr Pastoor, dat spökelt dar op'n Kirchhoff!
O wat wull't wull! seggt de Preester.
Ja, ja Herr Pastoor, seggt he. De Doden sünd dar mang ehr Köpp verbiestert. Se mööt gau mitkamen un beden ehr to Rauh, dat se wedder ünner de Eer kaamt.
Ja, seggt de Preester, ik heff je man so veel Jich in de Benen. Denn mußt du mi dregen. Gahn kann ik nich.
Na, de Köster nimmt em je op'n Nacken un driggt mit em los.
As se dar nu ankaamt op'n Kirchhoff, bi den, de dat Delen deit, do meent de je, dat is de anner, dat de mit den Hamel andregen kümmt. Un do seggt he: Smiet 'n man dal. Ik will em de Slöök foorts utrieten.
Do smitt he den Preester von 'n Lief, de Köster, un maakt je, dat he weg kümmt. Aver dunn kann de Preester noch veel duller lopen as de Köster. Do fehlt de Benen gar nix.
Nu hett de Preester so'n stief hirschleddern Büx anhatt, de hett sik ümmer so streken. Un so as he lopen deit, seggt de Büx ümmer: Giff di! Giff di!
Do seggt de Preester: Nee, geben do ik mi nich, un wenn ik mi uk doot loop!

28. De Preester mit de Wust

Dar is mal'n Preester west, de hett so geern Wüst müdht.
Nu geiht he mal hen na Kirch op 'n Sünndag Morgen to 'n Predigen, un do begegent em en Slachter op 'n Dörp, de hett Wüst in sien Moll. Do köfft he sik en Wust un de stickt he sik achter in sien Rockstasch, in sienen Summari.
Nu geiht he je wieder, un do kaamt dar en paar so'n groot Hun-

nen achter em an, de rüükt dat, dat he en Wust in'e Tasch hett, un wüllt em dar je ümmer bi. Do maakt he gau, dat he na de Kirch rin kümmt, un sleit de Dööör achter sik to.
In de Warkkamer sett he sienen Hoot hen.
Nu is dat so west fröher, wenn de Preester sienen Hoot afsett hatt hett, denn hett de Köster em ümmer kregen. Un do, as de Preester op'e Kanzel is, do geiht de Köster hen un will mal sehn, wo dat mit den Hoot is, wat he wull al so wiet afdragen is, dat he em bald kriegen deit. Sien ool Hoor is al so smerig west. Do liggt de Predigt dar in, in den Hoot.
Dövel ja, denkt de Köster, de hett he hier vergeten, de mußt em je roppe bringen na de Kanzel! Süß kann he je nix opstellen!
He sliekert sik na de Kanzel hen, un do krüppt he op all Veer de Trepp langop un tückt den Preester ümmer achter an sienen Summari, dat de Lüüd dar kenen Vermaak vun kriegen schüllt.
Do meent de Preester, de een ool Hund is dat, dat de em nakamen is uns will em bi sien Wust. Un do nimmt he den Been un stött to un gifft den Köster enen mit'n Afsatz vör'n Kopp, dat de ool Köster koppheister de Trepp hendal nösselt.

29. De Schuufkaar

Dar is mal 'n Daglöhner west, de hett so geern Klümp un Beern müch. Un nu weet he, dar is 'n Buur in en Dörp, de hett so 'n schöön Beern in 'n Garden, un de Beern hett he graad in 'n Backaben to 'n Drögen. Dat hett he sik utlüstert hatt, de Daglöhner. Un do denkt he: Vun de schönen Beern, dar schaßt di en Sack vull vun halen hüüt Abend!
As dat nu düüster is, do kriggt he sik en Sack her, un de Schuufkaar nimmt he uk gliek mit, un do schüfft he je los.
Do seggt de ool Schuufkaar – de is lang nich smeert west –, de seggt ümmer: Wi krie't nix! Wi krie't nix!
O seggt he so bi sik sülben, snack du man to! Wi wüllt wull wat kriegen!

Nu hett de Buur aver dat Jiepen höört, dat dar een mit'n Schuufkaar na sien Backhuus föhrt. Un do kriggt he sik gau en Knüppel her un löppt je na. Un de anner is man eben eerst rin krapen na'n Aben, do is de Buur dar uk al.
Wat hest du hier verlaarn! seggt de Buur. Wullt du dar mal rut! Wenn du nich gliek in'n Ogenblick rut kümmst, denn sett ik dat Lock to.
Ja, dat do man, seggt de anner. Hier achter is uk en Lock. Denn kruup ik dar herut.
De Buur, de denkt, dar künnt je mennimal en paar ool Steen los gahn wesen, dat de Aben twei is. Un do löppt he gau na de anner Siet rüm un will em dar je uppassen.
Wieltdes krüppt de anner aver gau vör herut, ut dat Mundlock, un dat mit sienen leddigen Sack un sien Schuufkaar weg.
Do seggt de Schuufkaar ümmer: Heff ik dat nich seggt, heff dat nich seggt, heff dat nich seggt?
Do hett de ool Schuufkaar doch Recht kregen.

30. De Ploog

Dar is mal 'n Halfknecht, de is Harvstdaags bi to plögen. Nu sünd de olen Peer al so mööd west vun all dat Plögen, un do kruupt se mit de Ploog je man ümmer so eben weg. Un de Ploog – de weern in olen Tieden je vun Holt, de jackeln un klötern ümmer so –, de seggt ümmer: Welgen un Wehdaag, Welgen un Wehdaag!
Nu hett dat ümmer Welgen geben bi den Buurn. Un de Halfknecht hett keen Welgen mücht un hett dar gar nich mehr gegenan kunnt. Dat is uk je so'n ool wawwelig un liwwerig Kraams, so'n Eten för krank Lüüd. Un as de ool Ploog nu ümmer vun Welgen und Wehdaag snackt, do warrt he böös, de Halfknecht: he nimmt den Ploogstöker un smitt de Peer up de Hacken.
Do kaamt de olen Kracken je in Gang, un do geiht dat je ümmer forsch weg.

Do seggt de ool Ploog ümmer: Klümp un Speck, Klümp un Speck, Klümp un Speck!
Ja, dat's en annern Snack, seggt de Halfknecht, dat laat ik mi gefallen!

31. Na 'n Kivitsbarg

Dar is mal 'n rieken Koopmann west, den sien Fru is in Wuchen kamen un hett en lütt Deern kregen.
As dat Kind en paar Daag oolt is, do hett de Koopmann mal so'n leidigen Droom 's Nachts. Do dröömt em, dar in dat un dat Dörp, dar wahnt en armen Scheper un den sien Fru hett den sülvigen Dag un de sülvige Stunn en lütten Jung kregen. Un disse lütt Jung, dröömt em, de kriggt noch mal ehr lütt Dochter to'n Fru.
Annern Morgen vertellt he sien Fru dat, so un so hett em dröömt.
Ja, seggt se, denn mööt wi uns dat mal befragen, wat dar so'n Scheper wahnen deit, un wat den sien Fru en lütten Jung kregen hett den Dag.
De Koopmann befraagt sik dat: ja, dat is so. Dar wahnt en armen Scheper, un den sien Fru hett richtig en lütten Jung kregen, den sülvigen Dag.
Ja, seggt den Koopmann sien Fru, denn warrt dat je wull wahr.
Ja, seggt he, dat kann je doch mien Daag nich angahn. So 'n naakten Scheperjung, dar is uns' Dochter doch veel to goot för.
He föhrt dar hen, na dat Dörp, un is mit den Scheper an, he schall em den Jung verköpen. Se hebbt uk en lütten Jung hatt, seggt he, de is ehr doot bleben; he will em dar goot för betahlen.
Na, de Scheper, de hett en ganz Schoov leev Göörn hatt, de denkt, bi so en rieken Herrn, dar hett sien lütt Jung dat je heel veel beter bi as bi em. Un do lett he sik besnacken toletzt un steiht em den Jung af. Un de Koopmann nimmt em mit un föhrt

wedder to Huus. Un do lett he so'n lütten Rohrkassen maken, mit Sagelspöön in, dar packt se den Jung week in. Un do geevt se em en Lutscher in de Mund un maakt den Kassen to. Un abends, so in'n Schummern, do driggt de Koopmann mit den Kassen na'n See hendal – de Stadt hett an so'n lütten See legen –, un dar sett he em in't Water un lett em swümmen.

So denkt he, de is an de Siet.

Nu is dat Water vun den See ut aflopen na so'n arigen breden Beek herin, un an den Beek hett en Watermöhl legen. Un do drifft de Kassen mit den lütten Jung in na den Beek herin, op de Watermöhl to.

De Möller un sien Gesell sünd al betiets in'e Benen kamen un sünd all beid in de Möhl west. Un de Gesell warrt den Kassen wies.

Süh, Meister, seggt he, dar kümmt en lütten Kassen andrieben. Wat dar wull in is. Dat wüllt wi uns delen.

De Möller lett de Möhl foort stillstahn un maakt de Schotten dicht, dat dat Water stiegen kann. Un de Gesell kriggt gau en Bootshaken her un haakt den Kassen an de Kant.

Se maakt em je apen: do liggt dar en ool lütten Jung in, de lacht ehr to un ampelt un strampelt mit Hänn un Fööt.

Oha, Meister, seggt de Gesell, nee, dar will ik nix vun afhebben! Den kann de Meister man alleen beholen!

Ja, seggt de Möller, dat will ik uk wull. Wi hebbt je noch enen so 'n lütten Gast, denn hett de je enen, wo he mit spelen kann naher.

Na, de Möller, de maakt den lütten Jung je mit groot un höllt em as sien egen Kind.

De Jungs sünd al 'n paar Jahr ut de School, do kümmt de Koopmann dar mal bi den Möller, un do fraagt he em, wat dat en paar Tweschen sünd.

Nee, seggt de Möller, diß een, dat's mien egen. De anner, wat dat för enen is, dat weet ik nich. Den hebbt wi uns ut't Water fischt, dar ut den Möhlenbeek. De kööm hier in so'n lütten Kassen andrieben.

Oha, denkt de Koopmann, wat hett di dat nu all holpen? Wenn de Bengel noch an'n Leben is, denn kann he dien Dochter je doch noch kriegen. Un do seggt he to den Möller, sien egen Söhn, de mutt de Möhl naher je anfaten; denn kunn he em den annern je in sien Geschäft geben.

Ja, seggt de Möller, vun sienetwegen geern, wenn de Jung dar Lust to hett.

Se fraagt em: ja, dar hett he wull Lust to.

Ja, seggt de Koopmann, he hett en groot Reis vör de Hand un kümmt eerst üm'n Jahr wedder trüch: denn will he den Jung en Breef mitgeben an sien Fru, dat se em allens lehren laten schall, wat dar tohöört.

Do schrifft he en Breef, dar steiht in, de ehr den Breef bringen deit, dat is de Scheperjung, un se schall sehn, dat se em an de Siet kriggt.

De Jung geiht je los mit den Breef un kümmt ünnerwegens dör en groot Holt. Un in dat Holt, dar kriegt de Rövers em faat un bringt em hen na ehren Hauptmann.

De Jung bidd je, se schüllt em doch gahn laten, he will dar un dar na to, dar schall he in de Koopmannslehr; he hett uk en Breef mitkregen, seggt he, dar steiht dat in.

Ja, seggt de Hauptmann, denn schall he em den Breef mal wiesen.

De Hauptmann list den Breef, un do denkt he, so'n hübschen Bengel, dat weer doch schaad, wenn de ümbröcht wörr. Un do kümmt he bi un schrifft en annern Breef, mit den Koopmann sien Handschrift, dar steiht in, diß junge Minsch schall sien Swiegersöhn warden, un sien Fru schall Anstalt maken, dat foort de Hochtiet warrt. Un denn schall se em in't Geschäft nehmen un em allens lehren laten, wat dar tohöört.

De Jung gifft den Breef je af – de hett ganz ebenso utsehn as de anner –, un do kriggt he je den Koopmann sien Dochter to'n Fru.

As dat Jahr rund is, un de Koopmann kümmt wedder to Huus, do maakt he je groot Ogen. Höör mal, seggt he to sien Fru, hest du den Breef denn nich kregen? Wo kunnst du den Bengel an'n Leben laten? Dat is je de Scheperjung. Ik hadd di je doch toschreben, du schußt em an de Siet bringen.

O bewahrn! seggt se. Du hest mi ganz wat anners toschreben.

Ik schull em je foort mit uns' Dochter verheiraten. Sieh, hier is de Breef uk noch.

De Koopmann list den Breef. Nee, seggt he, dat heff ik nich schreben.

He röppt den Jung herin. Höör mal, seggt he to den Jung, wo büst du mit den Breef afbleben, den ik di mitgeben heff? Dit is je en ganzen annern.

Ja, seggt de Jung, he is in't Holt vun Rövers överfullen. Denn hett de Röverhauptmann den Breef ümtuuscht. De hett em lesen wullt. Un do hett he em an'n annern Morgen dissen mitgeben.

Ja, seggt de Koopmann, dat mag all wesen as't will. Mien Swiegersöhn kannst du anners nich blieben: denn mußt du eerst hen na'n Kivitsbarg, na den Vagel Fenus, un mußt mi dree vun den sien Feddern halen. Wenn du mi de bringst, denn kannst du mien Dochter beholln.

De Vagel Fenus, denkt he, de toritt em je. Denn is he je an de Siet.

Na, de Jung reist je los.

He hett en paar Daag reist, do kümmt he bi'n König, de fraagt em, woneben as he na to will.

Ja, seggt he, he will hen na'n Kivitsbarg. He schall dree vun den Vagel Fenus sien Feddern halen.

O, mien Jung, seggt de König, dar bliev doch jo weg! Vun'n Kivitsbarg is noch keen Minsch lebennig wedder vun her kamen.

Ja, seggt he, he is nich bang; hen will he.

Ja, seggt de König, wenn du doch kortut hen wullt, denn kunnst du mi 'n groten Gefalln doon. Ik heff hier en Appelboom in mienen Garden, de hett bet her to Jahr för Jahr op een Siet gollen Appeln dragen un op de anner Siet sülvern. Un nu sünd dar al en paar Jahr gar keen mehr op west. Denn kunnst du den Vagel Fenus mal fragen, wo dat vun kümmt.

Ja, dat will he denn wull doon.

Darmit reist he je wieder.

As he wedder 'n Tietlang reist hett, do kümmt he bi'n annern König, de fraagt em uk, wo he hen will.

Ja, he will na 'n Kivitsbarg, seggt he; he schall dree vun den Vagel Fenus sien Feddern halen.

O, mien Jung, seggt de König, dar is noch keeneen lebennig wedder her kamen.
Ja, seggt he, dat helpt nich, he will dar doch op af.
Ja, seggt de König, wenn du doch hen wullt, denn kunnst du em gliek mal fragen, den Vagel Fenus, wo mien Dochter afbleben is, de is uns vör sößtein Jahr ünner de Dööp weg stahlen.
Ja, dar will he em wull na fragen.
Nu reist he je wieder. Un do kümmt he toletzt an'n See, dar mutt he sik översetten laten.
De Översetter raadt em uk af: he schall dar doch jo weg blieben. He hett al so veel översett, seggt he, aver dar is nich een lebennig wedder vun trüch kamen.
Ja, dat 's enen Doont, seggt he, hen will un mutt he dar.
Ja, seggt de Översetter, wenn du di nich raden laten wullt un wullt dar kortut hen, na den Vagel Fenus, denn kunnst du em gliek mal fragen – ik heff dat Översetten nu al fievuntwintig Jahr daan –, wo dat togeiht, dat ik nich eenmal aflööst warr, dat ik dar af kaam.
Ja, dat will he wull bestelln.
As he dar kamen deit op'n Kivitsbarg, do is dar so'n hübsch Fruunsperson.
Gott, mien Jung, seggt se, wo kümmst du eenmal her! Wenn de Vagel Fenus to Huus kümmt, un he kriggt di to sehn, de toritt di je foort. Wat wullt du hier eenmal?
Ja, seggt he, he schall dree vun den Vagel Fenus sien Feddern halen. Un denn schall he dree Deel bestellen. Un do vertellt he ehr dat, wo he em allerwegens na fragen schall.
Ja, seggt se, denn will ik sehn, dat ik di ünner en Bett versteken do. Un wenn he denn slöppt övernacht, denn will ik em de dree Feddern utrieten un will em darna fragen. Denn mußt du aver goot oppassen, dat du dat höörn deist.
Ja, he will wull oppassen.
Dat duurt nich lang, do künnt se al mielnwiet höörn, wo de Vagel Fenus anflegen kümmt.
Och, Gott, seggt se, nu kümmt he al! Nu man flink to!
He krüppt gau ünner de Bettsteed, un se deckt em mit allerhand Felln un Feddern to, dat nix vun em to sehn is. Un do kümmt

se bi un snitt sik en beten in'n Finger un windt dar en Plünnen üm.

Do kümmt de Vagel Fenus uk al anflegen.

As he rinkümmt, do snüfft he so mit de Nüstern in'e Luft rüm. Wat rüükt dat hier na Minschenfleesch! seggt he.

Ja, seggt se, ik heff mi so in'n Finger sneden. Wullt du dat sehn?

Nee, seggt he, du weeßt je doch, dat ik keen Bloot sehn kann. Denn gah ik di je foort to Liev.

Nu mutt se eerst vun dat Kraam eten, wat de Vagel Fenus mit an't Huus bröcht hett. Aver se itt dar man en beten vun. Se hett so veel Wehdaag, seggt se, se kann't gar nich afholln.

As se wat eten hebbt, do geiht de Vagel Fenus op sien Lager liggen, un se geiht bi em liggen. Un he breedt de Flüchten vun een, dar deckt he ehr mit to. Denn bruukt se je keen Deken.

Nu is de Vagel Fenus mööd vun de Reis un slöppt foort to. Do kriggt se sacht en Fedder her, un ratsch! ritt se ehr ut un smitt ehr op'e Eer hen.

O! röppt he! Wat's dat?

O, seggt se, ik hadd so'n leidigen Droom.

Na, wat drööm di denn? seggt he.

Ja, seggt se, mi drööm, dar weer en König, de hadd en Appelboom in sienen Garden, de dröög op een Siet ümmer gollne Appeln un op'e anner Siet sülvern. Un nu hadd he al siet en paar Jahr gar keen mehr hatt, un se wüssen gar nich, wo dat an liggen dee.

Ja, seggt he, dar sitt 'n Worm an de Wöttel. Wenn se den doot maken deen un se planten den Boom denn üm, dat he op'n anner Steed to stahn kööm, denn schull he wull wedder dregen.

De Jung ünner'n Bett, de hööt je nipp to.

As se wedder 'n beten legen hebbt, un de Vagel Fenus is wedder in'n Druus, do kriggt se sacht de tweet Fedder her, un ratsch! ritt se s' wedder rut.

O, seggt he, wat's dar nu al wedder los? Laat enen doch liggen!

Ja, seggt se, ik harr wedder so'n olen snaakschen Droom.

Na, wat drööm di nu denn al wedder?

Ja, mi drööm, dar weer 'n König, den sien Dochter weer ünner de Dööp ut stahlen, un weer gar keen Spoor wedder vun kamen. Se wüssen gar nich, wo se afbleben weer.
Dat büst du ole Aas je, seggt he. Ik heff di je ünner de Dööp weghaalt. Dien Dööpkleed mit gollen Bookstaben in heff ik dar noch in't Kommodenschuuf liggen.
Se liggt noch 'n beten, do is de Vagel Fenus wedder in Slaap. Do kriggt se de drüdd Fedder her, un ratsch! hett se s' je wedder rut.
O, o! seggt he un kriggt ehr to packen. Lettst du dat Rieten nich na, denn is dien Leben Gras.
Och, seggt se, warr man nich böös! Ik weet gar nich, wo ik eenmal bi de olen dwatschen Drömereen kamen do.
Na, wat hett di nu denn al wedder dröömt? seggt he.
Ja, mi drööm vun'n Översetter, seggt se, de harr al fievuntwintig Jahr översett un weer nich ins aflööst. Un he wull dar so geern vun af.
Ja, seggt he, worüm is he so dumm? Wenn dar mal een kümmt, den he översetten mutt, denn kann he je man to em seggen, he schall 'n beten Water utfüllen. Un wenn se denn op de anner Siet kaamt, denn kann he je man gau utspringen, wielt de anner noch bi to fülln is. Denn müß de dat Översetten doon, un he weer dar je vun af.
De Jung, de liggt je ünner'n Bett un hett dat je all mit anhöört.
Nu slaapt se noch 'n paar Stunnen, do steiht de Vagel Fenus op, dat he wedder weg kümmt. He mutt je ümmer ut, dat he wat heran roovt. Un as he weg flagen is, do kümmt se bi un kriggt den Jung ünner'n Bett ut. Un do nimmt he de dree Feddern, de stickt he sik an'n Hoot. Un se kriggt sik dat Dööpkleed ut't Schuuf. Un do maakt se je, de beiden, dat se weg kaamt.
As se bi den Översetter kaamt, de verfeert sik je rein, dat he dar lebennig wedder is un bringt noch en junge Daam to mit. Un do fraagt he em, wat he dat bestellt hett.
Ja, seggt he. He schall man so lang töben, bet se op'e anner Siet sünd; denn will he em dat seggen.
As se utstegen sünd, de beiden, do seggt he den Översetter dat.

Wenn dar mal wedder een kümmt, den he översetten mutt, denn schall he man to em seggen, he schall en beten Water utschüffeln. Un wenn se denn anleggen doot, denn schall he gau toeerst utstiegen. Denn mutt de anner dat Översetten doon, un he is aflööst.

Ja, dat kunnst mi je man ehr seggt hebben, seggt de Översetter. Denn weer ik dar nu je al vun af west.

Ja, ik wull mi wull wahrn, seggt he.

Nu gaht se je los. Un do reist he toeerst na den König hen, wo he toletzt bi west is, na de Prinzessin ehren Vadder, un levert ehr dar af. Un de sünd je so vergnöögt, dat se ehr Dochter wedder hebbt, un wüllt em dar je beholln: he schall ehr Dochter heiraden.

Nee, seggt he, heiraden kann he ehr nich, he hett al en Fru.

Ja, seggt de König, denn mööt se dat je op'n anner Aart goot maken. Un do kriggt he so veel Geld, dat he all de Taschen vull hett.

Do reist he je wieder un kümmt bi den annern König, de den Appelboom hett. Un do fraagt de em uk je, wat he dar an dacht hett.

Ja, seggt he, dar sitt en Worm an de Wöttel, den schüllt se man doot maken un planten denn den Boom üm. Denn warrt he wedder dregen.

Do kriggt he vun den König uk noch en Barg Geld. Un do reist he je hen to Huus.

As he in'e Döör kümmt, do kickt de Koopmann je hooch op, dat he dar lebennig wedder is un hett richtig de dree Feddern an'n Hoot. Un do fraagt he em, wo he dar bikamen is, bi de Feddern, un wo he all dat Geld her hett.

Ja, seggt he, de Feddern hett de Vagel Fenus em so geben. Un dat Geld hett he uk vun em kregen; dat hett he em noch togeben.

Nu süht de Koopmann je in, dat em doch all nix helpt. Un utkrupen kann he uk je nich – de anner hett de dree Feddern je bröcht –, un dat Geld hett em uk je tolöövt, un do seggt he, ja, denn hett he dar nu nix mehr gegen, denn kann he sien Dochter beholen.

Annern Morgen, do seggt de Koopmann to sien Fru: Du, weßt wat? De Bengel hett so veel Geld kregen vun den Vagel Fenus: denn will ik dar uk mal op af. Mi gifft he je sachts noch mehr.
Ja, seggt se, dat kunn je wesen.
He reist af un fraagt sik dar je hen.
As he an den See kümmt, do höllt de Översetter dar je mit sien Boot.
Do seggt he to den Översetter: Ik wull hen na den Vagel Fenus un wull em bidden, he schull mi 'n beten Geld geben. Schull he dat wull doon? Is dar goot Ümgahn mit?
Ja, stiegen Se man in, seggt de Översetter. Dat deit he foorts. De helpt all de Lüüd. Dar is goot mit ümtokamen, mit den.
He stiggt in, un de Översetter stött je af.
As se meist röver sünd, do hett dat Boot arig Water trocken.
O, seggt de Översetter, Se kunnen so goot wesen un füllen dat Water 'n beten ut. Ik mutt mien Rodern je wahrn.
Ja, geern, seggt de Koopmann.
He kriggt de Waterschüffel her un geiht bi to füllen.
As se op de anner Siet kaamt, mit'n Mal springt de Översetter rut un stött dat Boot trüch.
Sieh so, seggt he, nu bün ik aflööst. Nu künnt Se eerst mal fievuntwintig Jahr översetten.
Do hett de Koopmann dar an seten, an't Översetten. Un wenn dar kenen kamen is, de em aflööst hett, denn sitt he dar noch an.

32. De Fischprinzessin un de Snieder

Dar is mal 'n Prinzessin west, de is in en Fisch verwünscht west. Un all Meddag Klock twölf, denn is se in 't Water ünnerhööcht kamen. Denn is se baben en Minsch west un nedden en Fisch. Un wenn ehr in de Tiet een hett to 'n Spreken kriegen kunnt, denn is se erlööst west. Un de hett ehr denn to'n Fru hebben schullt.
Nu sünd dar al so veel kamen, aver keeneen hett dar Spraak in kriegen kunnt.
Do kümmt dar uk mal en Snieder an reisen, de kriggt dat uk je

to höörn. Un do geiht he hen na'n König un sprickt dar üm an, wat he dar nich mal hen schall.
De König, de will dat eerst je nich togeben. Aver he will sien Dochter uk je geern erlööst hebben, un do gifft he dat doch to toletzt.
As de Prinzessin nu ut't Water kümmt, do fangt de Snieder an to vertelln. Dar is mal en Bildhauer west, seggt he, un en Snieder un en Dokter, de gaht mal tosamen dör't Holt. Do seggt de Bildhauer, he will ehr mal wiesen, dat he sien Kunst verstahn deit. Un he kümmt bi – dar liggt so'n groten Block in't Holt –, dar haut he en Minschen ut. Do is dat ganz natürlich west as en Minsch. Blots, dat hett je nich leevt. Do seggt de Snieder, denn will he ehr uk mal wiesen, dat he sien Kunst verstahn deit. Un do nimmt he Blääd, dar neiht he Kleder vun, un de treckt he den Minschen an. Do hett dat ganz natürlich utsehn as en Minsch, de Tüüch anhett. Blots, dat dat je nich leevt hett. Do seggt de Doktor, denn will he ehr uk mal wiesen, dat he sien Kunst versteiht. Un do kümmt he bi un puust dar Aten in. Un do leevt dat. Do is dat en ganzen natürlichen Minschen west.
Do seggt de Prinzessin, as de Snieder dat vertellt hett: Keerl, du lüggst!
Do hett de Snieder ehr je to'n Spreken kregen. Un do is se wedder to'n Minschen worden. Un de Snieder hett ehr to'n Fru kregen.

33. De ool Fritz un de Bessenbinner

De ool Fritz is mal up 'e Jagd west. Un do warrt dat so regen, un he kümmt vun sien Jagdkolonn af. Do dröppt he dar so'n lütt Kaat an'n Weg, dar geiht he rin un fröggt, wat he dar man 'n Ogenblick blieben kann, bet de Regen över is.
Ja, geern, seggt de Mann, he schall sik man en beten dal setten.
De ool Fritz sett sik je dal, un de anner – dat is 'n Bessenbinner west –, de is bi to Bessenbinnen un singt un fleit darbi.
Do seggt de ool Fritz to em: Na, mien goot Mann, bringt dat Bessenbinnen so veel in, dat Se dar so vergnöögt bi sünd?

Ja, seggt de Bessenbinner, ik un mien Fru, wi leevt darvun, un denn betahl ik dar noch Schullen vun af un sett ok noch Geld up Zinsen.
Oha, seggt de ool Fritz, wat kriegt Se denn för so'n Bessen?
Ja, 'n halben Groschen för't Stück.
Na, un denn künnt Se dar noch Schullen vun afbetahlen un ok noch Geld up Zinsen setten? Dat setten S' mi doch mal ut'neen, wo dat angahn kann.
Ja, seggt de Bessenbinner, hier achter 'n Aben sitt mien ool Vadder un Mudder, de mi groot maakt hebbt. De sünd oolt un künnt nix mehr: de geev ik to leben. Dat sünd de Schullen, de ik afbetahlen do. Un denn heff ik söben Kinner, de maak ik dar ok je vun groot, dat de mi wedder nährn künnt, wenn *ik* nix mehr kann. Dat is dat Geld, wat ik up Zinsen sett.
De ool Fritz langt sik in'e Tasch: hier, seggt he, hier hebbt Se 'n Daler. Nu schüllt Se dat aver kenen annern vertelln, wat Se mi eben utdüüdt hebbt, ehr nich, ehr Se hunnert Daler hebbt.
Nee, dat will he denn ok nich, seggt de Bessenbinner.
Wieltdes hett dat en beten upholen vun regen, un de ool Fritz maakt sik wedder up'n Stieg.
As he to Huus is abends, un he sitt mit sien Jagdkolonn an de Tafel, do gifft he ehr dat Radels up. Dat schüllt se raden. Veer Weken hebbt se Tiet to'n Raden. Un de dat denn raden kann, de kriggt fievhunnert Daler.
Nu hett Kion – dat is den König sien Hoffnarr west –, de hett sik dat utlüstert, wo de König lang kamen is up'e Jagd. Un do maakt he sik en annern Dag up 'e Reis un kümmt ok bi den Bessenbinner sien Kaat.
He geiht herin un seggt, he hett al so wiet lopen un will sik geern en beten utrauhn. Wat he sik dar nich en Ogenblick dalsetten kann.
Ja, geern, seggt de Bessenbinner, he schall man sitten gahn.
As Kion sik dal sett hett, na, seggt he, bringt dat Bessenbinnen so veel in, dat Se dar vun leben künnt?
Ja, seggt de Bessenbinner, he kann dar ok noch Schullen vun afbetahlen un ok noch wat up Zinsen setten.
Hollt, denkt Kion, hier büst du up de richtig Steed! Un do seggt

he to den Bessenbinner, he schall em dat doch mal utdüden, wodennig as he dat menen deit.

Ja, mien gode Mann, seggt de Bessenbinner, dat dörv ik nich seggen, ehr nich, ehr ik hunnert Daler heff. Un ik heff man eerst enen kregen.

Kion kriggt sienen Geldbüdel ut de Tasch un tellt em dar hunnert Daler hen.

Do vertellt de Bessenbinner em dat, wodennig as dat to verstahn is. Un darmit geiht Kion wedder af.

As de veer Weken üm sünd, do kümmt wedder en groot Gala tohoop bi'n olen Fritz, un do fröggt he ehr, wat se dat rut hebbt, dat Radels.

Do raadt de een dit un de anner dat, aver dar is nich een, de dat raden kann.

Do fröggt Kion, wat he ok mal mit raden dörv.

Ja, Kion, seggt de ool Fritz, du kannst ok mit raden.

Do seggt Kion dat, wo dat to verstahn is.

De Keerl, denkt de ool Fritz, denn hett he dat doch utsnackt! Tööf, ik will em kriegen! He lött sik aver nix ut, un Kion kriggt sien fievhunnert Daler.

Annern Dag geiht de ool Fritz wedder hen na den Bessenbinner. Höörn Se mal, seggt he, Se hebbt mi dat je doch toseggt, Se wullen dat ehr nich seggen, ehr Se hunnert Daler hadden.

Ja, seggt de Bessenbinner, de heff ik ok al kregen.

Do weet de ool Fritz je Bescheed. Na ja, seggt he, denn schall he man bikamen un binnen fievhunnert Bessens. Dar schall he üm veer Weken in Berlin up'n Markt mit utstahn. Un denn schall he kenen Bessen ünner fiev Daler verköpen.

Do warrt de Bessenbinner lachen. Mien beste Herr, seggt he, wo schall ik för enen Bessen fiev Daler föllern? Denn meent de Lüüd je, ik bün unklook.

Wesen S' man nich bang, seggt de ool Fritz. Se künnt sik darto verlaten, Se kriegt dar fiev Daler för. Ik bün de König.

Darmit geiht de ool Fritz wedder weg.

Na veer Weken kümmt de Bessenbinner mit fievhunnert Bessens in Berlin up'n Markt an.

Nu lött de ool Fritz sien Offzeers seggen, se schüllt to Klock een

to Paraad kamen, un denn schüllt se all en Bessen mitbringen. He hett aver bi all de Kooplüüd anseggen laten vörher, se schullen sik nich ünnerstahn un Bessens verköpen, bi Tuchthuusstraaf.
Na, de Offzeers, de schickt ehr Burßen je to Markt, se schüllt en Bessen köpen. Un do kaamt de Burßen denn je bi den Bessenbinner.
Ja wull, seggt de Bessenbinner, en Bessen künnt se kriegen. Aver ünner fiev Daler kann he kenen verköpen. Se lacht em je wat ut un gaht na de Kooplüüd hen. Se kaamt bi den eersten: ja, ik dörv keen Bessens verköpen. Se kaamt bi den tweten: ja, ik dörv keen Bessens verköpen. Un so geiht dat reeglangs. Un de Burßen kaamt je so wedder to Huus, ahn'n Bessen.
Klock een, as de ool Fritz to Paraad kümmt, sünd de Offzeers denn je all dar. Aver dar is nich een, de 'n Bessen hett.
De ool Fritz, de schimpt je.
Ja, seggt de Offzeers, se hebbt kenen Bessen kriegen kunnt, in ganz Berlin nich. Blot up'n Markt, seggt se, dar is 'n Bessenbinner west, de hett aver fiev Daler hebben wullt.
Dat 's mi enerlei, seggt de ool Fritz; üm twee Stunnen schüllt se all wedder dar wesen to Paraad. Un de denn kenen Bessen hett, de kümmt vun'n Deenst.
Do mööt de Burßen je all wedder hen to Markt un mööt en Bessen köpen. Un de Bessenbinner warrt all sien Bessens los, Stück för Stück för fiev Daler.
As de Offzeers Klock dree wedder to Paraad kaamt, do hebbt se je all en Bessen.
Do seggt de ool Fritz to ehr, nu künnt se wedder hen to Huus gahn. Un do geiht he hen na den Bessenbinner un fröggt em, wo he denn nu to Moot is.
O, seggt de Bessenbinner, nu bün ik goot to Weeg.
Ja, un mien Offzeers ok, seggt de ool Fritz. De künnt man en paar Daag abends to Huus blieben, denn sünd se ehrn Schaden wedder na. Denn hebbt se ehr fiev Daler wedder.

34. De Buur un de Goldsmitt

Dar is mal 'n Buur west, de geiht mal to Stadt, un dar geiht he bi en Goldsmitt vör.

Na, mien gode Mann, seggt de Goldsmitt, wat wulln Se denn hebben?

De Buur kickt so bi sik rüm, un do seggt he to den Goldsmitt: Sünd wi beiden alleen?

Ja, seggt de Goldsmitt.

Ja, seggt de Buur, seggen Se mal, wat geevt Se för so'n Stück Gold: dat kann wull so groot wesen as en lütten Kindskopp, een beten lütter?

O, seggt de Goldsmitt un kloppt den Buurn up de Schuller, denn kamen Se man eerst en beten mit rin na Stuuv.

Den Goldsmitt sien Fru mutt en beten Fröhstück up 'n Disch bringen, un de Buur warrt je nödigt, he schall man tolangen.

De Buur sett sik je ran un haut in. Un't duurt nich so lang, do hett he dat beten Snavvelkraam an de Siet.

De Goldsmitt will sik je nich lumpen laten – he luurt je up dat Gold –, un de Fru mutt vun frischen wedder updregen. Se sett den ganzen Schinken up'n Disch, un de Buur leggt je wedder los. Un mien leev Buur is nich satt un warrt nich satt.

Toletzt, do warrt den Goldsmitt de Tiet lang, wo dat denn is mit dat Stück Gold.

Ja, seggt de Buur, wat geevt Se för so 'n Stück?

O, seggt de Goldsmitt, wenn dat half so groot is as 'n Kindskopp, dat is wull so wat 'n teindusend Daler weert.

Na, dat 's man goot, seggt de Buur, dat ik dat weet! Wenn ik denn mal so 'n Stück finnen do, denn kann ik dat hier je man her bringen. Darmit geiht de Buur weg.

Kort na de Tiet, do geiht de Goldsmitt morgens mal na'n Fischmarkt un will Fisch köpen. Do hebbt se dar so'n arig groten Stöör, de Fischers; den wüllt se dar slachten un denn pundwies verköpen. De Apteker is dar ok mit up'n Markt un noch twee anner groot Börgers.

Do seggt de Apteker to den Goldsmitt: Dat is je 'n bannig groten Fisch. So'n groten Fisch heff ik mien Daag noch nich sehn.

Och, seggt de Goldsmitt, dat is je en Fisch för enen Mann to Fröhstück.
Do kriegt de annern dree all dat Lachen un seggt to den Goldsmitt, wenn he ehr so'n Mann bringen deit, de den Fisch to Fröhstück vertehrt, dar wüllt se jedereen hunnert Daler gegen setten.
Ja, seggt de Goldsmitt, he will de Wett ünnergahn.
Se kööpt den Fisch in Kumpanie, un de Goldsmitt lett em na sien Huus hen dregen.
Naamdaags de Goldsmitt denn je hen na den Buurn.
As he dar kümmt, do is de Fru up 'e Deel. Guun Dag, lütt Fru, seggt de Goldsmitt, is de Buur nich to Huus?
Nee, seggt se, mien Mann is in'n Felln un plöögt. Aver de Koppel is hier bi'n Huus. Ik kann em ropen.
O, laten Se man, seggt de Goldsmitt, denn gah ik sülben hen.
He geiht je hen na de Koppel. Höörn Se mal, seggt he to den Buurn, Se hebbt mi letzt so anföhrt. Darför mööt Se mi nu en Gefalln wedder doon.
Ja, wenn ik dat kann, seggt de Buur, worüm *dat* nich?
Ja, ik heff so'n groten Fisch köfft, seggt he, den mööt Se morrn to Fröhstück upeten.
Ja, wo groot is de Fisch? seggt de Buur. Is he noch gröter as de Fahl, de hier geiht?
Nee, seggt de Goldsmitt, so groot is he nich.
Ja, denn kann ik em wull över warrn, seggt he. Denn kaam ik morrn fröh hen.
Darmit geiht de Goldsmitt wedder hen to Huus.
Nu sniedt se den Fisch denn je in Stücken. Un wat braadt se, un wat kaakt se in 't Suur, un wat kaakt se so.
Annern Morgen Klock tein kümmt de Buur denn je an. De Apteker un de annern beiden Börgers hebbt sik ok anfunnen. De wüllt dat Spillwark je mit beleben.
Nu warrt denn je updragen, un mien leev Buur fangt an to eten. Un do geiht dat ümmer ümschichtig. Denn kriggt he braadt Fisch, denn kriggt he suur Fisch, un denn kriggt he vun dat, wat so kaakt is. Un dat duurt nich so lang, do is de ganz Fisch vertehrt. Do bringt se em en beten wat anners rin, en beten kaakt

Fleesch, en beten braadt Fleesch, en beten Wust, en beten Schinken, en beten Broot un Kees, un de Buur itt noch ümmer to.
Toletzt, do seggt he to den Goldsmitt: Ja, Meister, seggt he, ik schull je so'n groten Fisch upeten. Denn laten Se mi den nu doch rinbringen! So'n beten Snavvelee, wat se mi bet herto rinbröcht hebbt, dat bringt je nix in'n Liev. Dar warrt en je blot hungerig bi.
Do hebbt de dree je verspeelt un mööt den Goldsmitt jedereen hunnert Daler geben. Do is de Goldsmitt sienen Schaden je goot wedder nakamen.

35. Vun de Teertunn in de Feddertunn

Dar is mal 'n Buur west, de hett so 'n hübsch Fru hatt, dar is de Preester ümmer so achteran west. Se hett aver nix vun em weten wullt un seggt ehren Mann dat. Un do maakt se sik af, se wüllt den olen Preester mal anföhrn.
Nu geiht de Buur mal 's Abends ut: do kümmt de Preester dar je wedder an bi sien Fru. Un do fangt he je wedder mit ehr an, un se beert so, as wenn se dar mit inverstahn is. Do kümmt de Buur an.
Och, Gott, seggt se, mien Mann, de kümmt!
Ja, wo schall ik man so gau hen? seggt de Preester.
O, hier man na de Kamer rin! seggt se. Dar steiht 'n Tunn, dar spring man rin!
He springt dar je rin. Hu, seggt he, dat 's je so natt!
Do is dar Teer in.
Nee, seggt se, in de anner! Dar steiht noch een! – Dar sünd Feddern in west.
Do spring he dar herin.
Wieltdes kümmt de Buur je rin na Stuuv un seggt: Na, de Feddern heff ik verköfft. Ik schall ehr morrn fröh noch levern. Ik will de Tunn man foorts tomaken. Un do maakt he de Tunn je to un leggt dar 'n Slott vör.
De Preester lett sik nix marken un blifft in de Tunn besitten.
Annern Morrn laadt de Buur sien Tunn op'n Wagen, un do

föhrt he los, as wenn he hen to Stadt will. Do begegent de Herr em.
Na, seggt de Herr, wo wullt du hen?
Ja, seggt de Buur, ik will hen to Stadt. Ik heff 'n Dövel op'n Wagen.
Wat? seggt he. Hest 'n Dövel op'n Wagen? Denn laat 'n mal sehn!
Nee, seggt de Buur, dat kann ik nich. Denn löppt he mi weg. Dar kann ik mien ganz Jahrspacht för kriegen.
Ja, wenn ik di de Pacht schenken do?
Ja, denn künnt Se 'n sehn, seggt he. Un do maakt he de Tunn apen. Un de Preester löppt je weg.
Nu is he je eerst in'n Teer west un dunn in de Feddern. Un do meent de Herr je, dat de Dövel dat is.
Do hett he den Buurn de Jahrspacht schenkt.

36. De Koopmannssöhn

Dar is mal 'n Koopmannssöhn west, de hett op 't Geschäft reist. Un do kümmt he in 'n Stadt, dar hebbt se en doden Minschen in 'n Schosteen ophängt.
Do fraagt he den Weert, wat dat to bedüden hett.
Ja, seggt de Weert, de Mann is so veel schüllig west un hett sien Schuld nich betahlen kunnt. Un denn is dat dar so, wenn he dootbleben is, denn künnt se em in'n Schosteen ophängen, dat he verdrögen mutt.
Ja, seggt de Koopmannssöhn, wenn dar nu aver een is, de dat noch för em betahlen deit, wat he denn nich begraben warden kann.
Ja, seggt de Weert, denn warrt he foort begraben.
Do betahlt de Koopmannssöhn dat, dat he begraben warrt, un do reist he wieder.
Do kümmt he in en Land, dar dröppt he en rieken Herrn, de hett veel Göder. Un de hett twölf Fruunslüüd vör de Ploog. Un nu süht he, de een, dat is noch en jung Person, de hett al Striepeln

vun de Pietsch, de kann dat nich recht doon. Un do geiht he na den Herrn heran un fraagt den, wat dat to bedüden hett.
Ja, seggt de Herr, dat is hier so Bruuk, de kööpt wi uns, de mööt all de Arbeit doon, all wat dar vörkümmt.
Ja, seggt he, de dar, de kann dat aver je gar nich mit Schick. Wenn ik de frie köpen will, wat mutt ik denn geben?
He warrt je mit den Herrn hanneln. Un se warrt sik enig un he köfft ehr frie.
Do bidd't se em, de, de gegen ehr gahn hett, de schall he uk frie köpen.
Nee, seggt he, dat kann he nich. Dat warrt em to veel Geld kosten.
Se biddt em aver so veel un weent un seggt: Dien Geld kriggst du bi jeden Penning wedder, un noch mehr darmit. Ik bün en engelsch Prinzessin. Un dit is mien Kamerjümfer. Wi weern op'n Schipp. Un dat hebbt de Seerövers in'e Grund bohrt, un de Lüüd hebbt se verköfft. Wenn ik wedder to Huus kamen do, seggt se, denn kriggst du dien Geld all wedder.
Do köfft he de anner uk frie. Un do reist se tosamen weg, he mit de beiden Fruunslüüd, un wüllt je na Engelland.
Ünnerwegens kriegt se so'n fürchterli'n Storm, un dat Schipp versleit. Un do draapt se 'n Insel, dar gaht se vör Anker, dat se en beten Afwind hebbt. Dar sünd aver gar keen Minschen op west, op de Insel.
As de Wind sik en beten leggt hett, do gaht 'n paar vun de Matrosen an Land un wüllt de Insel mal besehn. Un de Koopmannssöhn geiht uk mit. Un do, op de Insel, dar leggt se sik en beten dal, un de Koopmannssöhn slöppt to. De beiden Daams sünd aver op 't Schipp bleben.
Nu hebbt de Matrosen dat al weten, dat he ehr frie köfft hett, un dat se'n Prinzessin is. Un do maakt diss Matrosen, de bi em sünd, de maakt sik gau vun de Insel raf un laat em dar liggen. Un do segelt se los. Un do mööt de beiden Daams ehr toswöörn, dat se nich anners seggen wüllt, as een vun diss Matrosen hett ehr frie köfft.
Nu segelt se je heröver na Engelland. Un as se dar kaamt, do levert de Matrosen ehr af, de Prinzessin un ehr Kamerjümfer.

Un de mööt do je seggen, diss Matros hett ehr frie köfft. Un do schall de ehr je to'n Fru hebben.
De Deern geiht aver ümmer un weent, de Prinzessin. Ehr Vadder un Mudder fraagt ehr, wat se to wenen hett. Aver se will je narms mit heraf.
Nu kümmt dat al arig dicht vör de Hochtiet. Un do liggt de Koopmannssöhn – de is dar je alleen trüch bleben op de Insel –, de liggt un slöppt nachts. Un do röppt dar wat över em.
He springt op un söcht bi sik herüm. Do is dar so'n groten Fisch an de Kant, de röppt em, he schall mal hen kamen.
He geiht je hen, un do seggt de Fisch to em: Sett di op mi. Ik bring di heröver na Engelland.
Eerst will he je nich. Aver de Fisch, de snackt so lang, dat he sik toletzt op em hen setten deit. Un do sünd se 'n annern Morgen in Engelland.
Do seggt de Fisch: So, seggt he, nu gah dar na'n Sloß hen, dar fehlt en Kökenknecht. Du nimmst foort an as Kökenknecht. Dat anner, dat warrt sik all finnen. Un du weeßt wull gar nich, wer ik bün?
Nee, seggt he, dat weet he nich.
Ja, seggt he, ik bün de Minsch, de dar un dar in 'n Schosteen hängen dee, den du hest begraben laten. Do hest du mi en Ehr andaan. Un nu will ik di wedder helpen. Darmit is de Fisch weg.
He geiht hen na'n Sloß, lett sik dar je melln un kümmt uk as Kökenknecht an.
Nu schall he Holt halen, un se sitt vör't Finster, de Prinzessin, dar mutt he graad ünner lang.
Do kennt se em foort wedder, so as he achter't Finster lang geiht, dat he de Mann is, de ehr frie köfft hett.
Do geiht dat eerst recht vör sik, mit ehr. Ehr Vadder un Mudder, de weet je gar nich, wat se mit ehr opstelln schüllt. Se schall dat doch seggen, seggt ehr Vadder, wat ehr eenmal fehlen deit.
Nee, seggt se, dat kann se kenen Minschen klagen.
Ja, seggt he dunn, wenn se dat kenen Minschen klagen kann:

dar in'n Garden is so'n groten Steen, denn schall se *den* dat man klagen.
Dar lett se sik to besnacken: se geiht hen un klaagt den Steen dat. Un ehr Vadder, de hett sik dar henmaakt un hett sik dar versteken in 'n Garden, de afluurt dat, wat se den Steen vörklagen deit. Un do kriggt he dat je all to höörn.
Un do naher, as se bi de Tafel sitten doot, un se eet wat, do seggt de Vadder, wenn dar een weer, de dat so un so maken dee, wat de wull weert weer.
Ja, seggt, wat sien Swiegersöhn warden will, wenn dat een so maken dee, de weer nix beters weert, seggt he, as he kreeg en Strick üm'n Hals un wörr ophängt.
So, seggt de König dunn, denn hest du dien Ordeel sülben spraken. Denn hier is de Mann – do is he aver in fein Kledage west –, de ehr frie köfft hett un hett ehr so wiet bröcht. Un den Mann hebbt ji dar op de Insel alleen trüch laten. Un mien Dochter hett ju dat tosweern müßt, dat se nix naseggen wull.
Do warrt de Bedreger, de kriggt 'n Strick üm'n Hals un warrt ophängt. Un diss anner, de Koopmannssöhn, de kriggt de Prinzessin to'n Fru.

37. Sülben verraden

Dar is mal 'n Buur west, de hett so 'n hübsch Fru hatt, dar is de Preester ümmer hen gahn.
Nu hett he en Knecht hatt, de Buur, de hett Hans heten, de is dar achter kamen.
Do seggt he mal to den Buurn – se hebbt graad so över de Fruunslüüd snackt – ja, seggt je, de Fruunslüüd, wenn de mit'n annern Mann tohollt, de künnt ehr egen Schann nich verswiegen, de seggt ehrn egen Mann dat.
O bewahrn! seggt de Buur, dat doot se doch nich, dat se sik sülben verraadt. Dar wüllt se sik wull vör wahrn.
Ja, dat doot se doch, seggt Hans. Wenn't dar op ankümmt, seggt he, denn deit sien Fru dat uk.

Nee, seggt de Buur, mien Fru, wenn de mit'n annern Mann to doon hadd, de see dat nich. Dar wull ik wull wat op wedden.
Ja, man to! seggt Hans. Wi künnt je mal wedden. Wenn se dat verswiegen kann, dat se den Buurn nix seggt, denn will ik gar keen Lohn hebben. Kann se dat aver nich verswiegen, denn gifft de Buur mi hunnert Daler.
Ja, dat gah ik ünner, seggt de Buur.
Nu riedt se mal enen Morgen tosamen na'n Plögen. Se sünd al dicht bi de Koppel: Dunnerwedder ran! seggt Hans, nu heff ik dat Leid vergeten.
Gott, Hans, seggt de Buur, wo kannst dat Leid vergeten!
O, ik gah hen to Huus un haal dat, seggt Hans.
As he op'e Hoffsteed kümmt, do steiht de Preester op'e Deel bi den Buurn sien Fru. Un as de Hans wies warrt, do kladdert he een twee dree na de Hill herop, un dar verstickt he sik in't Stroh. Hans hett em aver rop stiegen sehn.
Na, Hans, seggt de Fru, wat hett dat denn to bedüden, dat du buten de Tiet to Huus kümmst?
Ja, seggt he, de Buur hett mi her schickt, ik schull 'n paar Klapp Hackels snieden.
He stiggt mit de Fork na de Hill rop un will je 'n paar Klappen dal smieten. Un so as he tostickt, stickt he den Preester in de Knaken.
Au! schreet de Preester. Kunnst mi je doot steken hebben!
Ja, seggt Hans, wo kann ik dat weten, dat du hier in't Stroh sittst? Aver ik will den Buurn dat vertelln, dat du mit sien Fru to doon hest.
O, Minsch, seggt de Preester, ik geev di tein Daler, denn swieg dar still vun.
Na ja, seggt Hans, denn will ik dit Mal noch nix seggen. Darmit nimmt Hans sien Leid un geiht wedder to Felln.
Annern Dag hett Hans vörmeddaags Kohhackels sneden, un naamdaags geiht he mit den Buurn to Felln to'n Knicken. Se sünd al dicht bi de Koppel: Dunnerwedder ran! seggt Hans, nu heff ik den Doornrieter vergeten.
Gott, Hans, seggt de Buur, wo kannst den Doornrieter vergeten!

O, ik gah hen to Huus un haal em, seggt Hans.

As Hans in de groot Döör kümmt – dar hett 'n groot Kist stahn op 'e Deel, de is leddig west –, do springt de Preester graad na de Kist herin.

Na, Hans, seggt de Fru, wat wullt du denn all wedder?

Ja, seggt Hans, de Buur hett mi her schickt, ik schull dat Kohhackels in de ool Kist kriegen.

Wat schall dat denn bedüden? seggt se. Dar is dat je doch all mien Daag noch nich in west.

Ja, seggt Hans, de Buur, de meen, op'e Deel, dar müß dat je rein so verkamen. Dar asen de Göös un de Enten un de Swien dat je all so dör.

Hans böört den Deckel op: do sitt de Preester dar je in.

Na, büst du hier al wedder? seggt Hans. Nu segg ik den Buurn dat aver.

O, Minsch, seggt de Preester, segg dar doch nix vun na! Kriggst uk tein Daler wedder.

Na ja, seggt Hans, denn will ik dat dit Mal noch nich naseggen. Un do söcht he sienen Doornrieter her un geiht wedder to Felln.

En paar Daag darna, do kümmt de Preester abends en beten op Naverschop bi den Buurn. Un as he wedder weg geiht naher, un de Fru bringt em lang de Deel, do seggt se to den Preester: Kümmst du morrn Vörmeddag en beten wedder? Denn is mien Mann je nich to Huus. He see eerst je, he wull na 'n Plögen morrn fröh.

Ja, seggt he, denn kaam ik en beten her. Aver wenn de ool Bengel dar denn wedder överto kümmt, wo schall ik mi denn man versteken?

O, seggt se, denn steek ik di in't Klederschapp. Dar kümmt he nich op to denken.

Hans steiht achter de Döör, de hóört dat.

Annern Morgen riedt se je weg, Hans un de Buur. Se sünd al dicht bi de Koppel: Dunnerwedder ran! seggt Hans, nu heff ik de Ploogsträng vergeten.

Gott, Hans, seggt de Buur, wo kannst du eenmal de Ploogsträng vergeten!

O, ik gah hen to Huus un haal ehr, seggt Hans.
As Hans in de groot Dööʳ kümmt, do kümmt se je wedder rut spliddern, den Buurn sien Fru.
Na, seggt se, wo kümmst du denn al wedder her?
Ja, seggt he, de Buur is je dwatsch, dat heff ik je al ümmer seggt. Nu schall ik dat Klederschapp utspööln in'n Diek.
He haalt de Schuufkaar her, packt dat Klederschapp dar op un föhrt dat na'n Diek hendal, un do mit dat ool Schapp koppheister na't Water rin.
De Preester warrt je bölken in dat Schapp: Laat mi doch ut! Ik versuup je!
Ja, wat hest du in dat Schapp verlaren? seggt Hans. Ik will den Buurn dat seggen.
O, Minsch, segg dar doch nix vun, seggt de Preester, dat se mi nich von'n Thron smiet. Ik geev di uk tein Daler wedder.
Na ja, seggt Hans, denn will ik dar still vun swiegen.
Hans bringt dat Schapp wedder hen, wo't stahn hett, un do kriggt he sik de Ploogsträng vun'n Haken un geiht wedder to Felln.
Na verlopen Tiet kümmt de Preester abends mal wedder 'n beten op Naverschop bi den Buurn. Un as he wedder weg geiht naher, un den Buurn sien Fru bringt em ut de Döör, do seggt de Preester to ehr: Morrn kann ik nich kamen. Ik mutt morrn fröh hen to Felln un plögen.
O, seggt se, denn will ik 'n Hohn slachten un di 'n beten Höhnersupp kaken. Dat bring ik di denn hen. Klock hen to negen, halvi tein kaam ik. Ik weet dien Koppel man nich.
Ja, seggt de Preester, de is dich bi juun Koppel, wo dien Mann to plögen is. Dar liggt man een Koppel twischen. Aver ik heff je 'n paar Schimmels vör de Ploog, dar kannst du mi an kennen. Dien Mann hett je 'n paar bruun vör.
Na, denn will ik di wull drapen, seggt se.
Hans, de steiht wedder achter de Döör op'e Luur, de hööʳt dat.
Annern Morgen seggt Hans to den Buurn: Ja, Buur, seggt he, dat warrt hellisch warm vundaag. Harrn wi man 'n paar ool dünn Peerdeken vör de Flegen!

Ja, Hans, seggt de Buur, Flegendeken hebbt wi je nich.
O, dat kunnen je 'n paar ool versleten Bettlaken doon, seggt Hans.
Ja, denn will ik 'n paar her söken, seggt de Buur.
Klock hen to negen, do seggt Hans: Mit de olen Flegen is dat rein to dull. De Peer künnt sik dar gar nich mehr vör bargen. Ik mutt ehr de Laken nu man överdecken.
Ja, dat do man, seggt de Buur. Dar hebbt wi s' je to mitnahmen.
Se sünd eben wedder in Gang mit 'n Plögen, – Hans is so as Ploogdriever west, mit een Ploog hebbt se man plöögt –, do kümmt den Buurn sien Fru an mit ehr Höhnersupp. Un as se op 'n Barg kümmt, do blifft se stahn un kickt. Ja, denkt se, wokeen is de Preester nu? Hier sünd en paar Schimmels, un dar sünd en paar Schimmels. O, denkt se toletzt, dar op de Koppel, dat warrt he wull wesen.
Se geiht dar op to un kümmt richtig bi ehrn Mann an.
Na, seggt de Buur, wat hest du dar denn in'n Putt?
O, seggt se, dat is je so warm vundaag, un do dacht ik, ik wull ju en beten Höhnersupp bringen.
Süh, dat is man goot! seggt de Buur. De schall uns wull smecken.
Se gaht je bi to lepeln un pleegt sik dar je an.
Wieltdes hett se je ümmer den Presster in'n Kieker. Wer is dat dar günt op de anner Koppel, seggt se, mit de beiden Schimmels?
Gott, weeßt dat nich? seggt de Buur. Dat is uns' Naver Preester je.
So, seggt se, na, de is dat! De nöhm uk sachts geern en Lepel vull Höhnersupp. Wenn dar noch so veel nableev, denn kunn he dar je en beten vun afkriegen.
Ja, seggt de Buur, so veel is dar fledig över. De warrt uk noch satt.
Ja, denn will ik em en beten röver bringen, seggt de Fru.
O, dat will ik wull doon, seggt Hans. Rauh de Fru sik man en beten ut. Dat is je so warm.
Na, Hans je los mit den Putt.

Ünnerwegens langt he ümmer in den Putt un fischt de Klümp dar herut. Un so in'n Gahn smitt he ümmer en Klümp op'e Eer. Un as he bi den Preester kümmt, do hett he wieder nix in sienen Putt as de dünn Supp.

Ik schull veelmal grüßen vun de Fru, seggt Hans, un se schick den Herrn Pastoorn en beten Höhnersupp.

O, dat is je schöön! seggt de Preester. Segg man, ik leet mi uk veelmal bedanken.

As de Preester bi to eten is, höör mal, seggt Hans, nu weet de Buur dat al, dat du mit sien Fru tohöllst. De is aver schöön böös.

O, Minsch, dat is doch wull nich wahr, seggt de Preester. Wer hett em dat seggt?

Ja, dat weet ik nich, seggt Hans. Aver wahr di man vör em. He kümmt glieks mit't Biel un will di doot slagen. Darmit geiht Hans je wedder trüch mit sienen Putt.

As he bi den Buurn kümmt, do seggt he: De Preester lett sik uk veelmal bedanken. Un wat de Buur nich so goot wesen wull un kielen em sien Ploog en beten. He harr sienen Hamer in'n Huus vergeten.

Ja, denn gah man hen, seggt de Fru un maak em sien Ploog in'e Reeg!

De Buur nimmt dat Biel ünner'n Arm un geiht je los.

As dat de Preester wies warrt, dat de Buur mit dat Biel kümmt, do kriggt he een twee dree de Peer vörweg, sleit 'n Schinken över, un dat vörstorm los, hen to Huus.

Na, denkt de Buur, wat kümmt den in'n Sinn? Ik schall em de Ploog kielen, un he jöcht to Huus? He is je wull unklook worrn. Darmit geiht de Buur je wedder trüch.

Nu kümmt he dat sülvig Flach, wo Hans de Klümp ut'n Putt smeten hett. Un do liggt de Klümp dar je op'e Eer. O, de schönen Klümp! denkt he. De hett Hans je wull ut'n Putt verlaren. He hett dar je wull so dull mit schülpert. Un darmit sammelt he de Klümp all wedder in.

Wat hett de Buur dar to sammeln? seggt de Fru to Hans.

Ja, he sammelt sik Steen, seggt Hans. He is dar achter kamen, dat du mit den Preester tohöllst. Un nu is he so böös un will di mit de Steen vun de Koppel bringen.

Och, du leve Gott, Hans, seggt se, wat stell ik eenmal op? Ik loop hen to Huus un versteek mi op de Hill mang 't Stroh. Un darmit maakt se, dat se weg kümmt.
As de Buur bi Hans ankümmt, na, Hans, seggt he, wat fehlt mien Fru denn? De löppt uk je weg.
Ja, seggt Hans, dat weet ik nich. Se snack dar je vun, se wull 't Huus ansteken.
Dat Fruunsminsch! seggt de Buur. Denn spann man flink ut, denn mööt wi je na.
As se in'n Huus kaamt, do söökt se allerwegens na. Se künnt ehr aver narms finnen. Do seggt Hans toletzt: Schull se uk wull op de Hill sitten in't Stroh?
Meenst dat? seggt de Buur.
Ja, ik weet nich, seggt Hans.
De Buur stiggt de Ledder langop: richtig, do huukt se dar in't Stroh.
O, Vadder, seggt se, do mi doch man nix! Ik will't uk in mienen ganzen Leben nich wedder doon.
Wat wullt nich wedder doon? seggt de Buur.
Ja, dat ik mit'n Preester toholl, seggt se.
Haha, seggt Hans, se kann ehr egen Schann nich verswiegen! Wer hett nu wunnen?
Do hett de Buur em uk noch hunnert Daler geben müßt.

38. De bunt Buck

Dar sünd mal 'n paar Eddellüüd west, dat sünd Navers west; ehr Göder hebbt een an 't anner stött.
Nu sünd se mal tosamen un snackt so över ehr Lüüd, un do seggt de een Eddelmann, de Lüüd, dar is upstunns gar keen Verlaat mehr up; legen doot se all.
Nee, seggt de anner, ik heff en Scheper, de lücht mi nix vör; dar wull ik wull wat up wedden.
Na ja, seggt de eerst, denn man to! De Wedd gah ik ünner. Denn kriegt wi dat je to sehn. Un do slaat se je en Wedd an.
Nu hett de Scheper so en bunten Buck hatt mang sien Schaap,

dar hett de Eddelmann so veel vun holln. Un wenn he mit sien Schoov Schaap anjagen kümmt up 'n Hoff, denn hett de Herr em ümmer fraagt: Na, Jehann, wat maakt de bunt Buck denn? Un dat hett de anner Eddelmann weten.

Do kümmt he bi, diss anner, un seggt to een vun sien Köökschen – dat is recht so 'n glatt Deern west –, wenn Jehann mit sien Schaap in'n Felln is, denn schall se doch mal hen gahn un sehn mal to, wat se em den bunten Buck ne afsnacken kann.

Na, de Deern geiht je hen un is mit em an, he schall ehr den bunten Buck schenken.

Nee, Deern, seggt he, dat kann ik je nich.

Se fichelt aver so lang bi em rüm un kümmt em je ümmer en beten neger, un do seggt he toletzt: Na ja, Deern, seggt he, wenn du mal en beten mit mi alleen kamen wullt, denn schaßt den bunten Buck hebben.

Na, de Deern gifft sik dar to her, un do kriggt se den Buck je mit.

As se eben weg is, do denkt Jehann: Ja, wat nu? Wenn de Herr di nu fragen deit hüüt Abend, wo du mit den bunten Buck afbleben büst, wat wullt denn man seggen?

O, denkt he, schaßt di dat en beten inöben vörher, wat du seggen wullt.

He stickt sienen Scheperstock in de Eer, un dar sett he sien Mütz up. Dat schall den Eddelmann je vörstellen. Un do geiht he so up den Stock to, as wenn he bi sienen Herrn angahn kümmt.

Guun Abend, Herr.

Guun Abend, Jehann. Na, Jehann, wo hest den bunten Buck denn? Den seh ik hier je gar nich.

Ja, Herr, de bunt Buck, dar heff ik Malöör mit hatt. De is mi hüüt Naamdag in de Waterkuul versapen.

Nee, begrippt he sik, so geiht't nich! Dat kannst nich seggen. Hier is je gar keen Waterkuul up'e Koppel.

He haalt den tweten Toloop. Guun Abend, Herr.

Guun Abend, Jehann. Na, Jehann, woneben hest du den bunten Buck?

Ja, Herr, dar kööm 'n Slachter bi mi an up'e Koppel, den heff ik den bunten Buck verköfft.

Nee, fallt em in, dat geiht uk nich, dat kannst uk nich seggen. Denn fraagt de Herr di je, wo du dat Geld denn hest. Un denn sittst je wedder fast.
He maakt to 'n drüdden Mal de Attack. Guun Abend, Herr. Guun Abend, Jehann. Na, Jehann, wat maakt uns bunt Buck denn?
Ja, Herr, de bunt Buck, de is mi gistern doot bleben.
Nee, fallt em in, dat kannst uk nich seggen. Denn fraagt he di je: Wo büst mit dat Fell afbleben? Un denn hett he di je wedder faat.
Nee, denkt he toletzt, dat ool Legen, dar warrst nix mit, dar kümmt nix na rut. Denn föhrst je ümmer fast. Du mußt den Herrn man reinut de Wahrheit seggen, dat mag denn doon, wat't will.
Abends jaagt he je hen to Huus mit sien Schaap. Un as he up'n Hoff kümmt, steiht de Herr denn uk al dar un luurt up em. Un de anner Eddelmann, de is dar uk mit. De hett em dat vertellt, den Herrn, dat de Deern den bunten Buck weg kregen hett, un is nu je nielich, wo 't aflöppt, wat Jehann sik trecht lücht.
Nu kümmt Jehann denn je angahn un kickt so vör sik dal, mag je gar nich upkieken. Guun Abend, seggt he.
Guun Abend, Jehann, seggt se. Na, Jehann, seggt de Herr, wo hest den bunten Buck denn? De is hier je gar nich mang.
Ja, Herr, seggt he, den bunten Buck – ik will den Herrn man reinut de Wahrheit seggen –, den heff ik verhoort un versnoort un verfidelfumfeit.
Do hett sien Herr de Wedd je doch wunnen.

39. Petrus na Jerusalem

Dar is mal 'n lütten Buur west, so 'n olen Katenmann, de hett een Koh hatt.
Nu is he mal na Kirch sünndags, un do predigt de Preester: Wer einfältig gibt, dem wird siebenfältig wieder vergolten werden.
As de Buur wedder to Huus kümmt meddags, Mudder, seggt he, weeßt wat?

Na, wat denn, Vadder?
Ja, de Preester, de see, de eenföltig gifft, de kriggt söbendubbelt wedder. Nu hebbt wi je een Koh: denn will ik de den Preester henbringen hüüt Naamdag. Denn kriegt we je söben Köög wedder.
O, Vadder, seggt se, meenst dat?
Ja, seggt he, de Preester hett dat je vun de Kanzel predigt: dat mutt je doch wahr wesen.
Ja, Vadder, seggt se, wenn du dat meenst, denn do dat.
As se wat eten hebbt, do kriggt de Buur sien Koh bi den Höörn un treckt dar je mit hen.
Guun Dag, Herr Pastoor, seggt he, Se hebbt je predigt hüüt morgen, de eenföltig gifft, de kriggt söbenföltig wedder.
Ja wull, seggt de Preester, so heff ik predigt. Un dat is uk wahr.
Ja, seggt de Buur, un nu dachen wi, wi wulln den Herrn Pastoorn uns' een Koh geben; denn segen uns' Herrgott uns dat je söbendubbelt wedder.
Süh, dat's je schöön, seggt de Preester, velen Dank! Denn treck ehr man in'n Stall un binn ehr bi mien Köög an. De Preester hett söben Köög hatt.
Abends, do laat se de Köög je ut to'n Börnen, un do nimmt de frömm Koh – de hett ümmer en beten Kantüffelschell kregen to Huus un en beten in't Emmer –, de nimmt den Steert up'n Nacken, un dat vun de Hoffsteed raf, na ehren Stall wedder hen. Un den Preester sien söben Köög – wo een Koh hen geiht, dar gaht se je ümmer all hen –, de loopt all achter ehr an.
De Buur hett de Poort un de Stallndöör al apen stellt vörher, un do je de ganz Schoof driebens na'n Stall herin. Un de Buur bindt ehr all an.
Süh, Mudder, seggt he, de Preester hett richtig wahr seggt. Nu hebbt wi uns' Koh al söbendubbelt wedder.
Dat duurt nich so lang, do kümmt den Preester sien Köóksch: se schall de Köög wedder halen.
Nee, seggt de Buur, se schall man to ehren Herrn seggen, de Köög, dat weern sien, de geev he nich wedder raf.
De Deern, de bestellt dat je, un do kümmt de Preester je sülben.

Na, seggt he, wat hett dat denn to bedüden? So geiht dat doch man nich!
Ja, Herr Pastoor, seggt de Buur, de Köög kriegt Se nich wedder. De hett uns' Herrgott mi toschickt. Se weet je doch, wat Se predigt hebbt.
Ja, nee, seggt de Preester, so hett dat je nich meent.
Ja, seggt de Buur, denn kann 'n dar je gar nich up to Wark gahn, wat Se seggen doot, wenn Se dat gar nich so meent. Denn kann'n Ehr na dissen je nix mehr to glöben.
De Preester kann je nix mit den Buurn upstelln, un sien Woort kann he uk je nich unmünnig maken: na, segg he toletzt, denn will ik di wat seggen. De morrn fröh toeerst den annern ›guun Morgen‹ seggt, den schüllt de Köög tohöörn. He denkt je, he will den olen Buurn anföhrn.
Ja, man to! seggt de Buur. Dat gah ik ünner.
Nu will de Preester je nich to lang slapen, un do seggt he to de Mamsell – dat 's so'n smuck Deern west, de hett em den Huusstand föhrt –, se schall em morrn fröh betiets wecken.
De ool Buur is aver noch klöker: de geiht gar nich eerst to Bett, de maakt sik al üm midden Nacht ut'n up'n Stieg.
Nu hett de Preester so'n groot Linnenbööm hatt vör sien Kökenfinstern, un na de een Linn, dar kladdert de Buur sik herin, dat he graad na de Köök rin kieken kann, un dar geiht he in sitten.
Klock hen to dree, do kümmt de Deern je up un weckt den Preester. Un do geiht se na Köök un bött Füür an. De Preester schall je eerst en Taß Kaffi hebben.
As de Preester sik antrocken hett, do kümmt he dar uk in de Köök an. Na, seggt he, is de Kaffi bald trecht?
Ja, gliek in'n Ogenblick, seggt se.
Nu kriggt he eerst dat Dammeln mit de Deern, un toletzt, do seggt he: Du, schall Petrus nich eerst mal na Jerusalem fahrn?
Na, de Deern hett dar uk je wull över wesen mücht, un do laat se Petrus denn je eerstmal na Jerusalem fahrn.
De ool Buur – de hett je vun baben to in't Finster kieken kunnt –, de süht sik dat Spillwark je mit an. Un hett dat uk je all mit anhöört. Dat een Finster hett apen stahn.

As se dar mit dör sünd, de beiden, do maakt de Preester de Kökendöör apen un will mal utkieken, wat de Buur uk wull al to sehn is.
He hett de Döör man eerst half apen: guun Morgen, Herr Pastoor! röppt he baben in'n Boom.
Guun Morgen, guun Morgen! seggt de Preester. Wat, büst du al dar?
Ja, seggt he, ik weer hier al, as Petrus na Jerusalem fahrn dee.
Man still, man still! seggt de Preester. Segg man nix na! De Köög sünd dien.
Do hett de ool Buur den Preester sien Köög je all söben beholln kunnt. Do hett he sien Koh je richtig söbendubbelt betahlt kregen.

40. *Ruuchklaas*

Dar is mal 'n Fru west, de hett dree Döchter hatt, twee recht Döchter un en Steefdochter. Ehr Mann is al doot west.
De Steefdochter is smuck west. De annern beiden, wat ehr egen Döchter west sünd, de sünd häßlich west. Aver de hebbt den ganzen Dag in 'e Stuuv sitten kunnt un hebbt ümmer fein in Tüüch gahn. Un denn is de Olsch ümmer mit ehr to Ball föhrt, na so'n feinen Ball, wo de König uk ümmer mit west is. Se hett dacht, dar schull sik 'n Herrn ran geben, aver dat hett je ümmer nich wullt.
De Steefdochter hett ümmer in de Köök sitten müßt un hett ümmer so rüm kleien müßt un rümmer asen. Un de annern hebbt ümmer mit ehr rüm stött. Un all, wat se ehr to'n Spetakel hebbt andoon kunnt, dat hebbt se daan.
Nu hebbt se uk mal wedder to Ball wullt, do kümmt de Olsch bi un gütt ehr en Spint Arfen mang de Asch. De schall se utsammeln wieltdes, dat se doch en beten Handgebeer hett, seggt de Olsch.
As se nu weg föhrt sünd, de dree, do sett de Deern sik hen un weent.
Do kümmt dar en olen Mann bi ehr an in de Köök, de hett so'n

lütten, witten Stock in de Hand. De seggt: Worüm weenst du so, lütt Deern?
Ja, seggt se, ehr Mudder is mit ehr beiden Döchter hen to Ball föhrt. Un nu hett se ehr 'n Spint Arfen mang de Asch gaten, de schall se wieltdes utsammeln. Un dat kann se je nich.
Harrst uk wull Lust hen? fraagt he.
Ja, seggt se, wenn ik uk Lust harr, dar kann ik je doch nich hen kamen. Dar heff ik uk je nix to an.
Ja, seggt he, wenn du dar Lust hen hest, denn nimm den lütten witten Stock man –
Ja, seggt se, wo warrt dat denn aver mit mien Arfen? Denn krieg ik de je gar nich utsammelt.
O, seggt he, dar sorg man nich vör; dar schall wull Raat to warrn. Aver du mußt jo so tiedig wedder kamen, seggt he, dat du ehr kümmst as de annern. Un nu gah man hen na de Heid, dar staht dree Bööm. Un denn kloppst du an den eersten Boom, dar sünd dree Kleder in, een as Sülver un een as Gold un een as en rugen Pelz. Dat Kleed as Sülver treckst du an. Un denn kloppst du an den annern Boom, dar kümmt de Waag herut un de Kutscher. Un denn an den drüdden Boom, dar kaamt de Peer herut, de sünd opseelt un all. Un denn so, wenn du wegföhrst, denn seggst du:

Vör mi hell un achter mi dunkel,
dat keen Minsch süht, wo ik hen funkel!

Nu geiht se denn je hen na de Heid un maakt dat all so, as de ool Mann to ehr seggt hett. Ut den eersten Boom, dar kriggt se sik dat Kleed herut as Sülver, dat treckt se an. Un ut den tweten, dar kümmt de Waag herut un de Kutscher. Un ut den drüdden Boom, dar kaamt de Peer herut. Un do sett se sik in den Wagen un seggt:

Vör mi hell un achter mi dunkel,
dat keen Minsch süht, wo ik hen funkel!

Un do suust dat Fohrwark mit ehr af.
As se dar nu kamen deit op'n Ball, do sünd de annern all affunnen. Do wüllt se all mit *ehr* danzen un holln. Toletzt hett de

König ehr in'e Hänn'n kregen, un de hett ehr gar nich wedder fahrn laten.
As dat nu so wiet is, dat dat bald vörbi is, dunn se herut ut'n Saal un dat to Waag. Un do seggt se:

Vör mi hell un achter mi dunkel,
dat keen Minsch süht, wo ik hen funkel!

Un weg is se. Un as de König buten kümmt – de is ehr nakamen –, do is se je narms to höörn un to sehn. Un keen Minsch weet, wo se afbleben is.
Nu bringt se dat je all wedder hen na de Blöom un treckt ehr olen Plünn'n wedder an. Un do nimmt se den lütten, witten Stock un geiht hen to Huus. Do sünd all de Arfen mang de Asch ut.
Na, seggt de ool Mann, hett di 't goot gefallen?
Ja, seggt se, goot gefallen hett mi dat. Un darmit gifft se em sienen Stock wedder, un he geiht weg.
As he eben weg is, do kaamt de annern dree to Huus.
Do will de Olsch ehr je recht utschellen, dat se so fuul west is un hett de Arfen nich utsammelt. Aver do is dat je all liekut, un se kann ehr je nix seggen.
Do fraagt de Steefdochter ehr beiden Swestern, wo ehr dat gefallen hett op'n Ball.
O, seggt se, eerst ganz goot. Aver naher kööm dar een, de wullen s' all hebben.
Wat weer dat denn för een? seggt se.
Ja, dat weet wi nich, seggt se, wi hebbt ehr uk nich kennt.
As dat 'n Tietlang her is, do warrt dar noch mal wedder Ball.
Do gütt de Olsch ehr 'n Spint Weten mang de Asch.
As se weg sünd, do geiht de Deern wedder hen sitten un weent.
To den Weten, dar weet se gar kenen Anslag.
Do kümmt de ool Mann dar wedder bi ehr an mit sienen lütten, witten Stock.
Na, seggt he, du sittst hier je wedder un weenst?
Ja, seggt se, se sünd wedder hen to Ball, un nu hett mien Mudder mi 'n Spint Weten mang de Asch gaten, den schall ik utsammeln.

Na, un dat kannst nich?
Nee, seggt se.
Ja, seggt he, harrst uk wull Lust wedder hen?
Ja, seggt se, wo kümmt mien Weet denn man mang de Asch ut?
O, seggt he, dar quäl di man nich üm, dar will *ik* wull för sorgen. Maak dat man graad wedder so as dat vörig Mal, un denn föhr man wedder hen.
Na, se geiht je hen na de Bööm un treckt dat Kleed wedder an as Sülver. Un do föhrt se je wedder hen.
As se op'n Saal kümmt, do geiht de Spetakel je wedder los. Do wüllt se all mit ehr danzen, un de annern sünd all affunnen. Toletzt hett de König ehr wedder kregen, un de hett ehr gar nich wedder ut de Hänn laten.
As dat op'e Tiet is, dat dat bald vörbi is, do will se je wedder weg. He will ehr aver kortut nich weg laten; se schall dar so lang blieben, bet dat ut is. Dat kann se aver je nich. Un do löppt se em mit eenmal weg. Un dunn herut ut'n Saal, un dat to Waag. Un do seggt se gau:

Vör mi hell un achter mi dunkel,
dat keen Minsch süht, wo ik hen funkel!

Un weg is se. Un de König – de is ehr wedder nalopen – as de buten kümmt, de weet je gar nich, wo se staben un flagen is.
As se to Huus kümmt, do is dat je all wedder to Schick. Do is de Weet dar je all mang ut.
Na, seggt de ool Mann, hett di 't goot gefallen?
Ja, seggt se, goot gefallen hett mi dat.
Ja, seggt je, denn mutt ik di den lütten Stock je man rein laten. Un denn gah morrn man hen na'n König un vermeed di dar as Kökenjung. Aver eerst mußt du hengahn na de Bööm un den rugen Pelz antrecken. Un wenn dar denn mal wedder Ball warrt, denn sühst du to, dat du dar wedder henkümmst. Un denn treckst du dat Kleed an as Goldglanz.
Darmit geiht de ool Mann weg.
As he eben weg is, do kaamt de annern dree to Huus.

De sünd je wedder splidderndull – de König hett ehr je gar nich ankiekt –, un de Olsch is so giftig, de freit sik dar al recht to, wo se ehr Steefdochter utasen will. Aver se kann je gar nich ankamen to schelln. Dar is je keen Koorn mehr in de Asch to finnen.

Annern Morrn seggt se to ehr Mudder, se will denen.

Du wullt denen? seggt de Olsch. Wat wullt du denen? So 'n ool Aschenpüüstersch, as du büst, de nimmt je nümms.

Ja, dat laat, seggt se, se will doch denen.

Na, denn gah los! seggt de Olsch.

Darmit geiht se je weg, de Deern. Den lütten, witten Stock nimmt se mit.

Nu geiht se je eerst na de Bööm un treckt den rugen Pelz an. De hett ehr bet baben över'n Kopp gahn. Blot de Ogen un de Nees un de Mund, de sünd frie bleben; dat anner is all ruuch west. Un do geiht se hen na'n Sloß un will sik dar vermeden.

Do lacht se all över ehr: wat se denn warden will.

Kökenjung, seggt se.

Nee, seggt se, so'n oln Ruuchklaas künnt se nich bruken.

Do kümmt de König dar över to. Un den maakt dat so veel Spaaß, un do meedt se ehr doch toletzt as Kökenjung.

As se dar en Tietlang west is, do schall dar mal wedder Ball warden.

Do seggt se to de Huusholersch, wat se dar uk man 'n beten hen schall to'n Tokieken; se will so geern mal sehn, wat de König för'n Daam hett.

Och, wat wullt du dar, Ruuchklaas? seggt de Huusholersch. Wat schull de König seggen, wenn de di dar wahr warrt? Denn krieg ik je so veel Utschell.

Se lett aver nich af, de Deern, un bidd ehr so veel, se schall ehr doch hen laten: se will ehr dat uk all vertellen.

Do seggt de Huusholersch toletzt ja. Du mußt aver jo so tiedig wedder kamen, seggt se, dat du ehr kümmst as de König.

Ja, dat will se uk wull.

Nu geiht se je eerst hen na de Bööm un treckt dat Kleed an as Goldglanz. Un do föhrt se je wedder hen.

Dit Tour is dat nu heel dull west. De König is rein ut de Tüüt

west un hett den ganzen Abend mit keen anner danzt as mit ehr. Un toletzt hett he ehr 'n gollen Ring schenkt.
As dat nu so wat ut is, do warrt dat je hooch Tiet, dat se weg kümmt. Aver de König höllt ehr fast: se schall dar kortut noch blieben.
Se ritt sik aver doch los toletzt, un dunn herut ut'n Saal, un dat to Waag. Un do seggt se gau:

> Vör mi hell un achter mi dunkel,
> dat keen Minsch süht, wo ik hen funkel!

Un weg is se. Un de König – de is ehr je wedder nalopen un will ehr faat kriegen –, as de buten kümmt, do is se je över all de Bargen.
Nu is se dar aver je so lang bleben, un do hett se gar nich mal so lang Tiet, dat se dat Kleed eerst uttrecken kann bi de Bööm. Do smitt se den rugen Pelz dar so över un maakt, dat se hen to Huus kümmt.
As se in de Köök kümmt, do is de Huusholersch bi un maakt den König sien Eten trecht.
Do springt se ümmer bi de Huusholersch rüm un will ehr helpen.
Bliev doch trüch, Ruuchklaas, seggt de Huusholersch, dat dar nix an't Eten kümmt vun dienen rugen Pelz!
Se springt un fingereert dar aver doch so lang bi rüm, dat se den Ring na den Kumm rin smitt. Un do kümmt de Ring je mit rin na'n König.
As de König bi to eten is, da findt he den Ring dar je in den Kumm.
Do lett he de Huusholersch föddern: se schall mal rin kamen.
De Huusholersch fangt an to wenen. Sich so, Ruuchklaas, seggt se, nu hest du wat schööns maakt! Dar is vun dienen Pelz wull wat an't Eten kamen. Darmit geiht se je rin.
Do fraagt de König ehr, worüm as se wenen deit.
Ja, seggt se, Ruuchklaas is dar mit bi west, un nu is dar vun sienen Pelz wull wat an't Eten kamen.
Is Ruuchklaas dar mit bi west? fraagt de König.
Ja, seggt se, he sprüng ümmer bi mi rüm. Ik heff em ümmerlos stüürt, he schull dat nich, aver he kööm ümmer wedder.

Ja, seggt de König, denn segg man to Ruuchklaas, he schall mal rin kamen.
Sieh so, Ruuchklaas, seggt de Huusholersch, nu nimm di man in Acht! Du schaßt na'n König kamen!
Ruuchklaas, de lacht un geiht je rin.
Na, seggt de König, kann de ruge Pelz gar nich ut?
Nee, seggt se.
Do langt he na ehr, aver se springt afwaß, dat he ehr nich rekken kann.
Do nimmt he so'n lütt fien Metz, un dar haakt he ehr mit in den rugen Pelz un snitt dar so'n lang Lock in. Un do glänstert dat Kleed dar je hendör, dör dat Lock.
Sieh so, seggt de König, nu treck man af. Nu heff ik dat je doch al sehn.
Do mutt de Pelz je ut, un do is sien Daam dat.
Do hett de König ehr to'n Fru nahmen, un do is se Königin worden.

41. De lütt witt Katt

Dar is mal 'n Buurfru west, dat is 'n Wittfru west, de hett dree Söhns hatt.
Nu weet se nich recht, wokenen Söhn se de Buursteed geben schall, un do seggt se to ehr Söhns: Ji künnt eerst all dree 'n Jahr in'e Frömm gahn un denen. Un de denn dat mehrst Geld verdeent hett, de schall de Buursteed hebben.
Nu gaht se je all dree weg.
As se vör 't Holt kaamt, do geiht dar 'n Weg rechts af.
Do seggt de beiden öllsten Söhns: ja, wi beiden gaht hier nu rechts, seggt se to den drüdden – de hett Hans heten –, du kannst man graadut gahn, dör't Holt.
Also Hans geiht graad ut, na dat Holt herin.
He geiht un geiht ümmerlos, un toletzt – dat warrt al Abend –, do warrt he 'n Licht wahr.
He geiht op dat Licht to. Un as he dar ankümmt, do is dat so 'n lütt Huus, dar sitt 'n lütt witt Katt op de halv Döör.

Guun Abend, Hans, seggt se.
Guun Abend, Musche, seggt Hans. Wo weeßt du, dat ik Hans heet?
Ja, ik weet noch veel mehr, seggt se. Kumm man herin. Du kannst dat Jahr över bi mi denen. Denn schaßt du wull so veel Geld kriegen, as du hebben wullt.
Na, Hans blifft je bi de lütt witt Katt.
Annern Morgen seggt se to em: Nu haug di man eerst 'n Patschon Holt: du hest dree Pütt to kaken op'n Füürheerd. Un denn heff ik hier dree Vageln in de Buur, so'n swart Vageln, de mußt du fodern. Wenn du hungerig warrst: hier steiht 'n Disch. Wenn du to den seggst: Disch, deck di! denn steiht dat schöönst Eten un Drinken dar op, all wat du man verlangst. Aver een Deel will ik di seggen: kiek nich in de Pütt!
Annern Morgen is de lütt witt Katt weg, un Hans is dar man ganz alleen.
He bött ünner de dree Pütt ünner, dat dat knacken deit, un de Vageln fodert he uk.
Nu will he de Vagelbuurn mal rein maken: do flücht em een Vagel weg.
Annern Morgen is he bi sien Pütt to Gang, un do knackt dat so dull in de Pütt.
Do denkt he: Wat schull dar wull in wesen? Schaßt doch mal inkieken.
He kickt je in: do kriggt he mit eenmal enen an't Muul, dat he an de Wand flücht.
As dat Jahr üm is, do kümmt de lütt witt Katt wedder.
Na, Hans, hest dienen Deenst daan?
Ja, Musche, seggt Hans.
Ja, du hest aver in'n Putt kiekt!
Ja, dar heff ik uk düchtig enen för an't Muul kregen, seggt he. Un enen Vagel heff ik uk flegen laten.
Ja, dat schull nich west hebben, seggt se. Aver dat mutt sienen Willen so hebben.
Annern Morgen, na, Hans, seggt se, nu wullt dien Geld uk je wull hebben?
Ja, Musche, seggt Hans.

Ja, hier sünd twee Slötels, seggt se, dar slüüt de beiden Kamern man mit apen. In de een Kamer is luter Goldgeld, un in de anner luter Sülvergeld. Du kannst nehmen, wat du wullt.
Hans packt sik en Patschon Goldgeld in un geiht mit sien Geld hen to Huus, na sien Mudder.
As he dar kümmt, sünd sien beiden Bröder al dar un hebbt en paar Dalers dar op'n Disch liggen. Dat is nich de sößteinst Deel west, wat he hatt hett.
Ja, seggt de Mudder, Hans hett so veel Geld bröcht: dar kaamt ji all beid nich gegen. Aver de Buursteed kann he lieker nich kriegen. Ji mööt noch mal wedder en Jahr weg un denen. Un de denn dat best Peerd bringt, de schall de Buursteed hebben.
Nu gaht se je all dree wedder los. Un Hans geiht wedder na sien lütt witt Katt.
As Hans kümmt, do sitt se wedder op de Döör.
Na, Hans, kümmst du?
Ja, Musche.
Ja, un nu schüllt je dat best Peerd bringen, nich?
Ja, seggt Hans.
Na, denn maak di morrn man Holt wedder twei. Enen Dag bliev ik noch bi di, un denn naher gah ik wedder weg. Denn foderst du de Vageln un hollst de Pütt in Gang.
Na, dat deit Hans nu uk. Un mit sienen Dischdeckdi, dat weet he je, dat he ümmer wat to eten hett un to drinken.
Nu maakt he de beiden Vagelburen mal rein: do flücht em wedder een Vagel weg. Do hett he je man enen Vagel mehr na.
As dat Jahr üm is, do kümmt de lütt witt Katt denn je wedder.
Na, Hans, du hest je wedder 'n Vagel flegen laten.
Ja, Musche, seggt he.
Ja, dat schull nich west hebben, seggt se. Aver dat mutt denn je sienen Willen so hebben.
Annern Morgen, na, Hans, seggt se, nu wullt dat Peerd uk je wull hebben?
Ja, Musche, seggt Hans.
Ja, hier in de Kamer, seggt se, dar hängt 'n Sävel, den hest du wull noch gar nich sehn.

Nee, seggt he, den heff ik noch gar nicht sehn.

Ja, den binn man üm. Un denn, hier 'n beten bet lang – de Kaat hett je in 't Holt legen –, dar liggt 'n lütten Barg, dar gah hen. Un denn segg man: Simson, tu dich auf! Denn deit de Barg sik apen, un denn geihst du dar rin. Un wenn du 'n lütt Flach gahn hest, denn warrst du wahr: dar geiht 'n groot Brüch över 't Water, un dar liggt twee Hunnen vör. De beiden Hunnen mußt du in enen Slag doot slagen. Un denn geihst du över de Brüch heröver. Un eben över de Brüch, dar is 'n Peerstall. Dar geihst du rin. Un denn dat schöönst Peerd, wat dar is, dat söchst du di ut. Un denn settst du di op un riddst wedder trüch. Un wenn du ut den Barg herut büst, denn seggst du: Simson, tu dich zu! Denn deit de Barg sik wedder to. Un denn riddst du op dien Peerd hen to Huus.

Na, Hans geiht je los. Un as de beiden Hunnen em wahr warrt, dat he angahn kümmt, do fallt se een över'n annern her, as wenn se sik bieten wüllt. Do nimmt he sienen Sävel un sleit ehr beid in enen Slag doot. Un do geiht he över de Brüch heröver. Un eben över de Brüch, dar steiht de Peerstall, dar geiht he rin. Un do söcht he sik dat best Peerd dar mang ut. Un do sett he sik op un ridd mit sien Peerd hen to Huus, na sien Mudder.

As he to Huus ankümmt, do sünd sien beiden Bröder al dar. Aver gegen sien Peerd, dar kaamt *ehr* Peer je lang nich gegen.

Ja, seggt de Mudder, dat is nu all enerlei, so kann 't noch nich gahn. Denn de hier Buur warrt, de mutt uk je en Fru hebben. Ji mööt noch mal en Jahr denen. Un de denn de best Fru kriggt, de schall de Buursteed hebben.

Na, se gaht je wedder weg, un Hans geiht je wedder na sien lütt witt Katt.

Na, Hans, kümmst du wedder?

Ja, Musche.

Na, de nu de best Fru kriggt, de schall de Buursteed hebben, nich?

Ja, Musche, seggt Hans.

Ja, denn haug di morrn man wedder Holt un gah man wedder an dien Arbeit. Du weeßt je Bescheed.

Ja, Musche, seggt he.

Enen Dag blifft de lütt witt Katt noch bi em, un'n annern Morgen, do is se je wedder weg, do is Hans dar wedder alleen.
Nu maakt he mal enen Dag sien Vagelbuur rein – enen Vagel hett je man mehr na hatt –, un do flücht de em uk weg.
As dat Jahr üm is, kümmt de lütt witt Katt wedder.
Na, Hans, nu is dat Jahr je üm, nu geiht't je op de best Fru los.
Ja, Musche, seggt Hans.
Ja, seggt se, denn do nu aver all, wat ik di segg.
Ja, Musche, seggt he, wenn ik dat kann.
Ja, du kannst dat. Nimm nu man eerst de dree Pütt vun'n Heerd, un denn bööt en düchtig groot Füür an. Un wenn dat Füür örntlich in Brand is, denn smittst du all dree Pütt dar rin. Un denn faatst du mi vun achtern to an un settst mi uk op dat Füür.
O, Musche, seggt Hans, dat kann ik je gar nich mal!
Ja, Hans, du mußt.
Na, he smitt de Pütt dar herin un sett de lütt witt Katt op dat Füür.
Do warrt dat dar 'n Wirtschaft: dat brüllt un toost, un allerhand will Tiern, all so'n Untüüch kümmt ut dat Füür herut. Un Hans steiht an de Wand un hett 'n Knüppel in de Hand: wenn em wat to Liev kümmt, dat he dat mit den Knüppel op'n Kopp haugt.
Toletzt warrt dat all wedder still, un do geiht Hans na sien Stuuv herin – he is dar hungerig bi worrn – un seggt: Disch, deck di! Aver dar passeert nix. He seggt dat twee, dree Mal. Aver nee, dar passeert nix.
Na, denkt he, nu is't all ut! Un do geiht he to Bett un slöppt uk foorts to un slöppt bet 'n annern Morgen.
Annern Morgen, as he opwaakt, wat, Dövel, denkt he, wat is dat hier? Dat is je all anners in de Stuuv, all so fein!
Do kaamt dar söben Daams herin na de Stuuv.
Na, Hans, nu kumm man op, seggt de een. Ik bün de lütt witt Katt un will di hebben to 'n Mann. Un dat anner, dat sünd all mien Hoffdaams, de mi bedenen mööt. De dree sünd de Vageln west, un de dree sünd in de Pütt west. De hest du all mit er-

lööst. Nu hebbt wi hier 'n ganz Königriek. Un nu wüllt wi eerst mal hen na dien Mudder reisen.

Do warrt je 'n Kutsch anspannt, un do föhrt se na sien Mudder.

Sien Bröder hebbt uk je jedeneen 'n Fru mitbröcht. Aver gegen Hans sien künnt se je lang nich gegen. Dat is 'n Prinzessin west.

Ja, wokeen schall denn nu de Buursteed hebben? seggt de Olsch to Hans. Di kümmt se nu je bi.

Nee, Moder, seggt Hans, ik will s' gar nich hebben, ik heff nu so noog, ik bruuk ehr nich. Dar laat de annern beiden sik man üm verdregen. Ik föhr mit mien Fru wedder to Huus. Ik bün dar König. Du kannst man mal hen kamen un besehn di dat.

42. *Hans un de Preester*

Dar is mal en Preester west, de hett sik dree Knechten holln. De een, dat is recht so 'n dörneihten west, de hett Hans heten. Nu hett he en Wisch hatt, de Preester, dar schüllt se mal enen Morgen hen to meihn. De Wisch is aver en arig Flach vun'n Dörp af west, un do kriegt se glieks so veel to leben mit, dat se en ganzen Dag wat hebbt.

As se dar nu kaamt in de Wisch, do seggt Hans: O, wüllt man eerst 'n Ogenblick liggen gahn.

Na, se leggt sik hen un slaapt eerst en Stoot.

As se wedder upwaakt sünd, ja, seggt Hans, meihn künnt wi den ganzen Dag je noch: wüllt man eerst 'n beten Fruhkost eten.

Ja, seggt de annern beiden, dat künnen wi je.

Do eet se je Fruhkost, un dat smeckt ehr so schööön, un do eet se glieks ehren ganzen Brootbüdel leddig.

Nu hebbt se sik je so vull packt hatt, un warm is dat uk west, un do seggt de een to'n annern: O, wüllt man noch en Ogenblick liggen blieben. Un daröver slaapt se wedder to un slaapt so lang, bet de Sünn al meist ünnergahn will. Do waakt se up.

Dövel ja, seggt de annern beiden, wat nu? Dat's je Fierabend,

un wi hebbt je noch kenen Hau daan! Wat schall de Herr seggen, wenn de morrn fröh männichmal kümmt un will sehn, wo wiet as wi sünd?
O, seggt Hans, dar laat mi man för sorgen. Wüllt man maken, dat wi hen to Huus kaamt.
Darmit staht se je up un gaht los.
As se ut de Wisch sünd, do kaamt se över en Dreeschkoppel, wo Peer un Köög up gaht.
So, seggt Hans, nu wüllt wi unsen Brootbüdel vull Schellbieters un Schallkatten sammeln. Un wenn dar en beten drögen Peermeß un Kohmeß mang kümmt, is 't uk keen Mallöör.
Na, se sammelt den Brootbüdel je vull.
As se to Huus kaamt, na, Hans, seggt de Preester, wo wiet sünd ji?
Ja, uns' Herr, seggt Hans, de Wisch hebbt wi af.
Süh, dat 's je schöön, Hans, seggt de Preester. Denn sünd ji je heel flietig west. – Wat hest dar in'n Büdel? Hebbt ji juun Broot gar nich up kregen?
Ja, seggt Hans, dar hebbt wi 'n Immenswarm in. As wi bi to meihen weern, do kööm dar 'n Swarm anflegen; den hebbt wi infaat. Un nu dachen wi, wenn de Herr uns dar 'n paar Schilling för geben wull, denn kunn de Herr em kriegen.
Ja, nee, seggt de Preester, geben do ik ju dar nix för. Wat ji in mienen Deenst kriegen doot, dat kümmt mi bi.
Ja, seggt Hans, wenn de Herr so is – wi hebbt uns so suur daan bi'n Meihen – un will uns dar gar nix för geben, denn wull ik, dat de Immen to luter Schellbieters un Schallkatten wörrn, mit Kohschiet un Peerschiet mang, un dat de ganz Wisch wedder upstünn.
Annern Morgen, do will de Preester de Immen je in'n Rump kriegen. Aver as he den Büdel apen maakt, do sünd dat all Schellbieters un Schallkatten.
He verfeert sik je. Hans, seggt he, sadel mi den Voß mal.
Hans sadelt em den Voß, un do ridd he je hen na de Wisch, de Preester.
Do is des Dööstens de ganz Wisch wedder upstahn bet up'n lütten Placken, un dar kümmt dat Gras uk al wedder in Enn.

Süh, de Aas! seggt he. Un do ridd he wedder hen to Huus un seggt to Hans: Hier sünd dree Daler, Hans, aver denn maakst mi so'n Töög uk nich wedder!

43. Dree Säck vull Lögen

Dar is mal en Buur west, de hett dree Söhns hatt. De jüngst hett Hans heten.

Nu kümmt dar mal abends so'n olen Mann an bi den Buurn, de bidd 't, wat he dar man 'n Nacht blieben kann. Nee, seggt de Buur, he hett keen Quarteer för em.

O, Vader, seggt Hans, laat em op de Laad liggen – se sünd graad bi to döschen west –, denn kann he hier je geern blieben.

Ja, wullt du dat morrn fröh wedder schier maken? seggt de Ool.

Ja, seggt Hans, ik will dat wull all wedder schier maken.

De ool Mann slöppt je de Nacht dar op de Laad, un'n annern Morgen geiht he je wieder.

As Hans dar bi is un maakt dat wedder schier, do findt he dar en arigen Büdel mit Geld op de Laad.

O, denkt he, den hett de ool Mann hier verlaarn. Schaßt'n man gau nalopen un bringen em sienen Geldbüdel hen.

He kriggt em uk bald wedder faat.

Hö̈r He mal, mien gode Mann, seggt Hans, ik heff dar en Büdel mit Geld funn 'n op de Laad, de is Em wull ut de Tasch fullen.

Nee, mien Söhn, seggt de ool Mann, den heff ik dar mit Willen liggen laten. Den schaßt du hebben, darför, dat du för mi beden hest.

Nee, seggt Hans, ik dörv keen Geld in 't Huus bringen. Nehm He Sien Geld man mit.

Ja, wat wußt du di denn wull wünschen? seggt de ool Mann.

Ja, denn wull ik, seggt Hans, dat wi achter uns' Stubenfinster so'n groten Fiegenboom hadden.

Goot, mien Söhn, seggt de ool Mann. Gah man hen to Huus:

dat schall di warden. So 'n Fiegenboom schaßt du hebben. Un de Fiegen, seggt he, wenn dar een is, de krank is, un de Dokter kann em nich mehr helpen, denn kannst du em mit de Fiegen wedder gesund maken.
Na, annern Morgen, do kickt Hans ut't Finster, un do steiht dar so'n groten Fiegenboom in'n Gaarden, mit Fiegen op.
Vader, seggt Hans, kiek doch mal ut. Wat hebbt wi dar 'n schönen Fiegenboom stahn in'n Gaarden!
Jung, wullt dien Eten mal wahrn! seggt de Ool. Wullt du ool Lüüd vernarrn hebben?
Hans lött aver nich af: de Ool mutt je utkieken. Jung, wo kümmt de dar hen? fraagt he.
Ja, Vader, seggt Hans, den heff ik mi wünscht. De ool Mann, de see, ik schull mi wat wünschen. Un do heff ik mi den Fiegenboom wünscht. Un mit de Fiegen, see he, dar kunnen wi krank Lüüd wedder gesund mit maken.
Nu is den König sien Dochter graad krank west, un is heel leeg west, un keen Dokter hett ehr helpen kunnt. Un do kümmt dar 'n Oproop vun'n König, de sien Dochter wedder gesund maken kann, de schall ehr to'n Fru hebben un schall König warrn.
Do seggt de öllst Söhn: Du, Vader, seggt he, denn will ik mit'n Kiep vull Fiegen hen un will ehr wedder gesund maken.
Ünnerwegens begegent em de ool Mann.
Na, mien Jung, seggt he, wat hest dar in dien Kiep?
Peerfiegen, seggt he.
Denn laat 't Peerfiegen blieben, seggt de ool Mann.
Nu kümmt he je bi den Possen, de vör'n Sloß steiht.
Woneem wullt du hen? fraagt de Possen.
Ja, ik will na 'n König sien Dochter, seggt he. Ik heff hier Fiegen in de Kiep, dar will ik ehr gesund mit maken.
Denn kriggst uk wull 'n goot Drinkgeld? seggt de Possen.
Ja, dat kann wesen, seggt he, dat krieg ik sachts.
Ja, denn will ik dat hälfst dar aver afhebben, seggt de Possen; sünst laat ik di nich dör.
Ja, dat schall he denn uk je hebben.
Nu lött he sik je anmellen un kümmt vör'n König. Do mutt he sien Kiep je apen maken. Un do hett he dar Peerfiegen in.

Dumm Bengel! seggt de König, wullt du enen hier anföhrn? Dar schaßt du fievuntwintig för op'n Puckel hebben.
Ja, seggt he, de Possen wull dat hälfst afhebben.
Ja, dat kann he uk kriegen, seggt de König.
Do warrt de Possen rinhaalt. Un do kriggt de dat hälfst, un dat hälfst kriggt de anner. Un do geiht he je wedder hen to Huus.
Ünnerwegens, do denkt he: Nu laat den annern sik uk man en Jackvull halen! Schaßt dar man nix vun seggen to Huus!
As he in'n Huus kümmt, na, fraagt de Ool, wo hett't gahn?
O, ganz goot, seggt he. Aver se hett noch nich noog. Se will noch mehr hebben.
Annern Morgen kümmt de tweet Söhn bi un packt sik de Kiep vull Fiegen. Un do he je hen.
Ünnerwegens kümmt de ool Mann dar wedder her.
Na, mien Jung, seggt he, wat hest dar in de Kiep?
Peerfiegen, seggt he.
Denn laat 't Peerfiegen blieben, seggt de ool Mann.
As he bi den Possen kümmt – dat is en annern west –, na, seggt de Possen, woneem wullt du hen?
Ja, ik heff hier en Kiep vull Fiegen, seggt he, de schall den König sien Dochter hebben.
O, denn kriggst uk wull en goot Drinkgeld? seggt de Possen.
Ja, dat krieg ik sachts, seggt he.
Ja, denn schaßt mi dat hälfst dar aver afgeben, seggt de Possen. Sünst kümmst nich rin.
Ja, dat kann he denn uk je kriegen.
As he vör'n König kümmt, do mutt he sien Kiep je apen maken. Un do hett he dar Peerfiegen in.
Nee, seggt de König, dat's doch rein to dull! Een is hier al west un wull mi anföhrn, un du büst nu de tweet! Aver ik will ju Bengelstüüch dat aflehrn! Heda! Wo is de Wach? Tellt mi den dar mal föfftig op, un dat todegen!
Ja, seggt he, de Possen wull dat hälfst dar afhebben.
Do kriggt de Possen fiefuntwintig, un he uk fievuntwintig.
Dövel, denkt he, as he ut'n Sloß herut is, dat sünd ool asig Fiegen! Aver nu schall Hans uk hen. De kriggt je noch mal so veel.

As he in 'n Huus kümmt, na, fraagt de Ool, wo hett't gahn?
O, ganz goot, seggt he. Aver se is noch nich ganz wedder beter. Se will noch mehr hebben.
Ja, seggt Hans, denn will ik morrn fröh mit 'n Kiep vull hen.
Annern Morgen plückt Hans sik je Fiegen in de Kiep, un do dar je mit los.
Ünnerwegens begegent de ool Mann em uk.
Mien Jung, wat hest in dien Kiep?
Dar heff ik Fiegen in, seggt Hans. De wull ik den König sien Dochter hen bringen, de is je so krank.
Ja, denn gah man hen, seggt de ool Mann. Denn schüll't uk Fiegen blieben.
Nu kümmt he je bi de Schildwach.
Nu hebbt de Suldaten aver al all Bescheed weten, wenn dar een mit'n Kiep kööm, wat dat denn för'n Drinkgeld lohn. Un do denkt de Possen: Dar schaßt di wull vör wahrn! un lött Hans so in dat Döör herin gahn, seggt em gar nix.
As Hans vör'n König kümmt, na, seggt de König, twee sünd hier al west. Denn maak dien Kiep mal apen.
O, do sünd de Fiegen je so schöön! Do sünd se noch heel veel schöner, as Hans ehr plückt hett.
De Königsdochter, de itt dar je 'n paar vun: do warrt se al arig wat beter. Un do itt se dar noch mehr vun: do is se ganz wedder gesund.
Ja, mien Jung, seggt de König, to'n Fru kannst du mien Dochter aver noch nich kriegen. Du mußt morrn fröh noch mal wedder kamen. Ik heff hier hunnert Hasen in'n Toorn, de mußt du höden. Un denn heff ik 'n Esel, dar mußt du op achteran rieden, achter de Hasen. Un wenn du ehr 'n ganzen Dag höden kannst, schaßt du mien Dochter hebben.
Darmit geiht Hans je weg, hen to Huus.
Na, fraagt de annern beiden, wo hett't gahn? Se meent je, he hett uk Prügels kregen.
O, ganz goot, seggt Hans. Aver ik schall morrn fröh wedder kamen un schall den König sien hunnert Hasen höden.
Ja, dar kriggst wull wat mit to doon, seggt se. Du kannst je nich mal de Swien höden.

Annern Morgen geiht Hans je wedder hen.
Do begegent de ool Mann em wedder.
Na, mien Söhn, seggt he, woneem wullt du hen?
Ja, de König will mi sien Dochter noch nich geben, seggt Hans. Ik schall em eerst sien hunnert Hasen enen Dag över höden un schall op 'n Esel achteran rieden. Aver dat kann ik je nich, seggt he.
Ja, seggt de ool Mann, dar laat 'n Kopp man nich üm hängen. Laat de Hasen man lopen, wo se wüllt. Sieh, hier hest du en Fleit, seggt he. Wenn du dar op fleiten deist, denn kaamt de Hasen all wedder op'n Dutt.
As Hans dar kümmt bi'n König, do warrt em sien hunnert Hasen rut tellt ut 'n Toorn. Un do bringt se em den Esel denn je, dar sett he sik op, un do ridd he na de Dreeschkoppel hen, wo he de hunnert Hasen höden schall.
As he dar kümmt, do is nich een Haas to höörn un to sehn.
Hans kriggt sien Fleit ut de Tasch un fleit: do sünd all de Hasen wedder dar.
De König un sien Fru un sien Dochter, de kiekt ut't Finster. Se wüllt je sehn, wo Hans dar mit to Gang kümmt, mit dat Hasenhöden. Aver Hans hett sien Hasen ümmer all wedder op' n Dutt.
Do seggt de König: Dat geiht mien Daag nich to'n Goden. De Bengel kriggt uns faat. Du mußt mal hengahn, seggt he to sien Dochter, un mußt sehn, wat du em kenen Hasen afköpen kannst. Denn hett he sien Hasen vunabend je nich all.
De Königsdochter treckt sik üm as en Buurdeern, un do kümmt se je bi Hans an mit ehr Kiep.
Mien Jung, seggt se, wullt du mi nich enen Hasen verköpen?
Nee, Deern, seggt he, verköpen do ik kenen. Aver wenn du mal mit mi achter'n Knick wullt, denn schaßt enen hebben.
O bewahrn, so 'n Bengel! Wat he wull meent! Nee, dat will se nich!
Ja, denn blifft dat na, seggt Hans.
Se will aver je doch so geern en Hasen hebben, un do denkt se toletzt: Hier is je wieder nümms, de dat sehn deit: denn mutt dat je all sienen Willen hebben; wenn du man en Hasen kriggst. Un do seggt se, ja, denn mutt se dat je man rein doon.

Se geiht je mit em. Un as se dar mit dör sünd, do kriggt Hans en Hasen faat un sett den in ehr Kiep. Un do geiht se je mit ehren Hasen af.
Se is man eerst half hen to Huus, do kriggt Hans sien Fleit her un fleit, un do wutscht de Haas ehr ut de Kiep herut un kümmt bi Hans wedder anlopen.
Nu mutt den König sien Fru je hen. De treckt sik uk je üm, as so'n ool Buurfru, un do will se em uk je 'n Hasen afköpen.
Nee, seggt he, verköpen deit he kenen. Aver wenn se sienen Esel 'n Kuß geben will, denn schall se 'n Hasen hebben.
Na, dat will se eerst je gar nicht, 'n olen Esel küssen! Aver se kann je nix mit den Bengel warrn un do denkt se toletzt: Mußt dat doch man doon. Hier is uk je wieder nümms, de dat sehn deit. Un do seggt se, ja, dat will se denn.
Do gifft se den olen Esel 'n Kuß. Un do kriggt Hans wedder 'n Hasen faat un sett em in ehr Kiep. Un se geiht dar je mit af.
Se is man eerst half hen to Huus, do kriggt Hans sien Fleit her un fleit, un wutsch! springt de Haas ehr ut de Kiep herut un kümmt op de Koppel wedder an.
Nu mutt de König je sülben hen.
He treckt sik üm as Jäger, un do kümmt he dar je an bi Hans.
O, mien Jung, seggt he, wat hest du hier eenmal 'n Schoof Hasen! Un ik bün den ganzen Dag op'e Jagd west un heff gar nich enen to sehn kregen. Du kunnst so goot wesen un verköpen mi enen. Ik will di em goot betahlen.
Nee, seggt Hans, verköpen deit he kenen. Aver wenn he sienen Esel dreemal verdweer un verdwaß dör de Futt licken will, denn kann he enen kriegen.
Na, dar will he je kortut nich ran toeerst. Aver wat is dar bi optostellen? Hans will dat je nich anners. Un do denkt he: Hier is je wieder nümms, de dat sehn deit: denn laat 't doon, wat 't will! Un do seggt he to Hans, ja, denn will he dat.
He buckt je an. Un do kriggt Hans em 'n Hasen in sien Jagdtasch. Un he geiht je mit sienen Hasen af.
He is noch nich half hen to Huus, do fleit Hans, un do neiht de Haas je wedder ut.
Nu warrt dat je Abend. Un do kümmt Hans je op sienen Esel

anrieden un hött all sien hunnert Hasen vör sik her. Un do warrt de Hasen je wedder rin tellt na'n Toorn: do sünd se dar all hunnert wedder.

So, Hans, seggt de König, dat hest du goot maakt. Aver mien Dochter kannst du doch noch nich kriegen. Du mußt morrn noch mal wedder kamen. Ik heff dree groot Säck neihn laten, seggt he, de mußt du eerst vull legen. Wenn du dat kannst, denn schaßt du mien Dochter hebben.

Na, Hans mutt je eerst so wedder weg.

Ünnerwegens begegent de ool Mann em wedder.

Na, Hans, seggt he, wat schaadt di? Du sühst je so benaut ut.

Ja, seggt Hans, so un so. Un do vertellt he em dat.

O, seggt de ool Mann, de dree Säck, de kriggst je licht vull lagen. Un do seggt he em Bescheed, wodennig as he dat maken schall.

Annern Morgen kümmt Hans je wedder an bi'n König.

Na, Hans, seggt de König, kannst du de dree Säck nu vull legen?

Ja, seggt Hans, aver de Königin un de Königsdochter, de mööt dar bi wesen, un de ganz Hoffstaat uk. De mööt dat all mit anhöörn, seggt he. Sünst geiht dat nich.

Ja, dat kann denn uk je angahn.

Nu warrt se je all op'n Dutt ropen. Un as se dar all sünd op'n Saal, do seggt de König: So, Hans, seggt he, hier hest du de dree Säck. Nu leeg man to, dat du ehr vull kriggst.

Ja, Herr König, seggt Hans, as ik gistern mien hunnert Hasen hödd op de Koppel – wahr is dat je nich, seggt he, ik schall je legen –, do kööm den König sien Dochter dar bi mi an un wull mi en Hasen afköpen. Se meen je recht, ik kenn ehr nich, aver ik kenn ehr ganz goot. Un do see ik to ehr, verköpen dö ik kenen, aver wenn se mal – –

Bind to, bind to, bind to! röppt de Königsdochter, de Sack is vull! Un darmit kriggt Hans den enen Sack her un bindt em to.

Ja, un naher, seggt Hans – wahr is dat je nich, seggt he, ik schall je legen –, do kööm den König sien Fru, de wull mi uk en Hasen afköpen. Se meen je recht, ik kenn ehr nich, aver ik kenn ehr ganz goot. Do see ik to ehr, verköpen dö ik kenen, aver wenn se mienen Esel – –

Bind to, bind to, bind to! röppt de Königin, de Sack is vull! Un darmit bindt Hans den tweten Sack to.
Ja, un toletzt, seggt Hans – wahr is dat je nich, ik schall je legen, seggt he –, do kööm de König sülben un wull mi uk'n Hasen afköpen. De meen uk je recht, ik kenn em nich, aver ik kenn em ganz goot. Do see ik to em, verköpen dö ik kenen, aver wenn he mienen Esel – –
Bind to, bind to, bind to! röppt de König, de Sack is vull! Un darmit bindt Hans den drüdden Sack uk to.
Nu hett Hans je all dreeSäck vull lagen hatt. Un do hett he den König sien Dochter to'n Fru kregen un is König worrn.

44. Fritz un de Prinzessin

Fritz vun Preußen hett sik verheiraden wullt un hett de östreichsch Prinzessin hebben wullt. Un do schrifft he ehr 'n Andragsbreef hen.
Do schrifft se em wedder, so'n pover Land as Preußen, dar freet se je nix as solten Hering, dar bedankt se sik för.
Na, dar warrt he je narrsch över, un do denkt he: Tööf, dat Fruunsminsch schaßt dat aflehrn! De schaßt dat solten Hering freten trüch betahlen!
He treckt sik an as Jäger, un do seggt he to sien Mudder, he will in'e Frömm un will en beten Ünnerscheed lehren. Un do reist he je af.
Ünnerwegens kümmt he dör'n groot Holt, un dar verbiestert he in.
Do kümmt dar 'n ool Fru angahn, de fraagt he, wat se em nich trecht wiesen kann, dat he wedder op'n rechten Weg kümmt.
Ja, seggt se, dat kann se, se weet dar Bescheed. Aver denn schall he ehr eerst 'n lütten Gefallen doon. En beten bet lang, seggt se, wo he her kamen is, dar in't Gebüsch, dar is 'n Felsen, de deit sik de un de Stunn apen. Un wenn he sik apen deit, denn schall he dar rin gahn un halen ehr dar 'n lütten Kassen herut. He mutt dar aver flink bi wesen, seggt se. Dat duurt man enen Ogenblick, denn deit de Felsen sik wedder to. Un wenn he denn

noch nich rut is, denn blifft he dar in besitten. He schall man foort hen gahn – de Tiet is gliek üm –, denn will se dar so lang op em luurn.
He geiht je hen na den Felsen. Un he is je flink west, as so'n Königssöhn is: he as'n Blitz dar herin, grippt den Kassen an, un dat as'n Blitz wedder rut. Un so as he rut is, sleit de Felsen wedder to, un de Spitz vun sienen Rockslippen blifft dar noch twischen besitten.
He nimmt sien Meß un snidd den Slippen af.
Nu is he je nielig, wat dar wull in is, in den Kassen, un he maakt den Kassen apen. Do liggt dar en Büdel in, un dar schient wat blanks herut. He treckt den Büdel en beten bet apen: do is dar en gollen Sünn in un en gollen Maan un en gollen Steern. He stickt den Büdel gau in de Tasch. Un do nimmt he den leddigen Kassen ünner'n Arm un bringt de ool Fru den hen. Un se bedankt sik – se meent je, dat is dar noch all in –, un do wiest se em trecht, un he geiht wieder. Un do reist he je na 'n östreichschen Hoff hen.
Nu is he en smucken Keerl west, un fein in Tüüch is he uk je west, un do nimmt de östreichsch Kaiser em an as Jäger.
He is dar wull so wat en Viddeljahrstiet west – dat Jägerhuus hett graad gegen de Prinzessin ehr Finstern över legen –, do kriggt he mal enen Abend den gollen Steern herut un hängt den vör sien Finster hen.
De Steern, de schient so dull, dat de ganz Sloßplatz dar hell vun is. Un do warrt de Prinzessin den Steern je wahr.
Se schickt ehr Kamerjümfer heröver, wat he ehr den gollen Steern nich verköpen will.
Nee, seggt he, verköpen will he em nich. Aver wenn de Prinzessin mal en Nacht bi em slapen will, denn schall se den Steern hebben.
De Kamerjümfer kümmt je bi de Prinzessin wedder an.
Na, wat seggt he?
Ja, seggt se, Se künnt em kriegen. Aver Se schüllt en Nacht bi em slapen.
O, seggt se, denn gah man hen un fraag em, wat du dat nich för mi afmaken kunnst.

De Kamerjümfer geiht wedder röver un bestellt dat je: wat se dat nich för de Prinzessin afmaken kunn.
Ja, dat mutt denn mal so gahn, seggt he.
Na, woneer as se denn kamen schall.
Ja, Klock tein schall se man kamen.
As de Klock tein is, do geiht se denn je hen. He sitt an sienen Schrievdisch un is bi to schrieben.
Guun Abend, seggt se, de Klock is tein, ik bün nu hier.
Na, du büst dat, de Kamerjümfer, de bi mi slapen will? Ja, denn treck di man ut. Mien Bett steiht dar. Ik heff noch 'n beten to schrieben.
Se treckt sik ut un geiht to Bett un luurt je, he schall uk kamen.
He kehrt sik aver gar narms an, he blifft bi sien Schrieben.
Na'n Halfstunnstiet geiht he uk to Bett. He kriggt aver sien Gewehr vun'n Nagel un leggt dat twischen sik un ehr.
So, mien Deern, seggt he, de eerst, de dar heröver kümmt, de kriggt 'n Kugel.
So liggt se beid un slaapt, un slaapt bet morgens to. Un do gifft he ehr den gollen Steern mit.
Na, fraagt de Prinzessin, wo hett't denn gahn?
Ja, so un so, seggt se, un vertellt ehr dat je all rein weg.
Annern Abend hängt he den gollen Maan vör't Finster, un de schient je noch veel duller.
Do schickt se ehr Kamerjümfer wedder röver, wat he ehr den gollen Maan nich verköpen will.
Nee, seggt he, verköpen will he em nich. Aver wenn de Prinzessin 'n Nacht bi em slapen will, denn kann se 'n kriegen.
De Kamerjümfer bestellt dat je, un do mutt se je wedder hen un fragen, wat se dat nich för ehr afmaken kunn.
Ja, egentlich nich, seggt he. Aver denn laat't so wesen! Denn schall se Klock tein man kamen.
Se stellt sik je wedder in. Un do geiht't wedder graad ebenso as dat eerst Mal. He leggt wedder dat Gewehr twischen sik un ehr, un so slaapt se beid bet morgens to. Un do gifft he ehr den gollen Maan mit. Un de Prinzessin freit sik dar je bannig to.
Den drüdden Abend hängt he aver de gollen Sünn herut, un de schient je noch heel veel duller as de Maan.

Do schickt se de Kamerjümfer je wedder röver, wat he ehr de gollen Sünn nich verköpen will.
Nee, verköpen will he ehr nich. Aver wenn de Prinzessin en Nacht bi em slapen will, denn schall se de gollen Sünn hebben.
De Kamerjümfer kümmt je to'n tweten Mal, wat se dat nich för de Prinzessin afmaken kunn.
Nee, seggt he, dit Tour nich. De Prinzessin mutt sülben kamen. Sünst kriggt se se nich.
De Kamerjümfer kümmt noch to'n drüdden Mal: de Prinzessin wull de gollen Sünn so geern hebben, he schull se ehr doch kriegen laten; aver sülben kunn se doch unmööglich kamen.
Ja, denn mutt se dat nalaten, seggt he.
Na, wat is dar bi optostellen? Se will de gollen Sünn je so geern hebben: se geiht sülben hen.
Guun Abend, seggt se.
Guun Abend, seggt he. Ja, mien Bett steiht dar. Denn trecken Se sik man ut.
Se treckt sik ut un geiht to Bett. Un as se to Bett is, do smitt he sien Schrieveri an de Siet, un dat bi ehr herin to Bett, lött dat Gewehr aver an de Wand hängen.
Annern Morgen, do gifft he ehr de gollen Sünn mit. Un do hebbt se denn je beid ehren Willen kregen.
De Tiet geiht hen, as de Wind hen weiht, un dat bargt bi ehr, un se schall in Wuchen. Do kümmt se mal enen Abend bi em an: ja, wat wüllt wi nu opstellen? seggt se. Nu schall ik en Kind hebben vun di.
O, seggt he, dar is je wieder nix bi los. Wi kaamt bi un neiht bi Nacht un Nevel ut.
Ja, dat mööt wi uk, seggt se. Mien Vadder, dat's so'n bösen Keerl: wenn de dar achter kümmt, de schickt mi in't Klooster, un dar kaam ik denn all mien Daag nich wedder rut.
Ja, seggt he, denn pack dien beten Tüüch un Kraam, wat du mithebben wullt, dat knütt di man in en Dook, un denn kumm hier morrn Abend Klock tein man her: denn kniept wi ut. De Sünn un den Maan un den Steern kannst du mi morrn fröh man wedder röver schicken.
Na, annern Abend Klock tein, do kümmt se je mit ehrn lütten

Bünnel bi em an. Un do maakt se sik je ut'n Smook, de beiden.
Nu gaht se Nacht un Dag, dat se vun dat östreichsch Verbeet man eerst heraf kaamt. De Kaiser schickt allerwegens Ornanzen rüm, de schüllt ehr wedder faat kriegen. Aver de draapt ehr nich. De Rüters kaamt all so wedder to Huus, hebbt keen Spoor vun ehr funnen.
Se hebbt al mehr Daag reist: ja, wat nu? seggt he. Nu warrt uns dat Geld knapp. Aver du hest je noch fein Tüüch an: dat mööt wi man ümsetten bi'n Juden, dar künnt wi je noch 'n paar Daler för bören.
Nu kriggt se je al ool leeg Tüüch an, vun'n Juden.
Se hebbt wedder 'n paar Daag reist: ja, nu is uns' Geld al wedder all. Wat wüllt wi nu opstellen? Na, seggt he, ik will di wat seggen. Wi draapt glick 'n Stadt, un denn wüllt wi fechten.
O, o, o, o! seggt se.
Ja, dat helpt nich, seggt he. To leben mööt wi wat hebben.
Nu kaamt se denn je in de Stadt. So, seggt he, nu gah du de Straat man lang, un denn gah man in all de Hüser vör. Ik nehm diss Straat. Un denn, bi'n Door, dar draapt wi uns, dar töövst du denn op mi.
He geiht je vun ehr af un geiht na'n Weertshuus herin, dar lött he sik örntlich wat to leben geben. Un do geiht he bi'n Bäcker vör, dar köfft he 'n Veergroschensbroot, dat lött he all in Stükken snieden, un dat bindt he in'n Dook.
Nu kümmt he je bi'n Door an. Do sitt se op'n Steen un weent.
Na, seggt he, hest nix kregen?
Nee, seggt se, fechten – dat kann un kann ik nich.
Ja, denn büst je wull hungerig?
Ja, wat wull ik nich!
Do gifft he ehr 'n paar Sneed Broot ut sienen Dook, dröög Broot, un dar drinkt se Water to, ut 'n Watergraben. Un so geiht dat den ganzen Dag foort.
As se wedder 'n paar Daag reist hebbt, do draapt se wedder 'n Stadt. So, seggt he, nu geihst du de Straat lingelang, un denn draapt wi uns wedder bi'n Door. Dar settst du di dal un töövst, bet ik kaam. Un do kehrt he wedder in 'n Weertshuus an un lött

sik dar wat to eten geben. Un do geiht he bi'n Bäcker vör un köfft wedder 'n Broot, aver en Tweegroschensbroot man.
As he dunn bi'n Door kümmt, do sitt se dar un lacht. Do hett se en ganzen Schoot vull, Semmeln un Wust un Kees un Fleesch.
Na, sühst du wull? seggt he.
Ja, seggt se, de Lüüd hebbt mi all wat geben.
Do nimmt he al en Semmel ut ehr Schört un itt em op. Süh, seggt he, mi hebbt de Lüüd man ümmer groff Broot geben.
Nu reist se je wieder, un do kaamt se toletzt je na Berlin. Un dar hüürt se sik so'n lütt Kellerwahnung.
So, seggt he, nu mutt ik sehn, dat ik Arbeit krieg. Ik bün en Muurmann vun Profeschon.
He geiht je weg un geiht na'n Sloß. Un na en Tietlang kümmt he wedder: ja, ik heff Arbeit kregen, ik schall op'n Sloß arbeiden. Ik krieg twölf Groschen daags.
Na, dat is man goot, seggt se.
Nu geiht he morgens je ümmer weg in sien Muurmannstüüch, un abends kümmt he eerst wedder. Un denn bringt he ehr sien Daglohn je ümmer mit to Huus. Den Dag över is he aver ümmer op'n Sloß, bi sien Mudder – de hett he dat je vertellt – un leevt dar je as Prinz.
Se hebbt dar en Achtdaagstiet tosam'n wahnt: ja, seggt he, du schußt uk egentlich 'n beten mit toverdenen. Wi mööt je na dissen en Weeg anschaffen un Küssens un Kinnertüüch; dar höört all Geld to.
Ja, seggt se, wo schall ik man wat mit verdenen?
O, seggt he, du kannst je en beten hökern. Du kunnst je en beten Steentüüch verköpen, Fööt un Schalen un Töllern un allerhand so'n Puttscharnkraam.
Ja, seggt se, ik heff je man nix.
O, ik will di wat besorgen, seggt he.
Annern Abend, do kümmt dar en Mann an, de bringt en groot Kiep vull Steentüüch. Se wischt den Stoff je af, un he helpt ehr mit. Un do sett se dat je vör de Finstern. Un'n annern Dag lött he 't in't Wuchenblatt bekannt maken.
Do kaamt je so veel Lüüd an, de wat köpen doot: se hett gar nich mal so veel Tiet, dat se sik en beten Meddag kaken kann.

As he abends to Huus kümmt, na, seggt he, wo is't? Hest wat böört?

Ja, seggt se, denk mal an, ik heff't all verköfft.

Na, sühst du wull? seggt he. Heff ik di dat nich seggt?

Ja, seggt se, dat geiht schöön! Harr ik man mehr hatt!

O, seggt he, mehr schaßt wull kriegen.

Annern Dag kümmt dar een mit twee groot Kiepen vull. Do geiht dat Verköpen je vun frischen wedder los. Un as he abends to Huus kümmt, is't all wedder weg.

Na, seggt he, dat geiht je bannig. Denn wüllt wi wull to Gang kamen. Aver nu wüllt wi feiner Saken nehmen, seggt he. Ik will di so'n Porzellaankraam besorgen, so'n Kümm un witt Töllern un Teetassen un so wat. Dat bringt je noch mehr.

Annern Dag kaamt dar veer groot Kissen vull an. Un se wischt un putzt dat je all rein un sett dat vör de Finstern hen.

Se is dar eben mit trecht, do kaamt dar söß duun Suldaten an, de kaamt de Tripp hendal pultern un riet ehr dat all heraf vun de Finstern un smiet dat an de Eer un peddt dat all kort un kleen. Un do gaht se wedder af.

Abends kümmt he je to Huus: do sitt se in de Stuuv un weent un hett gar keen Abendskost trecht för em. Un he is dar mang de Puttscharen to pedden.

Mein Gott, seggt he, wat's hier los west?

Ja, seggt se, hier kömen vun den König sien Suldaten, de weern duun, de hebbt mi dat all twei smeten un twei peddt.

Och, Gott, seggt he, denn geiht dat Hökern uk je nich. Denn laat't man betemen.

Dat duurt 'n acht Daag – se hett je nix üm Hand –, do list he ehr ut't Wuchenblatt vör, dar schall 'n lütt Weertshuus verpacht warrn. Wat seggst du dar to, seggt he, wüllt wi uns dat pachen?

Ja, seggt se, dar kunnen wi uns je männichmal noch 'n Groschen herut arbeiden.

Na, he pacht dat. Un abends bringt he 'n paar Keerls mit, de mööt em mit ümtrecken helpen na dat Weertshuus hen. Un he köfft je Brammwien un Rum un Kraam in, dat sien Fru wat in't Schenkschapp kriggt.

As he den eersten Abend to Huus kümmt, do leggt se em al 'n Barg Geld op'n Disch, wat se den Dag över böört hett.
Sühst du wull? seggt he. Kiek, nu kaamt wi to Gang. Nu schall 't wull gahn. Un he schafft je noch ümmer mehr an, dat se ehr ganz Schenkschapp vull hett.
Dat geiht en Achtdaagstiet goot, do mal enen Morgen – he is al op Arbeit –, do kaamt dar en ganz Kumpani Suldaten herin, de laat sik dar dal un fangt dar en Drinken an. Se mutt je ümmerlos inschenken un inschenken. Aver betahlen doot se nich. Un as se wat in'n Kopp hebbt, do warrt se dar singen un jöhlen un gaht to as de Wilden. Toletzt, do warrt se al so driest: do kriegt se sik de Buddels al sülben ut't Schenkschapp un suupt al ut'n Buddel. Un as se ehr dat all utsapen hebbt, do tummelt se so weg: se hett nich enen Groschen to sehn kregen.
Nu kümmt he je to Huus abends, un do sitt se in de Eck un weent.
Na, seggt he, wat is hier denn los west?
Ja, seggt se, dar kömen vun den König sien Suldaten, un de hebbt mi 't all utsapen. Un betahlt hebbt se nich.
Hebbt se di denn uk wat daan? seggt he.
Nee, seggt se, mi hebbt se nix daan. Se hebbt mi ümmer hooch titeleert.
Ja, seggt he, denn laat 't man all na. Dar kümmt nix na rut. Na de Hökeri kööm nix na rut, un mit de Krögeri, dat geiht uk nich. Wahr dien Kaken man, dat du en beten Meddag kriggst, un wenn ik to Huus kaam, dat du denn en beten Abendskost op'n Disch hest. Na dat Toverdenen, dar kümmt doch nix na rut.
Dat duurt en acht, veertein Daag: ja, seggt he, du schußt doch egentlich 'n beten mit verdenen.
Ja, wo schall ik man wat mit verdenen?
Jă, seggt he, de Kock hett mi seggt, he wull en Schöttelwaschersch hebben op'n Sloß. De Schöttelwaschersch, de dar west is, de hett dat all nich rein wuschen, un nu hett he de wegjaagt.
Ja, seggt se, dat do ik geern.
Ja, seggt he, denn gah morrn fröh Klock acht man hen.

Annern Morgen fangt se ehren Deenst denn je an as Schöttel-waschersch un kriggt uk goden Daglohn.
Se hett al en paar Daag opwuschen, do kümmt he abends to Huus: hest nich en beten mitbröcht?
Ja, wat schull ik mitbringen?
Gott bewahrn, seggt he, du hest sülvern Lepels un all dar in Hänn, dar kunnst doch 'n beten vun mitbringen!
Ja, wo schull ik dat laten?
O, dar neih di man 'n Flicken binnen in dienen Klederrock, dar stick dat man in.
As he abends to Huus kümmt: na, hest 'n beten mitbröcht?
Ja, enen heff ik.
O, dat is je nix! Mußt je mehr mitnehmen!
Annern Abend: na, wo veel hest nu mitbröcht?
Ja, nu heff ik al twee.
Och, dat sleit noch nich an. Wi schüllt Weeg un Küssens un all hebben. Wo wüllt wi dar bikamen?
Den drüdden Abend hett se al dree, un den veerten Abend hett se al veer, un so bet söß Lepels.
Ja, seggt he, nu will ik di wat seggen. Morrn is dar 'n groten Gala op'n Sloß, denn kriggst du doch wat in Hänn. Neih di man noch enen Flicken in dienen Rock, dat du örntlich wat laten kannst.
Se will eerst nich recht. Do rittt he ehr 'n Flicken af. Sich so, seggt he, dat's 'n düchtigen Flicken, den neih di man op'e anner Siet in.
Se riegelt em je an, den Flicken, un 'n annern Morgen geiht se je wedder na'n Schöttelwaschen.
Do kriggt se so veel Sülver- un Goldgeschirr in Hänn, un se stickt sik je beid Pasen pruppenvull.
Do mit'n Mal, do kümmt de Prinz na de Köök herin un will ehr halen to'n Danzen.
Se will je kortut nich mit em – se hett ehren Mann je nich kennt in sienen Prinzenantog –, aver dat helpt nich. He kriggt ehr bi'n Wickel, un dat mit ehr los, na'n Saal herin. Un all de annern Herrn, de Ministers un Generals, de hoolt all op vun danzen, un he huult mit de Schöttelwaschersch alleen in'n Saal

herüm. Un bi dat dull Danzen ritt de Flickens je af, un all dat Gold- un Sülvergeschirr fallt dar hen in'n Saal. Un de Lüüd slaat sik je all in'e Hänn un lacht. Un se schaamt sik je so dull: se beswöögt sik.
As se sik wedder besinnen deit, do liggt se in so'n fein Stuuv op'n Bett, un den Prinzen sien Mudder steiht bi ehr, un de fraagt ehr, wat se den Herrn wull kennt hett, wo se mit danzt hett.
Nee, seggt se, den hett se nich kennt.
Ja, dat is ehr Mann west.
Nee, seggt se, ehr Mann is dat nich west.
Ja, denn wüllt se em mal rinkamen laten.
Se röppt den Prinzen je herin.
Nee, seggt se, dat is ehr Mann nich. Ehr Mann is en Muurmann.
Do geiht he wedder rut un treckt sien Muurmannstüüch an. Un do kümmt he as Muurmann wedder rin.
Ja, seggt se, dat is ehr Mann. Den annern kennt se nich.
Do mutt he bi, vör ehrn Ogen, un trecken dat anner Tüüch wedder an, dat Prinzentüüch. Do is ehr Mann dat je doch west.
So, mien Deern, seggt he, nu büst je wull kureert. Ik bün de Prinz vun Preußen, un du büst mien Fru. Ik wull di blot dien överdönig Woort trüch betahlen vun ›solten Hering freten‹. Un nu vergeev mi dat, wat ik an di daan heff.
Ja, seggt se, dat vergeev ik di geern. Ik bün nix beters weert west. Aver denn vergeev du mi nu uk, dat ik so 'n spöttschen Breef an di schreben heff.
Ja, seggt he, dat is nu all ut de Welt. Un nu wüllt wi eerst Hochtiet geben tosamen. Dar is betherto je noch nix vun worden.
Ja, seggt se, mien Vadder un Mudder, de mööt uk doch her.
Ja, dat schüllt se uk, seggt he.
Do warrt de Hochtiet noch en acht Daag opstütt. Un do kaamt ehr Ooln je, de östreichsch Kaiser un sien Fru, un do is dat je all will un wull. Un do is de Hochtiet denn je worden. Un de Hochtiet hett acht Daag duurt.

45. Vagel Fenus

Dar is mal 'n König west, de is so krank west.
Do dröömt em mal 's Nachts, wenn he den Vagel Fenus singen höört, denn warrt he wedder beter.
He swiggt dar eerst noch vun still, vun sienen Droom. Em dröömt dat aver ümmer wedder, dree Nacht ünner Rad, un do vertellt he dat toletzt.
Do seggt de öllst Söhn – dree Söhns hett he hatt –, de seggt: Ja, Vadder, denn will ik los un will den Vagel Fenus söken.
Ja, mien Söhn, seggt de König, dat do denn man. Dar kunn je männichmal wat an wesen.
Na, he kriggt 'n Barg Reisgeld mit un reist je af.
As he 'n Tietlang reist hett, do dröppt he 'n Weertshuus an de Landstraat, dar warrt graad wat to danzen. Un as he dat Juchen un Hopphein höört, do kehrt he dar an. Un dat gefallt em dar so bi de lustigen Bröder: he vergitt den Vagel Fenus un blifft dar in dat Weertshuus. Un drinkt un speelt un trakteert de annern, bet sien Geld all is.
As he nu gar nich wedder to Huus kümmt, un de König warrt vun Dag to Dag leger, do seggt de tweet Söhn, denn will he dar mal up af, wat he den Vagel Fenus nich finnen kann.
He kriggt uk 'n Barg Geld mit un kümmt den sülvigen Weg. Un kehrt uk in dat sülvig Weertshuus an.
Do geiht dat lustig Leben je wedder los – he bringt je frisch Geld –, un do swutscht se dar wedder so lang, bet se den sien Geld uk hendör hebbt.
Nu kümmt de tweet Söhn uk je nich wedder, un de König warrt ümmer leger: do seggt de jüngst Söhn – de hett Hans heten, de is so'n beten tumpig west –, de seggt do: Ja, Vadder, seggt he, denn will ik dar mal up af, wat ik den Vagel Fenus nich finnen kann.
Och, Jung, seggt de Ool, wat schull dat bedüden? Bliev du man to Huus. Dien beiden Bröder hebbt den Vagel Fenus nich funnen: du finnst em eerst recht nich.
Ja, Vadder, seggt he, du büst so leeg: ik will 't doch mal versöken.

De Ool will dar je nix vun weten. Aver Hans höllt keen Freed, he reist af. Reisgeld kriggt he aver nich mit. Dat 's je wegsmeten Geld, seggt de Ool. He mutt so weg.
He kümmt den sülvigen Weg as sien beiden Bröder un kümmt uk bi dat sülvig Weertshuus.
Süh, seggt se een to'n annern, dar kümmt uns' Broder Hans her, de bringt je frisch Geld.
Se kaamt herut: he schall doch mit rin kamen un geben enen ut. Se hebbt je al up'n Drögen seten.
Nee, seggt Hans, mit rin kamen deit he nich. He hett uk gar keen Geld.
Och, du Tumpbüdel! seggt se. Denn holl di man jo nich up! Denn sett di man af! Un darmit laat se em lopen un gaht wedder rin.
Hans reist je wieder. Wat to leben mutt he sik bidden. He hett je nix.
Nu höört he sik je allerwegens üm un fröggt hier un fröggt dar, aver nee: keen Minsch kann em seggen, wo de Vagel Fenus to finnen is. Toletzt, do kümmt he vör so'n ganz ool Stadt, dar hebbt gar keen Minschen in wahnt. Dar dröppt he so'n ool Fru vör'n Door, de fröggt he uk, wat se dat nich weet, wo de Vagel Fenus is.
Ja, mien Jung, seggt de ool Fru, dat kann ik di seggen. De Vagel Fenus is hier in de Stadt. Dat höllt aver swaar, dat du em kriggst. Wo veel sünd hier nich al kamen, de em hebbt halen wullt! Aver keeneen hett em kregen.
Ja, dat's enen Doont, seggt Hans, denn mutt ik em hebben.
Ja, seggt de ool Fru, denn gah hier nu man rin na de Stadt. Un denn geihst du so wiet, bet du vör dat ool Sloß kümmst. Vör'n Sloß, dar steiht en Schildwach, de fraag man af. De kann di denn neger Bescheed seggen.
As Hans bi'n Sloß kümmt, ja, seggt de Schildwach, de Vagel Fenus is hier in'n Sloß. Dat höllt aver heel swaar, dat du em kriggst. Eerst kümmst du in'n Stuuv, dar steiht en Esel. Un in de tweet Stuuv, dar steiht en Disch; dar liggt en Broot up un en Sweert. Un in de drüdd Stuuv, dar steiht en Bett. Dar liggt en Prinzessin in, de is verwünscht un slöppt, de slöppt al dusend

Jahr. Un dar, in de drüdd Stuuv, dar is uk de Vagel Fenus. De sitt in'n Buur, un de Buur hängt ünner'n Böhn. Hool di aver jo nich up un laat de Prinzessin slapen. Nimm de Buur mit den Vagel, un denn dat Broot un dat Sweert, un denn den Esel, un denn maak, dat du ut'n Sloß herut kümmst. De Esel, de schreet dreemal. Un wenn he to'n drüdden Mal schreet, un du sittst dar denn noch nich up, denn büst du verlaren.

Na, he geiht dar je rin na'n Sloß un findt dat uk all so, as de Schildwach to em seggt hett. In de eerst Stuuv, dar steiht de Esel. Un in de tweet Stuuv steiht de Disch, un up den Disch liggt dat Broot un dat Sweert. Un in de drüdd Stuuv, dar steiht dat Bett, un in dat Bett liggt de Prinzessin un slöppt. Un ünner'n Böhn hängt de Buur mit den Vagel Fenus.

As he de Prinzessin dar liggen süht, do is se so schöön. Un all, wat de Schildwach to em seggt hett, dat sleit he in'n Wind un geiht bi ehr to Bett.

Nu is se aver ganz in Linnen beneiht west.

He kriggt sien Meß her un snitt sik op een Steed en lütten Flikken ut, den stickt he in de Tasch.

As he 'n beten bi ehr slapen hett – *se* is dar aver gar nich vun upwaakt, se is ümmer fast in Slaap bleben –, do steiht he wedder up. Un do söcht he sik 'n lütten Zeddel her, dar schrifft he up, wo he heten deit un wo he hen höört, dat he den un den König sienen Söhn is. Un den Zeddel stickt he ünner'n Disch in so'n lütt Ritz.

Do hööрt he den Esel schreen.

He ritt sik een twee dree de Buur heraf mit den Vagel, un in de tweet Stuuv, dar grippt he dat Broot an un dat Sweert – do schreet de Esel to 'n tweten Mal –, un in de drüdd Stuuv, dar kriggt he den Esel bi 'n Kopp, un dat mit em rut, un do den Been över. Do schreet de Esel to 'n drüdden Mal. Do sitt he dar aver uk al up.

Nu reist he je wedder trüch mit all sienen Kraam, will je wedder hen to Huus.

Ünnerwegens dröppt he twee Völker, de sünd in Krieg tosamen. Un dat een Volk verspeelt ümmerlos.

Do fröggt he den Hauptmann, wo dat vun kümmt, dat se ümmerlos verspelen doot.

Ja, seggt de Hauptmann, se sünd so flau, se hebbt nix mehr to leben.
Do gifft he em dat Broot, wat he mitnahmen hett. Dar schüllt se man vun eten, seggt he.
Ja, seggt de Hauptmann, wat dat verslagen deit, een Broot för so veel Mann.
Ja, seggt he, se schüllt man eerstmal bigahn to snieden.
Do künnt se ümmerlos snieden: dat Broot warrt gar nich all. Un se warrt dar all satt vun. Un as se satt sünd, do geiht de Krieg wedder los. Un do winnt se.
Do fröggt de Hauptmann em, wat he darför hebben will, för dat Broot.
Dar will he gar nix för hebben, seggt he. Aver üm fiev Jahr, up den un den Dag, denn schüllt se dat Broot mit twintigdusend Mann wedder aflevern, in de un de Stadt.
Darmit reist he wieder.
Na en Tietlang dröppt he wedder twee Völker, de sünd uk in Krieg tosamen. Un dat een Volk verspeelt ümmerlos.
Do fröggt he den Hauptmann, wo dat togeiht, dat se ümmerlos verspeeln doot.
Ja, seggt de Hauptmann, dat anner Volk hett scharper Sweerter as se.
Do seggt he to den Hauptmann, denn will he ehr sien Sweert geben.
Ja, war dat verslagen schall, seggt de Hauptmann, een Sweert för so veel Mann.
Ja, seggt he, se schüllt dat man eerst mal versöken.
Do versöökt se dat, un do fallt up jeden Slag söben Köpp. Un dat duurt nich so lang, do hebbt se wunnen.
Do fröggt de Hauptmann em, wat he darför hebben will, för dat Sweert.
Dar will he gar nix för hebben, seggt he. Aver üm fiev Jahr, up den un den Dag, denn schüllt se dat Sweert mit twintigdusend Mann wedder aflevern, in de un de Stadt.
Nu hett he de uk je holpen, un do reist he wieder.
As he bi dat Weertshuus vörbi kümmt, wo sien beiden Bröder besitten bleben sünd, un se warrt em wahr, dat he de Buur hett

mit den Vagel Fenus, do kaamt se rut un nehmt em de Buur mit den Vagel af. Un he mutt sik verheten un ehr tosweern, dat he ehr nich verraden will, un dat he dar keen Woort vun seggen will, dat se em den Vagel Fenus afnahmen hebbt. Un do laat se em stahn un reist mit den Vagel Fenus hen to Huus. Un dar seggt se to ehren Vadder, dat se den Vagel Fenus haalt hebbt. Vun Hans, dar warrt gar nich wieder vun nöömt. Un de König, as de em singen hööрt, den Vagel Fenus, do is he gesund un munter.

Hans, de weet eerst gar nich, wo he hen schall. Dat he sienen Vadder dat all vertellt to Huus, wo sien beiden Bröder dat bi em maakt hebbt, dat geiht je nich. He hett ehr dat je toswaren, he wull ehr nich verraden. Un so mit sien Bröder tosamen los leben, dat kann he uk nich. Denn schall he ümmer so beern, as wenn nix passeert is, un schall sik noch utlachen laten to vun ehr, dat will he nich. So wiet will je sik nich weg smieten. Lever will he denen, bet sien Tiet kümmt. Un do reist he wedder hen to Huus, un dar vermeedt he sik in'n Sloß as Kökenjung.

Nu hett he je bi de Prinzessin slapen, un darmit is se erlööst west vun ehren dusendjöhrigen Slaap un is upwaakt. Do is he aver je al weg west.

Do meent se eerst, ehr hett dat man so dröömt, dat dar een bi ehr slapen hett. Aver do warrt se dat Lock je wahr in ehr Hemd, un de Vagel Fenus is uk je weg. Un do weet se je, dar mutt doch een bi ehr west hebben. Un do steiht se up un treckt sik an un leevt dar so los in'n Sloß.

Na verlopen Tiet, do kriggt se 'n lütten Jung. Se weet aver je gar nich, wo se dat Kind vun hett.

De Jung is so wat 'n Jahre veer oolt, do krüppt he mal bi sien Mudder so an de Eer herüm – dat doot se je geern mit, so 'n Kinner –, un krüppt ünner'n Disch, un do seggt he: Mama, Papier! Se kickt to: do hett he so'n lütten Zeddel in de Hand. Se nimmt em den Zeddel af un list dat, un do weet se je Bescheed, wokeen as dat west is, de bi ehr slapen hett. Un do will se dar je hen un will em nasöken. Dat Kind mutt je 'n Vadder hebben.

Do kriggt se Order vun de beiden Völker, de un de Königssöhn

hett ehr vör fiev Jahr 'n Broot un 'n Sweert lehnt, un dat wüllt se up den un den Dag mit veertigdusend Mann wedder aflevern. Denn wüllt se bi ehr vörkamen, un se schall denn mit un schall dat Kommando hebben.
Nu is de Tiet je üm, un do rückt dar veertigdusend Mann vör de Stadt. De Prinzessin is to Peerd west. Un ehrn lütten Jung hett se uk bi sik hatt.
De König, as de all de Suldaten süht, de weet je gar nich, wat dat to bedüden hett.
Do kümmt dar Order, de König schall den herut schicken, de den Vagel Fenus haalt hett.
Do seggt de König to sienen öllsten Söhn, he schall hen rieden.
Nu is dar 'n Brüch west vör de Stadt, dar hett de Prinzessin en Samtdeek över leggen laten.
As de öllst Söhn nu anrieden kümmt, do ridd he blang bi de Samtdeek lang.
Do fröggt de lütt Jung: Mama, ist das mein Papa?
Nein, mein Kind, seggt se, das kann dein Papa nicht sein. Der hat keine Courage, über die Samtdecke zu reiten.
Nu kümmt he dar je anrieden bi de Prinzessin, un do fröggt se em: Büst du dat, de den Vagel Fenus haalt hett?
Ja, seggt he. – Wat wieder? – Wieder nix.
Sofort zurück! seggt se. De König schall den schicken, de den Vagel Fenus haalt hett, oder em warrt de Stadt in Dutt schaten.
Do mutt de tweet Söhn je hen. De ridd uk bi de Samtdeek lang.
Do seggt de lütt Jung wedder: Mama, ist das mein Papa?
Nein, mein Kind, seggt se, das kann dein Papa nicht sein. Der hat keine Courage, über die Samtdecke zu reiten.
As he bi ehr kümmt, do fröggt se wedder: Büst du dat, de den Vagel Fenus haalt hett?
Ja, seggt he. – Wat wieder? – Wieder nix.
Sofort zurück! seggt se. De König schall den schicken, de den Vagel Fenus haalt hett, oder em warrt de Stadt in Dutt schaten.
Nu is de König je in de gröttst Noot un weet je gar nich, wat he

upstellen schall. Un do lett he utgahn, de em sien Stadt redden kann, de schall na sienen Dood König warden.
Do seggt Hans – de is je Kökenjung west – de seggt dunn to den Kock, he will hen un will de Stadt redden.
Dumm Jung, seggt de Kock, wat kümmt di in'n Sinn? De beiden Prinzen hebbt de Stadt nich redden kunnt, un de hebbt je doch den Vagel Fenus haalt: wo schußt du dat denn wull künnen! Sett di doch so wat nich in'n Kopp.
De Noot warrt aver ümmer grötter – dat Bummerderen schall al los gahn –, un do lett de Kock em gahn toletzt.
Hans geiht hen na 'n König – de meent je, dat is de Kökenjung – un seggt to em, he will de Stadt redden.
De König weet sik je anners nich to raden: he lett em 'n Peerd sadeln. Un do ridd Hans je herut ut de Stadt.
As he vör de Brüch kümmt, do ridd he graad över de Samtdeek röver, dat de Palten darvun fleegt.
Do seggt de lütt Jung wedder: Mama, ist das mein Papa?
Ja, mein Kind, seggt se, das muß dein Papa sein. Er hat mich nicht verschont: er verschont auch die Samtdecke nicht.
As he nu bi ehr kümmt, do fröggt seen: Büst du dat, de den Vagel Fenus haalt hett?
Ja, seggt he. – Wat wieder? – 'n Broot. – Wat wieder? – 'n Sweert. – Wat wieder? – 'n Esel.
Ja, seggt se, un denn hett he wull noch een Deel mitnahmen: wat he dat uk noch vörwiesen kann.
Ja, seggt he, dat kann he. Un do langt he sik in'e Tasch un gifft ehr den Flicken hen.
Ja, nu weet ik Bescheed, seggt se. Du büst de Recht. Du büst dat, de mi erlööst hett un de den Vagel Fenus haalt hett.
Nu övergeevt de beiden Völker em dat Broot un dat Sweert, un do treckt se wedder af. Un de Prinzessin ridd mit em na de Stadt herin, hen na'n Sloß. Un do seggt se to den König, dat he dat is, de den Vagel Fenus haalt hett. Un do gifft Hans sik uk kund.
Do süht de König je, dat sien beiden öllsten Söhns em bedragen hebbt. Un do lett he ehr vör sik kamen un seggt to ehr, se schüllt maken, dat se vun sien Verbeet af kaamt, un schüllt sik all sien Daag nich wedder sehn laten vör sien Ogen.

Do hebbt Hans un de Prinzessin Hochtiet geben. Un do hebbt se glücklich un vergnöögt tosamen leevt. Un as de ool König doot bleben is, do is Hans König worrn.
Up Hans sien Hochtiet – plegg mien Großvadder to seggen, wenn he de Geschicht vertellen dee – dar bün ik uk noch mit west, to'n Strukenhauen. Dar geev dat för jeden Strukenhauer 'n Korf vull Beer un 'n Buddel vull Bodderbroot.

46. De gollen Vagel

Dar is mal 'n Buur west, de hett en Appelboom hatt in 'n Garden, de hett jeden Harvst dree Appeln dragen, dree goldgeel Appeln. Un de warrt em Jahr för Jahr stahlen.
Nu hett he dree Jungs hatt, de Buur.
Do seggt de öllst, he will dar mal bi opsitten de Nacht.
He nimmt sien Gewehr, sett sik ünner den Appelboom hen un slöppt to, un slöppt bet'n annern Morgen.
As he opwaken deit, is dar en Appel weg. He geiht je hen to Huus.
Na, mien Söhn, seggt de Ool, wo is 't worden? Hest wat drapen?
Nee, Vadder, seggt he, drapen heff ik nix. De Appel is aver wedder weg.
Do seggt de tweet, denn will he dar mal bi waken.
Den geiht 't graad ebenso.
Do seggt de jüngst – den hebbt se ümmer so 'n beten ünnernesig holln –: Ja, Vadder, seggt he, övernacht will ik dar mal hen un will oppassen.
Och, Jung, wat wullt du dar? seggt de Ool. Dien Bröder hebbt nix drapen, denn dröppt du eerst recht nix.
Ja, dat is enen Doont, Vadder, seggt he, ik will dar doch mal op af.
He nimmt sien Flint mit, un denn hett he so 'n ool Lee, dar meiht un haakt he so 'n beten mit rüm in 'n Garden.

Dat duurt wull bet Klock hen to twölf, do kümmt dar so en groten, hübschen Vagel anflegen, na den Appelboom herin.
He kriggt sien Gewehr her un schütt to, un schütt den Vagel en Fedder af.
He aver liekers mit den Appel weg, de Vagel.
Na, seggt de Ool, as he to Huus kümmt naher, na, mien Söhn, wo is 't worden?
Ja, Vadder, seggt he, ik heff uk nix faat kregen.
Ja, dat heff ik di je seggt, seggt de Ool.
Ja, Vadder, seggt he, dar kööm so'n groten Vagel anflegen, den heff ik 'n Fedder afschaten. Un dat is 'n ganz gollen Fedder.
Se bekickt un bewunnert dat Ding je all tosamen, wat dat för'n Vagel mag wesen, wo de hen höörn kann.
Ja, dat's nu enerlei, seggt de Ool, de mi den Vagel bringt, de schall de Steed hebben un schall Buur warrn.
Na, nu maakt de beiden öllsten Jungs sik reisfarrig un wüllt je los, un Hans, de will uk je mit.
De Ool, de will em je nich trecken laten. Och, Jung, seggt he, wat wullt du in'e Frömm?
Dat helpt aver je nich, he höllt keen Freed. Un do kriegt se em 'n beten to leben in'n Büdel, un do reist he uk je los.
As he 'n Tietlang reist hett – sien Broot un Kees warrt al knapp un dröög –, do kümmt he bi'n Waterkuul, dar will he 'n beten eten.
He sett sik je dal, kriggt sienen Kraam herut un fangt dar bi an.
Mit dessen kümmt dar 'n Voß bi em an.
Süh, guun Dag, Broder Hans, seggt de Voß.
Guun Dag, Broder Voß, seggt Hans.
Ah, Hans, wees so goot, seggt de Voß, un giff mi 'n beten af.
Ja, seggt he, dat magst du man nich, wat ik heff. Ik heff hier blot 'n beten Broot un Kees, un dat's al so hart un dröög.
O, seggt he, giff mi man 'n beten af. Du kannst je hen to Dörp gahn un halen di dar wat wedder. Ik dörv dar je nich kamen. Achter mi kaamt de Jungs un de Hunn je achter.
Na, nu eet un drinkt se je. Un as se dat op hebbt, do seggt de Voß: Sieh so, Hans, seggt he, nu sett di man op mi. Hier kömen

eerst 'n paar jung Herrn vörbi, de heff ik uk beden, aver de kömen mit de Pietsch achter mi. De schüllt nix jagen, de beiden. Wat du wullt, dat weet ik, seggt he. Nu hool di man wiß.
He je mit em los, de Voß, över Knick un Tuun. Toletzt kaamt se vör so'n Sloß.
Sieh so, seggt de Voß, nu stieg man af. Un denn geihst du dar herop. De Lüüd, de slaapt all. De Vagel, de hängt dar un dar, de is in'e Buur. Röög mi aver wieder nix an un kiek di nich üm. Röögst du mi wat an, denn kann ik di nich helpen.
Na, Hans je herop na'n Sloß un findt den Vagel uk. Aver de Buur, wo he in is, de is nich hübsch. Dar hängt een bi, dat is en gollen, de mag he heel veel lever lieden. He kriggt sik de her un will den Vagel dar in kriegen. Mit dessen waakt de Lüüd aver op, kriegt em faast un slaat em de Puckel brun un blaag.
Na, he biddt je, un se laat em je wedder los.
Ja, seggt se, dar un dar, op den un den Sloß, dar sünd veer geel Hingsten. Wenn du uns de halen kannst, denn schaßt du den Vagel hebben, mit de gollen Buur.
He seggt je allens to, dat he man blot vun den Sloß eerst wedder raf kümmt.
As he bi den Voß kümmt, na, Broder Hans, seggt de Voß, heff ik di dat nich seggt, du schußt mi nix anrögen? Nu kann ik di nich helpen.
O, Broder Voß, seggt he, dit Mal mußt mi noch wedder ut de Kniep helpen.
Na, denn sett di man wedder op, seggt de Voß.
Dunn de Voß je wedder mit em los, över Knick un Tuun, hen na den annern verwünschten Sloß, wo de veer gelen Hingsten staht.
Sieh so, seggt he, nu geihst du dar rin na'n Stall, dar staht se. Dat Sadeltüüch hängt dar achter. Dat leggst du ehr op un kickst nich links oder rechts. Dar hängt noch mehr Seelngeschirr, dat is heel veel hübscher. Lettst dat aver ruhig hängen un nimmst dat, wat achter ehr hängt; leggst ehr dat op un riddst los.
He herop na den Hoff un findt dat uk all so, as de Voß em seggt hett. Mit dat Sadeltüüch is dat aver gar nich na sien Mütz. Dar hängt wat, dat is heel veel beter. He kriggt dat her un leggt ehr

dat op. Aver as he dar bi to Gangis, do waakt de Lüüd op, kaamt ut 'n Slaap un kriegt em her un maakt em den Puckel bruun un blaag.
He biddt je.
Ja, seggt se to em, dar un dar, in den un den Sloß, dar is den König sien Dochter, de is verwünscht. Wenn he de erlösen kann, denn schall he de veer Hingsten hebben, mit dat Seelntüüch.
He seggt je allens to, dat he man blot eerst wedder heraf kümmt vun den Hoff.
As he bi den Voß kümmt, na Broder Hans, seggt de Voß, heff ik di dat nich seggt, du schußt mi nix anrögen? Nu kann ik di nich mehr helpen. Nu is't ut.
He bidd aver so veel, he schall em dit Mal man noch wedder helpen. He will de Prinzessin je so geern hebben.
Na ja, denn sett di man wedder op mi, seggt de Voß.
He sleit 'n Schinken je wedder över, un do geiht 't Hulen je wedder los, hen na den annern Sloß, wo de Prinzessin is.
Sieh so, seggt de Voß, nu geihst du dar herop. In de un de Stuuv, dar is se. Un denn hest du hier 'n Glas, dar giffst du ehr vun to drinken. Röög mi aver nix an. Will se wat mitnehmen, so is dat goot. Aver du ünnersteihst di nich un röögst mi wat an. Röögst du mi wedder wat an, denn büst du verweiht.
Na, he je wedder rop na den Sloß. Un dröppt dat uk all so mit de Prinzessin, as de Voß em seggt hett. He geiht herin – se is so fründlich un so vergnöögt – un gifft ehr wat vun dat Glas in.
Sieh so, seggt se, nu sett di man enen Ogenblick dal. Röög mi aver nix an.
Se söcht ehr Söbensaken, wat se mithebben will, to Dutt un hett ümmer noog mit em to kriegen: he will ehr dar je ümmer mang un will uk wat hebben.
Sieh so, seggt se, nu maak man, dat wi eerst vun'n Sloß heraf kaamt.
As se eben heraf sünd, eben över de Togbrüch, do flüggt de ganz Brüch in'e Luft.
Sieh so, seggt de Voß, eben to rechter Tiet! Nu sett ju man op mi.

Se sett sik je beid op em, un do geiht 't Rieden je wedder los, hen na den annern Sloß, na de Hingsten.

As se dar kaamt, sieh so, seggt de Voß, nu leverst du dien Prinzessin af, un denn warrt se di de Hingsten wull övergeben.

Ja, seggt Hans, ik wull doch so geern de Prinzessin beholen.

Dat heff ik mi dusend noog dacht! seggt de Voß. Du büst nich mit wat tofreden.

O, Broder Voß, seggt he, help mi man! De wull ik doch so lastig geern hebben.

Na, ja, seggt de Voß, wenn se di de Hingsten nu rut bringt, denn settst du di op enen, un de Prinzessin sett sik op'n annern. Un de annern beiden Hingsten hebbt ji denn je bibunnen. Un denn biddst du ehr dar op'n Hoff – du hest ehr je erlööst, de Prinzessin –, wat du dat Vergnögen nich mal hebben kannst un rieden mal üm 't Rundeel mit ehr.

Ja, seggt se, dat kann he geern doon.

He ridd dar 'n Male dree herüm, un se purrt al ümmer an, de Prinzessin, he schall maken, dat se vun den Hoff heravve kaamt.

Nu blitzt un blänkert dat je all, un dat gefallt ehr je so, de dar op'n Hoff, un do seggt se, he schall man noch mehr mal herümrieden.

As se nu aver wedder gegen den Weg kaamt na de Brüch hendal, do grippt de Prinzessin sienen Hingst in 'n Tögel, dat se den Swung dar hendal kriegt. Un as se eben över de Brüch sünd – se sünd je achter ehr her, de annern –, do flüggt de Brüch in 'e Luft.

Sieh so, seggt de Voß, nu kaamt mi man na.

Dunn he je wedder los, över Knick un Tuun, un se mit ehr Hingsten achter em in, hen na den annern Sloß, na den gollen Vagel.

Sieh so, seggt de Voß, nu geihst du dar herop un leverst dien veer Hingsten af. Denn warrt se di den Vagel wull övergeben, mit de gollen Buur.

Na, se riedt dar je herop na den Hoff, he un de Prinzessin. Un as se dar kaamt, do is he je so vergnöögt, de König, dat he de Hingsten hett, un haalt em den Vagel mit de gollen Buur herut.

Do biddt he den König, wat he man noch en paar mal üm 't Rundeel rieden schall mit de Hingsten un den Vagel un de Prinzessin.
Ja, dat kann he je geern doon; dat verlövt he em. De olen Hingsten sünd je so in'e Reeg un so blank: dat bringt je Spaaß.
As se dat drüdd Mal herüm riedt, do grippt se em wedder in den Tögel, un dat vun 'n Hoff heraf. Un as se eben över de Brüch sünd, flüggt de Brüch in'e Luft.
Sieh so, seggt de Prinzessin, nu laat uns man maken, dat wi eerst wieder weg kaamt. Se kaamt uns seker noch na.
Na, seggt de Voß, denn will ik ju hier man attüß seggen. Aver noch een Deel, Broder Hans. Seh di vör ünnerwegens, dat du nich to veel af kümmst, anners nich, as wenn 't kortut nödig deit. Maakt man, dat ji eerst hen to Huus kaamt.
Ja wull. Hans seggt je allens to. Un do bedankt he sik noch bi den Voß, dat he em ümmer so tru holpen hett, un do riedt se je wieder.
Nu hebbt se al 'n Tietlang reist, do wüllt se sik mal lagern. Se wüllt 'n beten eten un drinken, un 't Veh mutt uk je wat hebben.
As se dar bi to Gang sünd, do kaamt sien beiden Bröder dar her. Un de verfeert sik je rein vör sienen Kraam, wat he dar all hett. Se günnt em dat je nich.
Se eet un drinkt uk je mit. Un as se eten un drunken hebbt, do is dar so'n deep Kuul, dar smiet se Hans herin. Un do bedraugt se de Prinzessin, se schall seggen, se hebbt ehr erlööst. Un do smiet se Hans dar noch 'n beten to leben rin – dat is 't all –, un do reist se mit de Prinzessin wieder, hen to Huus.
Na verlopen Tiet kümmt de Voß dar mal wedder bi de Kuul – he hett dar je wull Geruch vun kregen – un geiht so bi de Kuul herüm un kickt dar so verlangs herin.
O, süh, guun Daag, Broder Hans, seggt de Voß.
Ja, guun Daag, Broder Voß, seggt Hans, un weent je.
Heff ik di dat nich seggt, du schußt nich vun 't Peerd heraf stiegen? seggt de Voß.
Ja, seggt Hans, dit Mal mußt mi doch noch wedder ut de Klemm helpen.

Ja, wo schall ik di nu helpen? seggt de Voß. Du büst nedden, un ik bün baben.
Ja, mußt mi doch helpen, seggt Hans.
Na ja, denn faat di man an, an mienen Steert.
He lett den Steert hendal un reckt em so lang ut, dat Hans dar bi anfaten kann. Aver as de Voß em meist baben hett, do rutscht em de Steert dör de Hand, un he quuckst nedden wedder na't Lock herin.
Ja, seggt de Voß, mußt je wiß holen, Hans. He lett 'n Steert noch mal wedder dal, noch länger. So, seggt he, nu nimm em man üm 'n Liev, un denn holl em vör tosamen.
Na, Hans nimmt den Steert je üm 'n Liev, un de Voß treckt an un treckt Hans dar herut.
Sieh so, seggt de Voß, nu will ik di wat seggen. De Vagel, de sitt in 'e Buur un truurt, de fritt un süppt nich. Un de veer Hingsten, dar kann nümms heran kamen, de slaat un biet. Un de Prinzessin, de liggt op ehr Stuuv in Bett. Dar dörv uk nümms bi kamen, anners nich, as dar is een, de ehr so'n beten op'e Schöttel rin bringt, en beten Eten. Kaamt de annern bi ehr, denn schitt se sik in de Hand un smiet ehr darmit. Nu wüllt wi dar hen reisen, un denn giffst du di ut för 'n engelschen Dokter. Un denn maakst du den Kraam all wedder liekut.
Ja, seggt Hans.
Na, denn sett di nu man op mi.
De Voß, de bringt em na den Olen sien Huus. Un Hans geiht herin un fraagt, wat dar uk wat to doktern is.
Ja, se hebbt dar 'n Vagel, seggt se, de is krank. Wenn he den kureern kann, denn schall he 'n Barg Geld hebben.
Ja, seggt he, ik mutt aver alleen herin.
Ja, dat kann he uk.
As he dar rinkümmt na den Vagel, de warrt so munter – he kennt em je foort wedder –: he singt un is vergnöögt.
Do röppt he, nu schüllt se man herkamen. Do hebbt se ehrn Spaaß dar je an.
Ja, seggt se, nu hebbt se dar de veer Hingsten noch. Wenn he ehr de kureern kann, denn schall he noch mehr hebben.
Ja, he mutt aver alleen herin.

Ja, dat kann he uk.
Na, he geiht dar je rin. Un as se em wies warrt, de Hingsten, do kriescht un brammt se un freit sik.
Höör! seggt de buten, nu hebbt se 'n al dal.
Toletzt warrt se wedder ruhig, de Hingsten – he kluckert dar je mang herüm –, un do röppt he, nu schüllt se man herinkamen. Do künnt de annern uk bi ehr maken, wat se wüllt.
Nu hebbt se dar noch en Prinzessin, seggt se, de is uk krank. Wenn he de kureern kann, denn schall he 'n Tunn Golds hebben.
Ja, wüllt mal sehn, seggt he.
He rop na ehr Stuuv. Un as he bi ehr kümmt – se kennt em je gliek wedder –, do freit se sik, dat he wedder dar is.
Se snackt un doot je eerst, un naher röppt he, nu schüllt s' man herin kamen.
Nu kümmt de Ool denn je rin, un de beiden Jungs uk, un do seggt de Prinzessin to den Olen: Dit is de Recht, de mi erlööst hett.
Do gifft Hans sik uk kund. Un do seggt se dat je na, wo de beiden dat maakt hebbt, de beiden Bröder.
Do jaagt de Ool ehr vun Huus un Hoff af. Un Hans kriggt de Prinzessin to'n Fru.
As de Hochtiet vörbi is, do seggt de Voß to Hans, nu schall he em den Kopp afhaugen.
Nee, seggt Hans, dat do ik nich, dat kann ik nich.
Ja, seggt de Voß, doon mußt du dat. Sünst kost di dat dien Leben.
Ja, seggt Hans, wenn't denn gar nich anners wesen kann –
He kriggt 'n Sävel her, haugt to un haugt den Voß den Kopp af. Do is dat 'n Prinzen, de is verwünscht west in den Voß.
Sieh so, Hans, seggt de Prinz, nu büst du holpen un ik uk. Un weg is he, as wenn em de Wind weg weiht hett.

47. Hans Dünk

Dar is mal en Mann un en Fru west ('n Buur is dat west, de Mann), de hebbt gar keen Kinner hatt.

Nu is dat Winterdag west, un do kümmt dar mal en olen Mann to'n Bidden.

Do seggt de Fru to em, he schall man so lang rinkamen bi de Küll un setten sik en beten dal, se will em en beten warm Melk rinhalen.

As se de Melk nu rin haalt hett, un se steiht dar so an'n Disch un snidd em en Stück Broot, do fröggt he ehr, worüm as se so bedröövt utsehn deit.

Ja, seggt se, se hebbt gar keen Kinner, un se hadden so geern en lütten Jung hatt.

O, seggt de ool Mann, denn schall se man bikamen un leggen en rugen Hanschen in't Röhr; denn schall se man mal sehn.

Na, as de ool Mann lank 'e Deel is naher, do kümmt se je bi un leggt en rugen Hanschen in't Röhr. Un as de Hanschen en Tietlang in't warm Röhr legen hett, un se kickt mal to, do kümmt dar so'n ool lüürlütten Jung rut krupen ut den Hanschen.

Do is se je so glücklich west, de Fru, dat se en lütten Jung hett. Un ehr Mann, as de tonaaß to Huus kümmt, de is uk je so vergnöögt west. Un se hebbt so veel holln vun ehrn ool lütten Hans – de een noch mehr as de anner.

Dat's aver uk en lütten plietschen Bengel west. Blots wassen hett he nich wullt. So lütt, as he west is, so lütt is he bleben. He is nich grötter west as so'n Dumen. Un darüm hett he nich anners heten in'n Dörp as Hans Dünk.

As he nu so'n Jung west is so vun'n Jahre söß, söben, do hett sien Vadder em al ümmer mit to Felln nahmen, to'n Ploogdrieben. Denn hett he em in't Peerohr sett. Un denn hett Hans Dünk ümmer ›hö‹ ropen un ›hott‹ un ›hier‹.

Nu sünd se uk mal wedder bi west to plögen, do kaamt dar en paar Spitzboven vörbi, de hööt dat je, dat dar ümmer wen ›hö‹ ropen deit un ›hott‹ un ›hier‹. Un se künnt je nümms sehn.

Do gaht se bet ran un fraagt den Buurn, wokeen as dar ümmer so ropen deit; se künnt je nümms sehn.

Ja, seggt de Buur un lacht, dat deit mien lütten Hans, de sitt dar baben in't Peerohr.

Dunner ja, seggt se sacht een to'n annern, dat weer je wat för uns, de kunn uns je verdövelt bi'n Stehlen helpen. Un do fraagt se den Buurn, wat he ehr den lütten Bengel nich afstahn will; se wüllt em dar hunnert Daler för geben.

Nee, seggt de Buur, den verköfft he nich.

Na, se beedt tweehunnert, se beedt dreehunnert, aver nee, se künnt je nix mit den Olen warrn. He will sienen lütten Hans je kortut nich verköpen.

Do plinkt Hans Dünk sienen Vadder to, he schall dat man doon. Un he maakt dar so 'n plietsch Ogen bi, as wenn he seggen will: Vun de olen dummen Keerls will ik wull wedder afkamen.

Na, seggt he dunn, de Buur, wenn ji mi dusend Daler geevt, denn schüllt ji 'n hebben.

Nu wüllt se dar eerst je nich recht ran. Aver se wüllt em uk je so beestig gern hebben, den lütten Bengel, un do seggt se toletzt ja. Un do kriggt de Buur sien dusend Daler, un Hans Dünk, den nehmt de Spitzboven mit.

Nu 's Abends – de Lüüd sünd al all to Bett west –, do wüllt se wedder bi'n Hollänner Kees stehlen ut'n Keller.

Dat Kellerfinster hett apen stahn, dar sünd aver iesern Trallen vör west.

Nu wüllt se buten stahn blieben, achter't Finster, un Hans Dünk, den wüllt se in't Finster setten, un denn schall he ehr de Kees ümmer rut langen, twischen de Trallen dör.

Hans Dünk kladdert je rin. Aver as he binnen is, do fangt he 'n Prahlen an: Wat schall't wesen, grönen oder gelen? Wat schall't wesen, grönen oder gelen?

Swieg doch still, Jung, seggt de Spitzboven, du weckst de Lüüd je up!

Hans Dünk blifft aver ümmer bi: Wat schall't wesen, grönen oder gelen?

Vun dat Prahlen waakt den Hollänner sien Fru up. Un se stött ehren Mann an. Du, seggt se, stah gau up; dar sünd Spitzboven in'n Keller.

De Mann springt ut'n Bett, treckt flink de Büx över un stickt de Lücht an.
As de Spitzboven dat Licht wahr warrt, un se seht, dat't Spill verraden is, do maakt se je, dat se weg kaamt.
Nu kümmt de Hollänner je mit de Lücht un lücht baben vun de Tripp to na'n Keller rin. Aver dar is narms wat to sehn: Hans Dünk hett sik achter so'n lütten Kees dal dükert.
He stiggt de Tripp hendal, de Hollänner, un lücht in all de Ecken rüm. Aver wielt he in'n Keller rümsöcht, wieltdes wutscht Hans Dünk, as so'n Muus, flink de Tripp lang up, un dat na de Köök herin. Un do dör de Köök hendör na de groot Deel rup, un vun de groot Deel na de Hackelskamer rin. Un dar verkrüppt he sik in't Hackels.
Annern Morgen – dat 's noch düüster west –, do kümmt de Kööksch mit de Rößt un will de Köög Hackels vörgeben. Hans Dünk liggt noch in'n drüdden Droom.
Se raakt sik ehr Rößt vull Hackels un raakt Hans Dünk mit rin na de Rößt. Un do geiht se hen un schüddt de Rößt ut, na de Krüff herin, Hans Dünk uk mit. Un de een ool Koh – dat 's recht so'n ooln slöökschen Dövel west –, de slückt em mit dal. Do waakt he up.
As he de Ogen apen kriggt: i, denkt he, wo büst nu? Hier is dat je gresig düüster!
As de Kööksch affodert hett, do kümmt se je mit ehr Emmer un sett sik hen to'n Melken.
Se is recht so bi to strulln, do röppt Hans Dünk, so groff, as he man kann:

Stripp strapp strull!
Hest dien Emmer noch nich vull?

De Deern verfeert sik je un höllt en beten up vun melken. Do is nix to höörn.
Du mußt di je rein verhöört hebben, denkt se; dat kann je doch gar nich angahn, dat de ool Koh snacken kann. Un se fangt je wedder an to melken. Aver as se eben anfungen is, do röppt Hans Dünk wedder:

Stripp strapp strull!
Hest dien Emmer noch nich vull?

De Deern springt up, lett ehr Emmer in'n Stick un maakt, dat se weg kümmt. Uns' Fru, röppt se, uns' Fru, Buntkopp kann snacken!

Och, Deern, seggt de Fru, di is je wull rein enen uthüppt! Wo kann de Koh snacken!

Ja, ja, uns' Fru, seggt se, ik heff dat tweemal hôört. Un se zittert un flüggt, de Deern.

Do geiht de Fru je bi to melken. Aver as se eben bi is, do röppt Hans Dünk wedder:

Stripp strapp strull!
Hest dien Emmer noch nich vull?

De Fru warrt uk grolich, un se löppt hen un röppt ehren Mann.

Gah doch blots mal hen, seggt se, wat dat mit de ool Koh is: de kann snacken. De Deern is dar al vun aflopen, un ik mag dar uk nich wedder hen gahn.

Och, wat! seggt de Mann, ji Fruunslüüd sünd uk doch richtig bang vör'n doden Kievitt. Un darmit geiht he sülben hen.

He hett eerst 'n paar Mal tostrippt, do röppt Hans Dünk wedder:

Stripp strapp strull!
Hest dien Emmer noch nich vull?

Den Mann warrt uk so'n beten leidig, aver he lött sik nix ankamen. Dat ool Beest is behext, seggt he. Ji künnt man glieks Water to Füür kriegen. Wenn't Dag is, schall se slacht warrn.

Na, as't Dag is, do warrt de ool Koh je slacht.

As se slacht is, da warrt uk je Wüst stoppt, un Hans Dünk kümmt mit na den enen Wust herin.

Naher, do kaamt de Wüst je to Füür. Do swümmt de Wust, wo Hans Dünk in sitt, de swümmt immer rundüm in'n Ketel, un denn seggt Hans Dünk ümmer: Hitt, hitt! Hitt, hitt!

De Fru – ehr warrt je ganz schruterig to Moot –, de nimmt de Schüümkell un dükert den olen Wust ünner. Aver de Wust

kümmt ümmer wedder baben, un denn seggt Hans Dünk ümmer: Hitt, hitt! Hitt, hitt!
Do kümmt dar en Reisen in de Döör, to'n Bidden.
Süh! denkt de Fru, dat dröppt goot hen! Se fischt den olen behexten Wust ut'n Ketel herut, un do kriggt de Reisen em.
De Reisen, as de mit sien Wust eben ut de Döör is, do seggt Hans Dünk:

> Itt 'n Wust up, wielt se warm is!
> Itt 'n Wust up, wielt se warm is!

De Reisen kickt sik üm: dar is narms wen to sehn.
Nu will he je afbieten. Do seggt Hans Dünk gau:

> Itt mi nich up, itt 'n Wust up!
> Itt mi nich up, itt 'n Wust up!

Ik schall 'n Dööster doon! seggt de Reisen. Un he nimmt de Wust un smitt se över 'n Tuun.
Achter 'n Tuun, dar hett graad en ooln Voß seten.
As de dat süht, dat dar en Wust hen fallt, do springt he dar je gluupsch up to un slückt em in enen Happs dal.
Nu sitt Hans Dünk je wedder in'n Düüstern.
Aver wat deit he, de Muscheblix? He kümmt bi un krüppt lingelang dör den Voß hendör. Un as he so wiet is, dat he den Kopp un de beiden Arms rut hett, do klappst he den olen Voß ümmerlos achter vör 'n Noors un röppt: Attäh, de Voß! Attäh, de Voß!
De ool Voß, de meent je, dat de Jägers un de Drievers achter em sünd, un he löppt un löppt. Aver je duller as he löppt, je duller klappst Hans Dünk em achtervör un röppt: Attäh, de Voß! Attäh, de Voß! Un dat so lang, bet de ool Voß ümfallt, bet he sik doot lopen hett.
Do krüppt Hand Dünk ganz herut. Un as he sik dunn ümkieken deit, woneben as he wull is, do steiht he dich vör en Dörp.
Do geiht he ganz kandidel hen to Huus. Un do sünd sien Vadder un Mudder je vergnöögt west, dat se ehrn ool lütten Hans wedder hatt hebbt. Un de dusend Daler hebbt s' to hatt. Dar sünd s' goot bikamen.

48. De König un de Ent

Dar is mal 'n König west, de hett mal spazeren föhrt in 't Holt. Un do dröppt he dar so'n smuck Deern, de geiht barft. Do fraagt he ehr, worüm as se barft gahn deit.
Ja, seggt se, se hett 'n Steefmudder, de gifft ehr keen Schoh un keen Strümp.
Ja, denn will he ehr Schoh un Strümp köpen, seggt he; woneem as se wahnen deit.
Ja, dar in dat un dat Huus, seggt se.
Do stiggt he af un nimmt ehr Maat. Un as he ehr Maat nahmen hett, föhrt he wieder.
Nu köfft he ehr je Schoh un Strümp. Un do föhrt he dar je mit hen na dat Huus.
As he rin kümmt, do dröppt he de Olsch dar. Un do seggt he to ehr, he bringt Schoh un Strümp. Un de de Schoh passen doot, dat schall sien Fru warrn.
Nu hett se noch 'n recht Dochter hatt, de Olsch, de is so häßlich west. Un as de König dat nu seggen deit vun de Schoh, do röppt se ehr rin un seggt to ehr, se schall de Schoh mal anpassen.
Ehr Dochter paßt de Schoh je an. Se sünd ehr avers to lütt.
Do seggt de Olsch: Och, Herr König, seggt se, mien Dochter hett man so'n dick Strümp an. Ik will mit ehr na de anner Stuuv gahn un ehr dünner Strümp antrecken. Denn wüllt se wull passen.
Se geiht je mit ehr na de anner Stuuv. Un do nimmt se 'n Metz un snitt ehr Dochter de Hacken dal. Un do quält se ehr de Schoh je an.
Do kaamt se wedder rin, de beiden.
So, Herr König, seggt de Olsch, sehn S' man mal! De Schoh, de paßt.
Wat schall he do seggen? He hett dat Woort je eenmal spraken, un do mutt he dar je bi blieben.
As he nu mit ehr weg föhrn will, mit de beiden – de Olsch mutt he uk je mitnehmen –, do fraagt he ehr, wat se noch mehr Döchter hett.
Nee, seggt se, mehr hett se nich. Blot en Steefdochter hett se noch, seggt se, de is in 'e Köök.

Ja, seggt de König, denn schall de uk mit un schall ehr Swester dat Geleit geben.
Och, Herr König, seggt de Olsch, dat is so'n ool swart Aschenpüüstersch, de kann ik gar nich sehn laten.
Enerlei, seggt he, laat ehr wesen, as se will: mit schall se.
Nu kriggt de Steefdochter vun de recht Dochter ehr Tüüch an un do föhrt se uk je mit.
As se ünnerwegens sünd, do flücht dar ümmer so'n lütten Vagel baben ehr, de singt ümmer: Blut im Schuh! Blut im Schuh!
Wat singt de Vagel dar? seggt de König.
Och, Herr König, seggt de Olsch, de ool Vagel singt Singsang, und wir fahren unsern Gang.
De Vagel blifft aver ümmer bi: Blut im Schuh! Blut im Schuh!
Do seggt de König to den Kutscher, he schall mal still holln.
De Kutscher höllt je still, un do seggt de König to de Steefdochter, se schall ehr Schoh mal uttrecken.
Se treckt ehr Schoh je ut: dar is nix in.
Do seggt he to de anner: Treck du dien uk mal ut.
Gott, Herr König, seggt de Olsch, de sitt je so schöön! Laten S' ehr de doch an!
Ja, seggt he, se kann ehr naher je wedder antrecken. He is sik dat al moden west.
Do mutt de recht Dochter ehr Schoh uk je uttrecken, un do sünd se ganz vull Bloot.
Do smitt de König ehr beid vun'n Wagen raf, de Olsch mitsamts ehr Dochter. Un do föhrt he mit de anner alleen wieder.
De Olsch schelt un spektakelt ehr na: se schall ehr dat Tüüch wedder geben, wat se ankregen hett.
Dat will he ehr wull wedder trüch schicken, seggt de König. Naakt kann he ehr je doch nich mitnehmen. Un darmit föhrt he mit ehr weg, na sien Sloß hen. Un do nimmt he ehr to'n Fru.
Na'n Jahrs Tiet kümmt se in Wuchen un kriggt 'n lütten, jungen Prinzen.
Do kaamt de Olsch un ehr Dochter mal un wüllt ehr besöken – de König is graad ut west, dat hebbt se weten –, un de Olsch sett sik bi de Königin hen, vör't Bett.
Nu is dat 'n ool Zauberersch west, de Olsch. Un as se dar nu so

sitten deit, do föhlt un puult se so lang bi de Königin rüm, bet se ehr to'n Ent verzaubert hett. Un do kriggt se de Ent faat un driggt mit ehr rut un smitt ehr na'n Sloßgraben rin. Un do leggt se ehr Dochter bi den lütten Prinzen in'n Bett hen.
Nu kümmt de Ent – de hett den Dag över op 'n Sloßgraben swümmt – de kümmt 's Abends dör 't Götellock na de Köök herin.
In de Köök hett den Kökenjung sien Bett stahn, achter de Tripp. Un de Kökenjung is al to Bett west. He hett avers noch waakt. Do seggt de Ent:

Kökenjung, wat maakst du?
Slöppst du oder waakst du?
Dat lütt Klöckschen, klingt se noch?
De lütt Vagel, singt he noch?

De Königin hett 'n lütt Klock mitnahmen ut'n Huus, de hett ümmer klungen, un 'n lütten Vagel, de hett ümmer sungen. Darüm hett de Ent dat seggt:

Dat lütt Klöckschen, klingt se noch?
De lütt Vagel, singt he noch?

Un toletzt seggt se noch, de Ent:

De lütt Söhn, weent he uk veel?
De Herr König, grämt he sik uk veel?

De Kökenjung, as de dat höört, do warrt he bang. Un he swiggt boomstill un seggt nix. Do krüppt de Ent wedder ut't Götellock herut.
Annern Abend geiht dat ebenso. De Ent kümmt wedder dör't Götellock na de Köök herin un seggt:

Kökenjung, wat maakst du?
Slöppst du oder waakst du?
Dat lütt Klöckschen, klingt se noch?
De lütt Vagel, singt he noch?
De lütt Söhn, weent he uk veel?
De Herr König, grämt he sik uk veel?

De Kökenjung is avers bang un seggt wedder keen Woort.
Do seggt de Ent: Enen Abend kaam ik nu noch wedder. Wenn ji mi denn keen Bloot windt, denn bliev ik en Ent. Un darmit krüppt se wedder ut't Götellock herut.
Annern Morrn denkt de Kökenjung: Dat mußt du den König doch seggen. Un he fraagt den Bedeenter, wat he man mal rin schall na'n König.
O, seggt de Bedeenter, he schall em dat man seggen, he will dat wull bestellen.
Nee, seggt de Kökenjung, he mutt den König dat sülben seggen.
Do geiht de Bedeenter hen un fraagt den König, wat de Kökenjung man mal rin kamen schall.
Ja, seggt de König, he schall man rin kamen.
Do geiht de Kökenjung je rin na'n König un vertellt em dat all.
Do seggt de König: Dat 's goot, mien Jung, dat du mi dat seggst. Nu schaßt du vunabend in mien Bett slapen, un ik will in dien slapen.
Na, 's Abends, do mutt de Kökenjung in den König sien Bett slapen, un de König leggt sik in den Kökenjung sien Bett. Sien Sweert nimmt he mit.
Do kümmt de Ent wedder dör't Götellock un seggt:

Kökenjung, wat maakst du?
Slöppst du oder waakst du?

Do seggt de König: Ik slaap nich, ik waak.
Do seggt de Ent:

Dat lütt Klöckschen, klingt se noch?
De lütt Vagel, singt he noch?
De lütt Söhn, weent he uk veel?
De Herr König, grämt he sik uk veel?

Do seggt de König:

Dat lütt Klöckschen klingt nich mehr.
De lütt Vagel singt nich mehr.

De lütt Söhn weent so veel.
De Herr König grämt sik noch veel mehr.

Un do nimmt he sien Sweert un haugt to, un haugt de Ent en Lock in'n Foot. Do steiht sien Fru vör em.
Do kümmt he op un nimmt ehr mit na sien Stuuv. Un do geiht he na de Slaapstuuv, wo de anner in'n Bett liggt mit den lütten Prinzen.
Do seggt de Olsch: Gott, mien Söhn, seggt se, du kunnst je doch slapen. Dat is je dull noog, dat wi beiden hier rümmer woogt mit dat Lütt.
De lütt Prinz hett ümmerlos weent: de anner hett je keen Sucht hatt.
Do seggt de König, je, he kann doch nich slapen. Un do sett he sik dar bi ehr dal un fangt allerhand Snack mit ehr an, mit de Olsch. Un toletzt, do seggt he to ehr, se is je al so oolt worrn un hett allerhand höört un beleevt: wat so'n för Straaf hebben mööt, de anner Minschen in Tiern verwanneln doot.
Gott, mien Söhn, seggt se, so'n mööt je so'n hart Straaf hebben. De mööt splitternaakt in'n Tunn, de mit Nagels utslagen is. Un denn mutt dar 'n blind Peerd vör. Un denn mööt se dar so lang in rödert warrn, bet se doot sünd.
So, seggt de König, denn hest du dien Oordeel sülben spraken.
Un do lett he 'n annern Dag 'n paar Tunns mit Nagels utslagen, dar kaamt de beiden splitternaakt in, de Olsch un ehr Dochter, un do 'n paar blinn Peer vör. Un do seggt he to de Fohrlüüd, se schüllt man allerwegens röver jagen, wo dat am dullsten stött, un kenen Graben schonen, so lang bet se doot sünd.
Do sünd se doot rödert worrn.
Un dunn is dat all wedder in'e Reeg west: de lütt Klock hett wedder klungen, un de lütt Vagel hett wedder sungen, un de lütt Söhn hett nich mehr weent, un de König is uk wedder vergnöögt west.

49. De Eddelmann un de Buur

Dar is mal en Eddelmann west, de hett twee Schimmels hatt, un en Buur is dar west, de hett uk twee Schimmels hatt.
Nu hett de Eddelmann so geern all veer Schimmels hebben wullt, un de Buur hett uk so geern all veer hebben wullt.
Do maakt se sik af, se wüllt sik wat vertelln, un de denn toeerst seggt: Dat 's Lögen, de hett verspeelt.
Nu geiht 't Verteiln je los. Toeerst kümmt de Eddelmann. He hett Röben, seggt he, op sienen Kamp, un dar is een so'n groot Rööv mang west, de hebbt söben Mann to Waag böörn müßt.
Oha, seggt de Buur, dat weer aver 'n Rööv!
Nu hebbt se ehr je hen to Huus föhrt, seggt de Eddelmann, un hebbt ehr aflaadt. Un nu hebbt se 'n ool Söög hatt, de hett dar ümmer vun freten. Do hebbt se de Söög mal verlaarn hatt un hebbt dar ümmerlos na söcht. Un do hebbt se ehr toletzt in de Rööv funnen. Dar hett se sik so wiet rin freten hatt un hett dar mit veertein Farken in seten.
Oha, seggt de Buur, dat weer aver 'n Rööv!
Nu kümmt de Buur je an 'e Reeg.
Em hett dröömt, seggt he, he weer doot bleben un weer in'n Himmel kamen. Do hadd dar linker Hand den Eddelmann sien Mudder seten un hadd Göös hödd, un rechter Hand hadd den Eddelmann sien Vadder seten un hadd Swien hödd.
Dat 's Lögen! seggt de Eddelmann.
Ja, seggt de Buur, Lögen schüllt 't uk sien, all veer Schimmels sünd mien.
Nu is de Eddelmann je so falsch west op den Buurn, dat de all veer Schimmels kregen hett, un he luurt dar ümmer op, wo he em dat mal wedder trüch betahlen kann.
Nu geiht he mal in't Holt op 'e Jagd, de Eddelmann. Do springt dar en Hasen vör em op, un de Eddelmann schütt achter den Hasen her.
De Haas springt dör'n Knick un löppt na de Koppel rop, wo de Buur graad bi to harken is, un dat liek up den Buurn to.
Do nimmt de Buur sienen Harkenstööl un leggt so op den Ha-

sen an, as wenn he em doot scheten will. Un boots! fallt de Haas vör em hen un is doot.
Do meent de Buur, he hett em doot schaten. Un he besüht sienen Harkenstööl un seggt: Dövel! Dat harr ik nich dacht, dat dat dar rut gahn harr!
Nu warrt de Eddelmann je schimpen un seggt to den Buurn, dar mutt he Straaf för hebben, dat he em den Hasen doot schaten hett. Un he schall na 'n Sloß hen kamen un schall Prügels hebben.
As de Buur nu rin geiht na'n Sloß, do kümmt he dör so'n sieden Gang hendör, dar hebbt Specksieden un Wüst hängt. Do kümmt he gau bi un kriggt sik 'n Siet Speck heraf, un de stickt he sik op'n Puckel ünner'n Kittel. Un do geiht he dar je hen, wo he sien Prügels hebben schall.
As he nu wedder rut kümmt, do luurt de Eddelmann al op em un freit sik. Un do süht he, dat de Buur so'n dicken Puckel hett. Do meent he, de Puckel is em swulln vun de Prügels. Un do seggt he: Na, hest nu noog?
Ja, seggt de Buur, so veel heff ik, dat ik un mien Fru un Kinner dar 'n veer Weken vun leben künnt.
De Eddelmann hett de Prügels meent, un de Buur hett dat Speck meent.

50. De Suldat un de Düvel

Dar is mal en Suldat west, de hett op Possen stahn. He hett kenen Schilling Geld hatt; sien Taschen sünd all leddig west.
Nu steiht he dar un gruvelt, un do kümmt Pöting dar bi em, de Düvel. De fraagt em: Wat schaadt di? Du steihst hier je un gruvelst.
Ja, seggt de Suldat, wat schull mi nich schaden? En Suldat kann je nich vergnöögt wesen. Ik heff nich enen Schilling Geld in de Tasch.
Ja, seggt Pöting, wenn du di in en Jahr keen Rentlichkeit doon wullt, denn will ik di so veel Geld geben, as du bruken wullt.
Dat kann ik je nich, seggt he, ik mutt hier je mien Deensten doon.

O, dar sorg man nich för, seggt Pöting, dat will ik wull doon. Ik gah hier för di op'n Possen stahn.
Ja, seggt de Suldat, denn will ik dat.
Deist du di avers Rentlichkeit, seggt Pöting, denn so büst du mien.
Ja, is goot, seggt de Suldat.
Nu hett he sik je nich wuschen un nich kämmt, un do warrt he toletzt je al ganz schruterig utsehn. Un de Lüüd möögt gar nich recht wat mehr mit em to kriegen hebben. Avers he hett je ümmer Geld hatt.
En half Jahr hett dat nu al so gahn, do kümmt he mal in 'n Weertshuus. Dar dröppt he 'n Eddelmann.
Do seggt he to den Eddelmann, so'n Herrn, as he is, he schall mal enen utgeben, schall mal en Glas Punsch op'n Disch kamen laten.
Ja, seggt de Eddelmann, wenn du so arm weerst, as ik bün, denn kunnst du uk keen Glas Punsch utgeben. Ik heff nix, seggt he. Morrn kaamt se un nehmt mi mienen Hoff af. Ik bün bankerott.
Na, denn will ik mal en Glas op'n Disch kamen laten, seggt de Suldat.
Do lett he je Punsch kamen, un se drinkt je, un do fraagt he den Eddelmann, wat he uk Döchter hett.
Ja, seggt de Eddelmann, dree.
Ja, seggt de Suldat, wenn he dar een vun to'n Fru hebben schall, denn will he sien Schuld betahlen.
Ja, seggt de Eddelmann, vun sienentwegen. Wenn sien Döchter dat wüllt, denn schall he een hebben.
Do stiegt se to Waag un föhrt dar hen na den Hoff.
As he ut'n Wagen kümmt, de Suldat, hu! do is dat je schruterig för de dree Deerns.
Na, seggt de Eddelmann to em, wekke wullt du denn hebben?
Ja, em is dat enerlei, seggt he, wekke he hebben schall.
Do mutt eerst de öllst herin kamen. Un do fraagt de Vadder ehr, wat se den Suldaten hebben will to'n Mann.
Nee, seggt se, den will s' nich hebben, un wenn s' uk gar kenen kriggt.

Do lett he de tweet föllern. De seggt dat sülvig.
Do mutt de jüngst herin kamen. De seggt ja. Wenn he so veel Geld hett, seggt se, dat he ehren Vadder sien Goot frie maken kann, denn is he uk wull wedder rein to kriegen.
Do seggt de Suldat to ehr, 'n half Jahr mutt se avers noch töben. Denn kümmt he wedder.
's Abends sitt he mit den Eddelmann alleen in'e Stuuv, un do tellt he em dat Geld vör ut sienen lütten Geldbüdel. Un den annern Morrn reist he af.
As dat Jahr üm is – Vageln hett he uk je al hatt –, do geiht he dar wedder hen, wo Pöting op Possen steiht.
Na, seggt Pöting, kümmst du?
Ja, seggt he.
Du hest di je doch Rentlichkeit daan, seggt Pöting.
Nee, seggt he, dat 's nich wahr, dat heff ik nich.
Na, seggt Pöting, dat is denn uk enerlei. Wenn ik di nich krieg, denn krieg ik doch noch fiev Braden. Enen Abend hest mi avers fix Geld afluxt.
Dat kümmt dar uk nich op an, seggt he.
As he nu frie kamen is, de Suldat, do fraagt he sik na dat öbderst Weertshuus hen, wat dar is. Un de Weert bringt em alleen na'n Stuuv herin.
Do seggt he to den Weert, he schall den öbdersten Barberer mal halen laten. De Weert schickt hen un lett em halen.
As de Barberer kümmt, do fraagt de Suldat em, wat he em den Baart nich afnehmen kann.
Nee, seggt de Barberer, so'n Mann, as he is, nimmt he den Baart nich af.
Do lett he den armsten halen. De seggt ja. Do lett he sik den Baart afnehmen, un de Haar snieden. Un do gifft he em so veel Geld, dat he keen Noot mehr lieden dörv, so lang as he leevt.
Do lett he den öbdersten Schooster halen, wat he em nich en Paar schöön Steveln maken kann.
Nee, seggt de Schooster, so'n Mann, as he is, maakt he keen Steveln.
Do lett he den armsten halen. De seggt ja. Avers he hett man nich recht Geld, seggt he, dat he sik Ledder köpen kann.

Do gifft he em Geld. Un as he de Steveln bringen deit, do gifft he em so veel Geld, dat he uk keen Noot mehr lieden dörv, so lang as he leevt.
Do lett he den öbdersten Snieder halen, wat he em en feinen Antog maken kann.
Nee, seggt de Snieder, so'n Mann, as he is, maakt he keen Tüüch.
Do lett he den armsten halen. De seggt ja. Avers he hett man nich recht Geld, seggt he, dat he Tüüch köpen kann.
Do gifft he em Geld. Un as he den Antog bringt, do gifft he em so veel Geld, dat de uk keen Noot mehr lieden dörv, so lang as he leevt.
De annern dree kriegt dat to weten. De gaht foort hen un versuupt sik. Do sünd dat je al dree Braden west, de Pöting kregen hett.
As he nu wedder rein is, de Suldat, un is wedder in Antog, do lett he en Roßkämmer kamen un köfft sik veer hübsch Schimmels. Un denn schafft he sik en feinen Wagen an un meedt sik en Kutscher. Un do föhrt he dar hen na den Hoff, wo sien Bruut is.
As de dat wies warrt, dat dar en Herrn anjagen kümmt mit veer Schimmels ut de Lien, en feinen Herrn, do weet se je gar nich, wer dat eenmal wesen kann, un kaamt je all vör de Döör lopen.
Do springt he vun'n Wagen un faat sien Bruut üm un küßt ehr. Do weet se je all Bescheed.
Do gaht de annern beiden Döchter foorts hen un verdrinkt sik. Do sünd dat je fiev Braden west, de Pöting kregen hett. Un do hett de Suldat de jüngst Dochter to'n Fru kriegen un dat Goot uk.

51. Fuuldowat

Dar is mal 'n Fru west, de hett 'n Söhn hatt, de is so fuul west. Un sien Mudder hett em nich anners heten as Fuuldowat.
Nu mal enen Dag, do seggt se to em: Fuuldowat, gah mal hen un haal mi'n beten Water. Ik will di uk 'n Pannkoken backen.

Nee, seggt Fuuldowat, enen Pannkoken, dat's nich noog. Wenn se em twee backen will, denn will he ehr wat halen.
Ja, denn will se em uk twee backen, seggt se.
Do nimmt Fuuldowat sik 'n Korf, un dar geiht he mit hen.
As he sik dat Water nu utfüllt hett, do löppt dat je dörweg, dör den Korf, un do hett he dar so'n lütten Fisch in.
Do seggt de lütt Fisch to em: Fuuldowat, laat mi leben! Denn schaßt di uk een Deel wünschen.
Nee, seggt Fuuldowat, een Deel, dat's nich noog.
Ja, seggt de lütt Fisch, denn schaßt di uk twee Deel wünschen.
Nee, seggt he, dat's uk noch nich noog.
Ja, denn schaßt di uk all wünschen, wat du wullt.
Na, dar is Fuuldowat je mit tofreden. Un do nimmt he den lütten Fisch un smitt em wedder in't Water.
Nu will he je mal sehn, wat dat uk wull wahr is, wat he uk wull wünschen kann. Un do wünscht he, wenn he mit den Korf in't Water sleit, denn schall dat Water dar in töben, in den Korf. Un richtig; dat Water blifft in den Korf bestahn. Do geiht he mit sienen Korf hen to Huus un sett em in 'e Köök hen.
Do seggt sien Mudder to em: Fuuldowat, du hest mi je noch keen Water bröcht.
Ja, Mudder, seggt he, dat Water steiht dar in 'n Korf.
Och, Jung, seggt se, wullt du dien Mudder noch vernarrn hebben?
Nee, Mudder, seggt he, kiek man sülben mal to.
Se kickt to: richtig, do steiht dat Water dar in 'n Korf.
Nu hett se uk noch keen Fleesch hatt, sien Mudder. Un do seggt se to em: Fuuldowat, du kunnst noch mal hen na'n Slachter gahn un halen mi en beten Fleesch.
Na, he geiht je hen.
As he sien Fleesch in 't Töller hett, do smitt he sik dar so verlang mit up den Slachterblock hen, un do seggt he: Nu wull ik, dat de ool Block an to wöltern füng un wölter mi vör mien Moder ehr Köök.
Do warrt de ool Block sik rögen un fangt an to wöltern un wöltert mit em los, Straat up, Straat dal.
As Fuuldowat bi'n Sloß vörbi wöltern kümmt, do kickt den

König sien Dochter graad ut 't Finster. Fuuldowat, röppt se, kannst dien Nees nich afwischen, du ool Snappsnuut!
Och, Deern, seggt he, wat scheert di dat! Ik wull, dat du ool Hoor en Kind kreegst!
Nu hett he je wünschen kunnt, un do warrt ehr mit 'n Mal so leidig. Un se mutt to Bett un kriggt en lütten Jung.
Ehr Vadder un Mudder tobreekt sik den Kopp je, wer dar eenmal Vadder to wesen kann. Ehr Dochter is süß je gar nich so, dat se achter de Keerls so achteran is, un is uk je gar narms west, wo se dar hett bikamen kunnt. Un se sünd dar je so verdreetlich över, de Olen, dat de arm Deern so ankamen is. Aver wat helpt dat all? Dar is je nix bi uptostellen: se hett dat Kind je eenmal weg.
As de lütt Jung nu so 'n Jahre twee, dree is, do seggt de König: Du, seggt he to sien Fru, wat dünkt di? Uns' Dochter kann je doch unmööglich ehr ganz Tietslebens as 'n Hoor herüm lopen. Wi mööt sehn, dat se en Mann kriggt. De Jung mutt uk je 'n Vadder hebben.
Ja, seggt se, dar heff ik uk al an dacht. Tiet wörr dat je na dissen.
Do stift de König 'n groot Gaßbott an, dar warrt all de Prinzen to nödigt, de ümlangsher wahnt. Un as de dar sünd, do mööt se sik all in 'n Saal rund stelln. Un de lütt Jung kriggt 'n Appel in de Hand. Un wo he den Appel hen bringen deit, de schall dar Vadder to warrn, to den Jung, un schall de Königsdochter to'n Fru hebben. Un wenn de König doot bleben is, denn schall he König warrn.
De Jung röögt sik aver gar nich. He blifft mit sienen Appel midden up'n Saal bestahn. De Prinzen, de wenkt un doot je, aver he kehrt sik narms an.
Do seggt Fuuldowat to sien Mudder: Mudder, seggt he, krieg mi mal mien sünndaags Tüüch ut't Schapp. Ik will uk mal hen na'n Sloß.
Och, Jung, seggt se, wat wullt du dar?
Ja, ik will mi dat mal ansehn, seggt he, wat dar los is.
Büst je wull narrsch, Jung, seggt se. Se laat di je gar nich rin.
O, Mudder, seggt he, ik will wull rin kamen.

He treckt sik an un geiht je hen.
As he bi den Possen kümmt, na, Fuuldowat, seggt de Possen, wat deist du hier rüm to muulapen? Scheer di hier man weg!
Hoho, seggt he, wat du wull meenst! Ik wull, dat ik in'n Saal weer. Un mit'n Mal is he binnen un steiht dar mang all de Prinzen un Kraam, uk mit in'e Reeg. Un do wünscht he, de lütt Jung schall den Appel na em hen bringen.
Do kümmt de Jung op em tolopen un bringt den Appel na Fuuldowat hen.
De König will dat aver je nich gellen laten – Fuuldowat is je keen Prinz west –, un de Bedeenters schüllt den olen Bengel rut smieten.
Se nehmt em den Appel je af un kriegt em bi'n Schewickel un smiet em ut de Döör. Fuuldowat wünscht sik aver foorts wedder rin na'n Saal, un de lütt Jung bringt den Appel wedder na em hen.
Do süht de König je, dat dar nix bi to maken is. Un do warrt Fuuldowat dar je Vadder to, to den Jung, un kriggt de Königsdochter to'n Fru.
Nu is den König dat aver je so ordnär west, dat sien Dochter so'n Laps to'n Mann kregen hett. Un he kümmt bi un lett en Schipp bugen, dar schüllt de beiden up weg, Fuuldowat un de Königsdochter. Un denn schall Fuuldowat doot hungern. Se kriggt wat to leben mit. Un wenn he denn doot is, denn schall se en Fahn utsteken, un denn wüllt se ehr wedder inhalen.
Nu kümmt Fuuldowat in een Losement un de Königsdochter in dat anner. De beiden Kamern sünd een an't anner west. Un denn is dar 'n gläsern Döör twischen west, dat se sik hebbt sehn kunnt. Een to'n annern kamen hebbt se aver nich kunnt: de Döör is toslaten west.
As se nu up't Water sünd, do luurt se je ümmer, de Königsdochter, Fuuldowat schall doot hungern. He hett aver ümmer dat schöönst Eten un Drinken up'n Disch. He hett je wünschen kunnt.
Do seggt se: Fuuldowat, wo geiht dat to, dat du ümmer so'n schöön Eten un Drinken hest, veel beter as ik?
Ja, Deern, seggt he, dat wünsch ik mi. Ik kann wünschen.

Na, denn hest mi den lütten Jung uk je wull towünscht, seggt se.

Ja, dat weeßt du je, seggt he, dat hest je sülben hörrt.

Ja, denn wünsch doch mal, seggt se, dat du hier rin na mi kümmst.

Na, he wünscht sik je rin na ehr.

As he bi ehr is, do kriggt se em up 'e School. Fuuldowat, seggt se, nu wünsch doch mal, dat du recht smuck utsehn deist, un dat du recht fein in Tüüch geihst, in Prinzentüüch.

Na, dat hett he dunn uk je wünscht.

So, seggt se, nu wünsch doch mal, dat du dien Nees nich ümmer mit de Finger utsnüffst un dat du nich ümmer so totruffst bi'n Gahn.

Na, he wünscht je all, wat se verlangt. Un do kleedt em dat toletzt as 'n richtigen Prinzen.

Sieh so, seggt se, nu wünsch man, dat uns' Schipp wedder an Land kümmt, dicht bi mienen Vadder sien Sloß.

Do wünscht he dat uk je. Un mit 'n Mal is dat Schipp an 't Land.

Annern Morgen, as de König upkümmt, un he kickt ut 't Finster: Süh, dünkt em, dat is je wull rein dat Schipp, wo dien Dochter up wegkamen is. Un he röppt enen vun sien Schrievers un seggt, wat he nich sehn kann oder wat he drömen deit: he schall doch mal hen gahn un sehn mal to, wat dat Schipp dar is.

De Schriever geiht je hen: richtig, do is dat Schipp dat.

He bringt den König Order, un do geiht de König je sülben hen.

As he de Döör apen maakt, do liggt se dar beid tosamen in'n Bett.

Deern, seggt de König, du liggst bi den Bengel in'n Bett? Wo is he dar rin kamen na di?

Ja, Vadder, seggt se, Fuuldowat kann wünschen. Den lütten Jung hett he mi uk towünscht.

Ja, seggt de König dunn, wenn he wünschen kann, denn is dat je wat anners; wenn he denn uk kenen Prinzen is. Denn hett he dar nu uk nix mehr gegen.

Do hett Fuuldowat sik 'n schöön Sloß wünscht, un dar hebbt se glücklich un vergnöögt tosamen leevt. Do hett se aver al richtig vun em in Wuchen schullt.

52. *Mien Ohm*

Dar is mal 'n Buur west, de hett en beten mehr hatt as de annern Buurn. Un do verklaagt se em bi 'n Herrn, dat he hexen kann.

Do lett de Herr em kamen un seggt: Na, un du kannst hexen?

Nee, wat schull ik wull hexen künnen? seggt de Buur.

Ja, seggt de Herr, dat will he doch eerst mal sehn. He schall em in enen Dag 'n ganz Koppel Havern afmeihen. Wenn he dat nich kann, denn schall he vun de Buursteed.

Nu geiht de Buur je hen den annern Morrn un fangt an to meihen.

Do kümmt so'n ool lütten Keerl bi em an, de seggt: Wat schaad di? Du sühst je so bedröövt ut.

Ja, seggt de Buur, ik schall in enen Dag de ganz Koppel afmeihen. Wo schall ik de wull afkriegen?

Ja, denn gah man hen to Huus, seggt de lütt Keerl, de Koppel schall wull afkamen. Un wenn du mal wedder in Noot büst, dat ik kamen schall un schall di helpen, denn roop man: Mien Ohm!

De Buur geiht je hen to Huus, un 's Abends is de Koppel af.

Do geiht he hen na 'n Herrn un seggt: So, Herr, de Koppel is af.

Aha! seggt de Herr. Denn hest du dat doch kunnt! Denn schaßt ehr morrn nu uk inföhrn, uk in enen Dag. Un wenn du dat nich kannst, denn kümmst du liekers vun 'e Steed.

Na, 'n annern Morrn, do geiht de Buur je wedder hen na de Koppel un röppt: Mien Ohm!

Do kümmt de lütt Keerl wedder bi em an, un do klaagt he em dat, de Buur, dat he de Koppel nu uk inföhrn schall in enen Dag.

Do seggt de lütt Keerl to em, he schall hen gahn un bidden den

Herrn üm en Dracht Havern. He schall man seggen, he hett nix mehr to freten för sien Peer. Un denn schall he hen to Dörp gahn un all de Reep halen, de in 'n Dörp sünd.
He geiht je hen na 'n Herrn, wat he man en Dracht Havern hebben schall, un de Herr verlöövt em dat uk. Un do geiht he hen to Dörp un lehnt sik all de Reep tohoop, de in 'n Dörp sünd – dat is 'n ganz Fohr west –, un dar föhrt he mit na de Koppel hen. Un do knütt se all de Reep tohoop. Un do mutt de Buur op enen Enn anfaten an dat Tauwark, un de lütt Keerl faat an 'n annern Enn an, un de een geiht links üm den Havern, un de anner rechts. Un as se tosamen sünd, do treckt se dat all tohoop, wat op de Koppel is. Un do nimmt de lütt Keerl dat op 'n Nacken un driggt dat na den Buurn sien Huus hen.
Do geiht de Buur hen na 'n Hoff un seggt: So, Herr, de Koppel is leddig.
Ja, du hest hier je nix bröcht, seggt de Herr.
Ja, seggt de Buur, he hett em je en Dracht Havern verlöövt; dat hett he na sien Huus dragen, un do is dat all west.
Do seggt de Herr, denn schall he em en annern Dag den gröttsten Boom bringen, den he in't Holt hett. Wenn he dat nich kann, schall he liekers noch vun 'e Steed.
Annern Morrn geiht he je hen to Holt, de Buur, un röppt: Mien Ohm!
Do kümmt de lütt Keerl wedder bi em an, un do klaagt de Buur em sien Noot, dat he den Herrn den gröttsten Boom bringen schall, den he in't Holt hett.
O, seggt de lütt Keerl, dat wüllt wi wull kriegen. Un do söökt se den gröttsten Boom ut, un de lütt Keerl ritt em ut de Eer.
Ja, seggt de Buur, wo kriegt wi em nu man na'n Hoff hen?
O, tööv man en beten, seggt de lütt Keerl, dar warrt wull glieks Fohrwark kamen. Un do wahrt dat uk nich lang, do kaamt dar dree groot, swart Hingsten an mit'n Wagen un mit en övrig Seel. Un do smitt de lütt Keerl den Boom op'n Wagen, un do föhrt se na'n Hoff hen, vör't Herrnhuus hervör.
Do fraagt de lütt Keerl: Schall ik den Boom dar nu baben rop smieten na't Huus?
Nee, seggt de Buur, he schall em man nedden laten.

Do kümmt de Herr rut un besüht de Hingsten. Dat sünd je bannig schöön Hingsten, seggt he.
Ja, seggt de lütt Keerl, kennst du de nich?
Nee, seggt he.
Ja, denn will ik di dat seggen, seggt he. Dissen, den ik ünner'n Sadel heff, dat is dien ool Ellervader. Un den ik achterbi heff, dat is dien Grootvader. Un den ik op't Leid heff, dat is dien Vader. Un denn heff ik hier noch een leddig Seel, dar schaßt du in.

53. De gerecht Vadder

Dar is mal 'n Mann west, de hett sik en Vadder söken wullt, aver gerecht hett he wesen schullt.
Nu geiht he je los.
Ünnerwegens begegent em en Mann, de fraagt em, wo he hen will.
He will sik en Vadder söken, seggt he, aver gerecht schall he wesen.
Ja, seggt de Mann, wat he em denn nich nehmen will to 'n Vadder.
Ja, wer he denn is.
He is uns' Herrgott, seggt he.
Nee, seggt he, em will he nich hebben. He is nich gerecht. Den enen gifft he Land un Sand, un den annern gifft he 'n Staff in 'e Hand. Darmit geiht he je wieder.
As he en lütt Flach bet to is, do kümmt dar wedder een gegen em an. De fraagt em uk, wo he hen will.
Ja, he will sik en Vadder söken, seggt he, aver gerecht mutt he wesen.
Ja, wat he em denn nich nehmen will.
Ja, wer he denn is.
He is de Dood, seggt he.
Ja, seggt he, em will he hebben, he is gerecht, he geiht graad dör, he nimmt riek un arm, un jung un oolt.
Nu geiht he je wedder trüch mit den Dood, un do fraagt he em,

wo dat togahn deit, dat de welk Minschen so fröh doot blievt un de welk so oolt warrt.
Ja, seggt de Dood, de Minschen, de hebbt all en Lamp, dar is Ööl in. Welk hebbt man wenig in un welk veel. Un wo man wenig in is, de blifft jung doot, un wo veel in is, de warrt oolt.
Do fraagt he em, wo dat denn togeiht, dat welk so butz doot blievt un welk sik eerst noch so lang quälen mööt.
Ja, seggt de Dood, dat mutt he sik uk so vörstellen as mit 'n Lamp. Männichmal, wenn dat Ööl all is, denn geiht se je so butz ut, un männichmal quält se sik noch lang; denn glummt dat je noch so na.
Do fraagt he den Dood, wo veel as he denn noch in hett.
Ja, seggt de Dood, he hett man en lütt beten mehr in.
Do bidd he den Dood, he schall dar doch noch en beten to ingeten in sien.
Nee, seggt de Dood, dat kann he je nich. Denn weer he je nich gerecht.

54. Windhund, Kreih un Miegelreem

Dar is mal 'n rieken Koopmann west, de hett gar keen Kinner hatt.
Nu kümmt dar mal 'n lütten armen Jung bi em, de bidd 'n beten Broot. De Koopmann gifft em wat, un do geiht de Jung wedder rut.
Nu hett dar so'n Bänk vör de Döör stahn, dar krüppt de Jung ünner mit sienen Korf un leggt sik dar hen. Un do warrt he mööd un slöppt to.
's Abends, as se de Döör tomaken wüllt, warrt se dat wahr, dat dar 'n Kind ünner de Bänk liggt un slöppt.
Ja, seggt de Koopmann, wi künnt doch keen Kind ünner de Bänk liggen laten. Wi wüllt em herin nehmen, den Jung. He kann hier je binnen slapen.
Nu haalt se den Jung je rin un geevt em wat to eten, un do fraagt de Koopmann em af, wo he heet un wo sien Vadder wahnt un worüm as he Broot bidden mutt.

Do vertellt de Jung em dat je un seggt, sien Vadder un Mudder hebbt man so knapp Broot: he mutt 'n beten tobidden.
Ja, seggt de Koopmann, wenn du hier bi mi blieben wullt, un dien Vadder un Mudder wüllt dat uk, denn will ik di beholen un groot maken; denn hest du je Broot.
Ja, seggt de Jung, dat will he.
Ja, seggt de Koopmann, denn kannst du övernacht man eerst hier blieben, un morrn fröh geihst du denn na dien Vadder un Mudder un fraagst ehr, wat se dat hebben wüllt.
Annern Morrn, do geiht he je hen to Huus un fraagt ehr.
Ja, seggt se, dat wüllt se.
Do geiht he je wedder hen un blifft bi den Koopmann.
Nu lett de Koopmann em na School gahn un wat lehrn. Un wenn he ut de School kümmt, denn haugt he Holt un driggt Holt un Water in de Köök. Un darbi is he ümmer so lustig un vergnöögt: he singt un fleit den ganzen Dag. Dat höögt den Koopmann so, un he höllt so veel vun den Jung, as wenn dat sien egen Kind is.
As he ut de School is, de Jung, do fraagt de Koopmann em, wat he nu warden will. He schall lehrn, wo he Lust to hett.
Ja, seggt de Jung, he will uk Koopmann warden.
Ja, dat schall he denn uk.
Nu warrt he je Koopmann un kümmt in de Lehr.
As he utlehrt hett, do schall he je en beten in 'e Frömm un sik wat versöken, en beten Ünnerscheed lehrn. Un naher schall he wedder to Huus kamen.
Nu geiht he je weg.
Do kümmt he na 'n Stadt; dar mag he nich wesen. He reist noch wedder na 'n frisch Stadt hen; dar mag he uk noch nich wesen. He denkt: Muß noch 'n beten wieder gahn.
Do kümmt he in'n Holt, dar geiht so'n schiern Weg lingelang, so'n graden Weg, as so'n Straat. He geiht ümmer eben weg. Un dat Holt hett keen Enn un kriggt keen Enn.
Do liggt dar en ool dood Peerd an 'n Weg. Un bi dat Peerd steiht en Windhund bi un 'n Kreih un 'n lütt Miegelreem. He geiht so vörbi, seggt ehr nix.
As he en arig Flach weg is, kümmt de Windhund em na.

Nu will he di je wull wat, denkt he.
Do seggt de Windhund to em, he schall wedder mit trüch kamen un delen ehr dat Peerd ut'nannern. Se hebbt dar al söben Jahr bi stahn, un se künnt dar nix afkriegen.
Ja, wat se dat denn künnt, wenn he ehr dat delen deit.
Ja, seggt de Windhund, denn künnt se dat.
Ja, wenn he dat man so delen kann, dat se dar vun tofreden sünd.
Ja, seggt de Windhund, so as he dat maakt, so is dat goot.
Nu geiht he je wedder mit trüch mit den Windhund.
As se bi dat Peerd kaamt, do snidd he eerst den Kopp af. So, seggt he to de Miegelreem, den schaßt du hebben. Du büst lütt un kannst je allerwegens rin krupen, in all de Röhren un Lökker, un kannst di dat dar rut halen.
Do snidd he de Schinkens un de Vörblääd af, dat is je dat mehrst west. So, seggt he to den Windhund, dat schaßt du hebben; du büst je de gröttst.
De Rippen gifft he de Kreih. Du hest je 'n Snavel, seggt he, du kannst di dat dar je twischen ut hacken.
So, seggt he, nu vertöörnt ju dar man nich bi!
Nee, seggt se.
Nu geiht he dar je wedder weg. As he 'n Tietlang weg is, do kümmt de Windhund em noch mal wedder na.
Na, denkt he, nu hebbt se sik dar je doch wull bi vertöörnt.
Do seggt de Windhund to em, se hebbt sik je gar nich bi em bedankt.
O, seggt he, dat deit uk nich nödig.
Ja, seggt de Windhund, dat mööt se, bedanken mööt se sik. He schall doch wedder mit trüch kamen.
Nu geiht he je wedder trüch mit den Windhund.
As se dar nu wedder ankaamt, do seggt de Windhund to em: So, eerst will ik mi bedanken. Wenn du di mal to'n Windhund maken wullt, un du seggst: Ik as 'n Windhund! denn so büst du 'n Windhund. Un wenn du dat nich länger wesen wullt, un du seggst: Ik as 'n Minsch! denn so büst du wedder 'n Minsch.
Do seggt de Kreih to em: Ik will mi uk bedanken. Wenn du mal 'n Kreih warrn wullt, denn seggst du: Ik as 'n Kreih! Denn so büst du 'n Kreih.

Do seggt de Miegelreem: Ik will mi uk bedanken. Wenn du di mal to'n Miegelreem maken wullt, denn kannst du man seggen: Ik as 'n Miegelreem! Denn so büst du 'n Miegelreem.

Nu hebbt se sik all dree bedankt, un do geiht he je wieder.

As he 'n arig Tiet gahn hett, un dat Holt is noch ümmer nich to'n Enn, do denkt he: Schaßt di mal to'n Windhund maken, denn schafft dat je beter. He maakt sik to'n Windhund un löppt 'n ganz gefährlich Flach. Avers nee, he kann dat Holt nich to'n Enn kriegen. Do maakt he sik wedder to'n Keerl un geiht wieder.

He hett wedder 'n Tietlang gahn, do denkt he: Schaßt di mal to'n Kreih maken. Do maakt he sik to'n Kreih un flücht baben in den hööchsten Boom herin, de dar is. Avers nee, he kann nix sehn as Holt un Heben.

Nu flücht he en ganz gefährlich Flach. Un as he nich mehr flegen mag, maakt he sik wedder to'n Windhund un löppt. Avers nee, dat Holt kriggt keen Enn. Do maakt he sik wedder to'n Keerl un geiht wieder.

Nu warrt dat Abend, un do denkt he: Wo schaßt nu hen? Do liggt dar en paar Steen; twee liggt so un so, un een liggt dar so verdwaß över. So, denkt he, schaßt di to'n Miegelreem maken un krupen dar ünner; denn findt di je keen. Dar kannst de Nacht över je ünner besitten blieben. He maakt sik to'n Miegelreem un krüppt dar ünner.

Do geiht dar so 'n deep Lock na de Eer herin, dar fallt he in hendal. Un as he nedden is, do is he in'n groten Sloß.

Bi den Sloß is 'n groot Stadt bi west, de is uk ünner de Eer west.

As he dar nu rinfallt na'n Sloß, do is de ool König dar in de Stuuv un sien Dochter, de Prinzessin, de sitt graad an 'n Disch un itt wat. Un naher, as se wat eten hebbt, do gaht se to Bett.

As se nu in 'n Bett liggt, de beiden – düüster is dat je al west –, do krüppt he as Miegelreem mit na de Prinzessin ehr Bett herin. Un do maakt he sik to'n Keerl. He will ehr je utfragen, wat dat op sik hett, dat se ünner de Eer sünd.

Do warrt se ganz fürchterlich schrien: Vadder, hier liggt en Keerl bi mi in'n Bett!

Och, Deern, seggt de König, büst je wull narrsch! Dar kann je doch keen Keerl kamen! Wo schull dar wull en Keerl kamen!
He maakt sik gau wedder to'n Miegelreem un verkrüppt sik ünner ehr Hemd.
Ja, ja, Vadder, seggt se, en Keerl weer hier eben. Stick man mal Licht an!
De König kümmt je in 'e Been, ut'n Bett herut, un stickt Licht an. Do is je keen Keerl to sehn. Na, sühst du wull, seggt he, woneben is hier nu en Keerl? Ligg man still un slaap to. Un do puust he dat Licht ut un geiht wedder hen to Bett.
Dat duurt 'n arig Tiet, do maakt he sik wedder to'n Keerl.
Do warrt se wedder schrien: Vadder, nu is de Keerl hier al wedder!
Do warrt de Ool schellen: se schall em tofreden laten; se hett je doch sülben sehn, dat dar keen Keerl is; nu steiht he nich wedder op.
Do buckt he ehr vör't Ohr un seggt sacht to ehr, se schall doch still wesen; doon will he ehr nix, he will man mal mit ehr snacken. Se schall avers sacht snacken, dat ehr Vadder dat nich hören deit. Un do fraagt he ehr, wat dat hier is, wodennig as se dar rin kamen sünd na de Eer, un wat se gar nich erlööst warrn künnt.
Ja, seggt se, dat weet se nich, ehr Vadder weet dat wull.
Ja, denn schall se ehren Vadder mal fragen, wenn't Dag is. Denn will he sik to'n Miegelreem maken un will ehr in'n Bossen sitten un dat anhören.
Annern Morrn, as se bi'n Kaffi sünd – he hett sik je to'n Miegelreem maakt un sitt ehr in'n Bossen –, do fraagt se ehren Vadder, wodennig as dat is, wat se gar nich erlööst warrn künnt.
Ja, mien Dochter, seggt de König, dat künnt wi, erlööst warrn künnt wi. Avers mit lichten nich. Dar un dar liggt 'n Draken, de hett dree Köpp; den mutt een eerst üm't Leben bringen. In den middelsten Kopp is 'n Duuv in, un de Duuv hett dree lütt Stenen in'n Kopp. De dree lütten Stenen – hier baben uns liggt uk dree Stenen, un ünner de Stenen is 'n Lock, un dar mutt en de dree lütten Stenen, de de Duuv in'n Kopp hett, de mutt en

dar rinner boßeln. Denn so sünd wi erlööst. Denn is dat Holt weg, un de Stadt is wedder baben de Eer.

Nu huukt he ehr je as Miegelreem in'n Bossen un hett dat je all mit anhöört. Un do krüppt he as Miegelreem in dat Lock ünnerhööcht un krüppt ut dat Lock herut. Un do maakt he sik wedder to'n Keerl. Un nu hett he 'n groot Sweert bi sik hatt, un do geiht he dar hen, wo de Draak liggt. De König hett je to sien Dochter seggt, woneem as dat weer.

As he dar kümmt, hu! wat brüllt de Draak, as he em süht.

Nu fecht he sik eerst arig mit den Draken. Un as he flau is, un he kann nich mehr, dat de Draak em över warrn will, do maakt he sik to'n Windhund. Un dunn as Windhund op den Draken dal. Un wielt he sik as Windhund mit den Draken fecht, wieltdes rauht he sik as Keerl wedder ut.

Toletzt warrt de Draak uk al so'n beten flau: do maakt he sik gau wedder to'n Keerl, un do warrt he den Draken över un haugt em enen Kopp af. Un do fecht he sik noch en arig Tiet: do kriggt he noch enen Kopp weg. Do hett de Draak den middelsten Kopp je man mehr na; dar hett de Duuv je in seten. Nu fecht he noch en beten, un do maakt he sik wedder to'n Windhund. Do kriggt he as Keerl je wedder frisch Kräft. Un de Draak warrt je ümmer flauer. Un do maakt he sik wedder to'n Keerl un haugt em den middelsten Kopp uk af. Do flücht de Duuv op. He maakt sik een twee dree to'n Kreih, un dat de Duuv na, un kriggt ehr uk faat. Un as he de Duuv faat hett, flücht he mit ehr na de Eer. Un do maakt he sik flink to'n Keerl un snidd de Duuv den Kopp af.

Do boßelt dar dree lütt Steen herut ut den Kopp.

He sammelt de lütten Steen op un stickt ehr in 'e Tasch. Un do kümmt he bi un löööst den Draken de dree Tungen ut; de bewickelt he in sienen Taschendook. Un do geiht he dar wedder hen, wo de dree Steen liggt, wo dat Lock na de Eer rin geiht. Un dar boßelt he de dree lütten Steen herin. Un mit 'n Mal is dat Holt weg, un de Stadt steiht dar wedder in ehr Wöörden baben de Eer. Un de König un sien Dochter un all de Lüüd, de in den Sloß un in de Stadt wahnt hebbt, de sünd nu je all erlööst west.

Nu lett de König utgahn, de, de ehr erlööst hett, de schall sik melln, de schall sien Dochter to'n Fru hebben.
Do mellt sik je so veel, de dat Erlösen hebbt daan hebben wullt. De een hett dat daan hebben wullt, un de anner hett dat daan hebben wullt. Avers de mööt je all trüchstahn: de hebbt je all nix optowiesen hatt.
Toletzt geiht he uk hen un wiest de dree Tungen vör. Do warrt he je annahmen. Un do kriggt he de Königsdochter to'n Fru, un naher warrt he König.
So, nu is 't to Enn.

55. De Königsdochter in 'n Keller

Dar sünd mal ins twee Königen west, de hebbt ümmer tosamen holen.
De een hett 'n Söhn hatt, un de anner hett 'n Dochter hatt. Un se hebbt sik afmaakt, wenn ehr Kinner groot weern, denn schullen se sik tosamen heiraden.
De beiden Kinner hebbt uk veel een vun'nannern holen. Un de Königsdochter hett 'n Geldbüdel maakt, den hett se den Königssöhn schenkt. Un he hett em anheegt un hett em ümmer bi sik dragen to'n Andenken.
Nu is de König, de de Dochter hatt hett, de is aver rieker west as de anner. Un as de Kinner nu groot sünd, un se wüllt sik heiraden, do will he dat nich hebben. Un he kümmt bi un lett 'n depen Keller maken ünner de Eer, dar kriggt he sien Dochter un ehr Kamerjümfer in, un denn för söben Jahr to leben. Un do slütt he den Keller fast to. Un vör de Döör, dar stellt he 'n paar Löven vör, dat de beiden nich rut kamen künnt ut'n Keller, un dat dar uk keen Minsch na ehr rin kamen kann.
Nu hebbt se al 'n arig Tiet in'n Keller seten, do brennt den König, wat de Königsdochter ehr Vadder west is, den sien Sloß brennt af. Un ehr Vadder un Mudder brennt dar beid in up, un all de Lüüd, de dar in west sünd, uk mit.

Dar hebbt de beiden in'n Keller aver nix vun to weten kregen.
As de söben Jahr nu meist üm sünd, do hebbt se man 'n beten mehr na to leben. Un se mööt al jeden Dag weniger eten, dat se man utkamen doot. Toletzt hebbt se nix mehr na as 'n beten Fett; dar stoovt se sik Netteln mit up, de in'n Keller wussen hebbt. To allerletzt, do hebbt se uk keen Fett mehr. Do mööt se de Netteln al so eten, ahn Fett.
As de Netteln nu uk all sünd, un se hebbt gar nix mehr to leben, do seggt de Königsdochter, doot hungern, dat's doch 'n Küür, se wüllt mal an de Döör kloppen, wat ehr keen Minsch hören deit un bringt ehr wat to leben.
Nu sünd de olen Breed vun den Regen al ganz möör west. Un as se dar nu ankloppen doot, an de Döör, do kriegt se dar en Lock hendör. Do breekt se ümmer en beten mehr ut, un toletzt hebbt se dat Lock al so groot, dat se dar hendör krupen künnt. Do warrt se de beiden Löven je wahr vör de Döör.
Nu sünd se aver je so hungerig west, un do seggt de Königsdochter, rut will se, un wenn de Tiern ehr uk toriet un upfreet.
Nee, seggt de anner, toeerst schall se nich rut. Wenn de Tiern ehr torieten doot, dat kann se nich ansehn. Se hett so lang mit ehr utholln, seggt se, denn will se nu uk de eerst wesen. Un do geiht se up de Tripp hen stahn un seggt: Slaap, een Oog, slaapt twee Ogen, slaapt dree Ogen. Un darmit springt se to un will över de Löven wegspringen. Aver dat veert Oog hett je nich slapen – se hett je nich seggt ›slaapt, veer Ogen‹, dat hett se vergeten –, un do kriggt de Lööv ehr to packen un toritt ehr.
As he sik nu wedder dal leggt hett, de Lööv, do geiht de Königsdochter up de Tripp hen stahn un seggt: Slaap, een Oog, slaapt, twee Ogen, slaapt, dree Ogen, slaapt, veer Ogen. Do slaapt all veer Ogen to. Un do springt se to un kümmt glücklich mang de Löven dör. Do is se je reddt.
Nu will se je na ehrn Vadder sien Sloß hen. Aver as se dar ankümmt, do is dat Sloß je afbrennt. Do weet se uk je, wo dat togahn deit, dat ehr nümms wat to leben bröch hett.
Nu geiht se je wieder.
Toletzt – dat warrt al düüster –, do kümmt se in 'n groot

Holt to Gang. Do stiggt se to Boom un will mal sehn, wat se nich woor en Licht wahr warden kann. Do süht se in 'e Feern en Licht, dar geiht se up to.
As se dar ankümmt, bi dat Licht, do is dat en Sloß.
Dat is dat Sloß west, wo ehr Brüdigam in wahnt hett, de Königssöhn.
Nu geiht se dar je rin na'n Sloß, un do dröppt se dar en Fru.
Do fröggt se de Fru, wat se dar keen Kööksch nödig hebbt.
Ja, seggt de Fru, se kann bi ehr ankamen.
Do vermeedt se sik dar in 'n Sloß as Kööksch.
De Fru hett dree Döchter hatt. De sünd sik striedig west un hebbt all dree den Königssöhn geern hebben wullt. De een hett em hebben wullt, un de anner hett em hebben wullt.
Nu hett de Königssöhn seggt, de em so'n Geldbüdel maken kunn, graad so 'n, as he in 'e Tasch harr, de wull he to 'n Fru nehmen, anners keen.
De dree Döchter hebbt aver nich so'n trecht kriegen kunnt.
Do kümmt de öllst Dochter mal bi ehr an in de Köök un fröggt ehr, wat se nich so'n Geldbüdel maken kann.
Se besüht em un seggt ja, dat kann se.
Ja, seggt se, denn schall se ehr doch so'n maken. Denn will se so lang de Arbeit för ehr doon.
Do maakt se ehr 'n Geldbüdel, de hett ganz akkraat so utsehn as de anner. Un do geiht de Dochter dar mit hen na den Königssöhn un seggt, se hett em maakt.
Nu hett de Geldbüdel je graad so utsehn as de anner, un do warrt je 'n Dag ansett, wo de Hochtiet warrn schall.
As dat nu aver so wiet is, un de Hochtiet schall warrn, do is se krank, de Bruut, un kann nich utgahn. Se hett in Wuchen schullt.
Do kümmt se in de Köök an un seggt: Deern, kumm gau mit un treck mien Kleed an, un denn föhr du mit em hen na Kirch. Du sühst je graad so ut as ik. Du mußt aver jo un jo nich spreken, seggt se, du hest je 'n fiener Stimm as ik.
Do mutt de Kööksch de Bruut ehr Kleed antrecken, un do meent de Königssöhn je, dat sien Bruut dat is, un föhrt je mit ehr los.
Nu kaamt se toeerst bi den Keller vörbi, wo se so lang in seten hett. Do seggt se:

Nettel, Nettel gröön,
wat steihst du hier so schöön!
Wie oft hab ich dich ungesalzt
und ungeschmalzt gegessen!

Do seggt de Königssöhn: Mein Kind, hast du die gegessen?
Ja freilich, seggt se.
Do föhrt se je wieder. Un do kaamt se bi den afbrennten Sloß vörbi. Do seggt se:

Hier liegen die schneeweißen Falken
von meines Vaters Hausbalken.

Do seggt he: Mein Kind, ist das deines Vaters Haus gewesen?
Ja freilich, seggt se.
Toletzt kaamt se in'n Weg, dar staht blang bilank an beid Sieden so'n schöön Linnen.
Do seggt se:

Hier stehen die schönen Linden,
die ich gepflanzt hab' mit meinem gold'nen Ringe.

Do seggt he: Mein Kind, hast du die gepflanzt?
Ja freilich, seggt se.
Do föhrt he eerst mit ehr bi'n Goldsmitt vör. Dar köfft he ehr en gollen Keed üm 'n Hals, mit 'n gollen Slott vör. De bindt he ehr üm, un dat Slott slütt he to, un den Slötel stickt he in de Tasch. Un do föhrt he mit ehr hen na Kirch, un dar warrt se em antroot.
As se ut de Kirch kamen sünd, un se sünd wedder to Huus, do treckt se dat Kleed ut un geiht wedder an ehr Arbeit. Un de anner treckt ehr Kleed wedder an. Un do kümmt se na'n Saal herin un beert so, as wenn se dat is, de em antroot is.
Nu, abends, as de Hochtiet ut is, un de Lüüd sünd all wegföhrt, do seggt se to ehrn Mann: So, nu kumm man mit to Bett.
Ja, seggt he, wat seest du man noch, as wi bi den Keller vörbi kömen.
Heff ik dunn wat seggt? seggt se.
Ja, seggt he, weeßt dat nich mehr?

Do geiht se rut na de Köök un seggt: Deern, du olle Flillerflaller, wat hest du seggt, as ji bi den Keller vörbi kamen sünd?
Ja, seggt se, ik heff wieder nix seggt as dat un dat. Un do seggt se ehr dat.
Do geiht se wedder rin, de anner, un seggt: So, nu weet ik al, wat ik seggt heff. Ik see:

Nettel, Nettel gröön,
wat steihst du hier so schöön!
Wie oft hab' ich dich ungesalzt
und ungeschmalzt gegessen!

Do fröggt he: Hest du den Nettel denn eten?
Nee, seggt se, dat heff ik nich. Aver kumm nu man mit to Bett.
Ja, seggt he, wat seest du man noch, as wi bi den afbrennten Sloß vörbi kömen?
Heff ik dunn uk wat seggt? seggt se.
Ja, seggt he, weeßt dat nich mehr?
Do löppt se wedder rut na Köök un seggt: Deern, du ole Flillerflaller, wat hest du seggt, as ji bi den afbrennten Sloß vörbi kamen sünd?
Ja, seggt se, ik heff wieder nix seggt as dat un dat.
Do geiht se wedder rin un seggt: So, nu weet ik al, wat ik seggt heff. Ik see:

Hier liegen die schneeweißen Falken
von mein'n Vater sein'n Hausbalken.

Is dat dienen Vadder sien Huus denn west? seggt he.
Nee, seggt se, dat is dat nich. Aver kumm nu man mit to Bett.
Ja, seggt he, wat seest du man noch, as wi bi de Linnen helang föhren deen?
Heff ik dunn uk wat seggt? seggt se.
Ja, seggt he, weeßt dat nich mehr?
Do löppt se wedder rut na Köök. Deern, du ole Flillerflaller, seggt se, wat hest du seggt, as ji bi de Linnen helang föhrt sünd?
Ja, seggt se, ik heff wieder nix seggt as dat un dat.

Do geiht se wedder rin un seggt: So, nu weet ik al, wat ik seggt heff. Ik see:

> Hier stehen die schönen Linden,
> die ich gepflanzet hab' mit meinem gold'nen Ringe.

Hest du de Linnen denn plant? seggt he.
Nee, seggt se, dat heff ik nich. Aver kumm nu man mit to Bett.
Nee, seggt he, so noch nich. Se schall em eerst de Keed mal wiesen, de he ehr ümgeben hett.
Do löppt se wedder rut na Kööк un seggt: Deern, do mi gau de Keed her, de he di ümgeben hett. Un se kümmt bi un will ehr de Keed afbinnen.
Aver dat Slott is je toslaten west, un den Slötel hett he je in de Tasch hatt, un do kann se de Keed je nich afkriegen. Un do kümmt se je so wedder rin un hett keen Keed.
Do seggt he to ehr: So, seggt he, nu weet ik al noog. De anner, dat is mien eerst Bruut west, un nu is se mi uk antroot: denn will ik de nu uk beholln. Un do hett he de Königsdochter to'n Fru nahmen, un de anner hett trüchstahn müßt.

56. De Mann ut'n Paradies

Dar is mal 'n Buurfru west, en ool Wittfru, de is so dumm west.
Nu kümmt dar mal en Reisen bi ehr an un biddt.
Do fraagt se em, wo he her kümmt.
Ja, he kümmt ut Paris, seggt he.
Ut'n Paradies?
Ja, ut'n Paradies.
Och, seggt se, denn hett He mienen ooln Mann dar uk sachs sehn?
Ja wull, lütt Fru, seggt he, dar heff ik noch mit snackt, as ik weg gahn dee.
So? seggt se. Na wo geiht em dat dar denn?
Och, Gott, seggt he, dat geiht em dar heel leeg. De ool Mann

mutt Swien höden un hett nix mehr üm un an. Sien Schoh, de sünd so twei – he geiht sotoseggen barft in'e Stoppeln.
Och, du lever Gott, ja! – Reist he dar noch wedder hen?
Ja, seggt he, ik heff hier blot 'n beten to doon; naher reis ik dar wedder na to.
Och, mien gode Mann, seggt se, denn kunn He je so goot wesen un nehmen mienen olen Mann en beten mit.
Ja wull, lütt Fru, seggt he, dat will ik geern doon.
Do gifft se em ehrn Mann sien sünndaags Tüüch mit, en ganzen Antog, vun Enn to Wenn, mit Hoot un Steveln, un gifft em fööftig Daler mit, un denn noch en Swiensschinken vun 'n veertig Pund, dat he uk wat to leben hett, ehr ool Mann. Un de Keerl geiht dar je mit af.
As he 'en lütt Flach weg is, do röppt se em na: O, mien gode Mann, seggt se, kiek He sik noch mal üm, dat ik Em wedder kennen do, wenn ik Em mal wedder to sehn krieg.
He ritt gau de Büx vun'n Noors, un do höllt he ehr den barden Noors so hen.
Sieh so, seggt se, nu gah He man los. Breet vun Gesicht un lang vun Nees! Nu will ik Em wull wedder kennen.
Naher – dat warrt je Meddag –, do kümmt de Söhn to Huus vun'n Plögen.
Och, Gott, mien Söhn, seggt se, mien best Hans, hier is een west, de hett mi'n Gruß bröcht vun dienen olen Vadder. Den geiht dat dar so trurig: he mutt Swien höden un hett nix mehr üm un an.
Mudder, seggt de Söhn, Se hett den Keerl doch nix mitgeben?
Gott, ja, mien Söhn, seggt se, ik heff em Vadder sienen sünndaagschen Antog mitgeben un denn 'n paar Schilling Geld un 'n beten to leben.
Klaas, seggt de Söhn, sadel mi mal gau den Appelschimmel, den Keerl will ik na.
Na, de Knecht, de sadelt em den Schimmel, un dunn he den Keerl je na.
De Reisen, as de dat wahr warrt, dat dar een in vullen Sprüngen achter em an klebuddern kümmt, do markt he je Unraat. He gau dör'n Knick hendör, un dat na dat hoge Koorn herin.

De anner, de bindt sienen Schimmel dar an, an'n Busch, un dunn den Keerl na.

De dreiht sik kort op'e Hacken herüm in dat Koorn, dunn wedder dör'n Knick hendör, un dat na den Schimmel rop, un dunn – hest 'n nich, so kriggst 'n doch – mit den Schimmel weg, as wenn de Dövel achter em is.

Na, de anner, de höört dat Klebuddern je, dat de Keerl mit den Schimmel utrackt, aver do is't je to laat. Wedder binnenhalen kann he em je nich mehr.

Do gruvelt he sik ut, wat he seggen will, wenn he bi de Olsch in'n Huus kümmt.

As he bi ehr kamen deit in'n Huus, na, mien Söhn, seggt se, wo 's't worrn?

Ja, Mudder seggt he, ik heff em den Schimmel uk noch mitgeben.

Dar hest du Gottes Lohn an verdeent, mien Söhn, seggt de Olsch. Nu bruukt he je nich to Foot to gahn, dien ool Vadder, nu kann he sien Swien je narieden.

57. *De klook Buurndochter*

Dar is mal 'n Buur west op'n graafschafflich Goot.

Nu hett dar en Stück Land an sien Feldmark stött, dat hett wööst legen.

Do geiht he hen na 'n Grafen, de Buur, un biddt em, wat he dat Stück Land man hebben schall; denn will he dat oorbar maken.

Ja, seggt de Graaf, dat kann he kriegen.

Ja, seggt de Buur, aver so lang, as he op de Steed is, will he dar keen Pacht för betahlen.

Nee, dat schall he denn uk nich, seggt de Graaf.

As dat Land nu aver oorbar is, do hett de Inspekter em dar doch Pacht för ansett.

Do seggt he to den Inspekter, de Graaf hett em dat je doch toseggt, dat he dar keen Pacht för geben schull.

Dat geiht mi nix an, seggt de Inspekter. Dat Land is drachbar, un du mußt dar för betahlen.
Do geiht he hen na'n Grafen, de Buur, un seggt, se hebbt je doch afmaakt, he schull dar keen Pacht för betahlen, för dat Land, un nu hett de Inspekter em dar doch wat för ansett.
Ja, seggt de Graaf, wat mien Inspekter ansett, mutt gelln.
Ja, seggt de Buur, dat hett em je doch so veel Geschirrgeld kost; denn hett he dar je gar nix bi.
Ja, dat 's enerlei, seggt de Graaf. Aver he will em dree Radels opgeben. Wenn he de raden kann, denn schall he keen Pacht betahlen. He schall em seggen, wat fetter is as fett, wat heller is as hell, un wat am dullsten klingt un schallt över de ganze Welt.
As he to Huus kümmt, de Buur, do seggt sien Dochter: Vadder, wat schaadt di? Du sühst je so vertöörnt ut.
Ja, seggt he, dat magst wull seggen. De Graaf hett mi dree Radels opgeben. Wenn ik de raden kann, denn schall ik keen Pacht betahlen. Aver dat kann ik je nich, seggt he.
Wat sünd dat denn för Radels? seggt se.
Ja, seggt he, to'n eersten schall ik raden, wat fetter is as fett. Dat is je wull, wenn 'n sik 'n Bodderbroot smeert mit Wust op un denn noch 'n Stück Speck to opleggt.
Och, Vadder, seggt se, fetter as fett, dat is je de Eerdboden.
Ja, un to'n tweten schall ik raden, wat heller is as hell. Dat is je wull, wenn de Sünn schient un de Maan, un wenn 'n denn noch 'n Lamp to anstickt.
Och, Vadder, seggt se, heller als hell, dat sünd je de Diamanten.
Ja, seggt he, un to'n drüdd'n schall ik raden, wat am dullsten klingt un schallt över de ganze Welt. Dat is je wull, wenn bi de Musik trummelt warrt, un denn noch Kanonen to gaht.
Och, Vadder, seggt se, wat am dullsten klingt un schallt över de ganze Welt, dat is je dat Gottswoort.
Annern Morgen geiht de Buur je wedder hen na den Grafen.
Na, seggt de Graaf, hest de Radels raadt?
Ja, seggt he.
Wat is denn fetter as fett? seggt de Graaf.

Fetter as fett, seggt de Buur, dat is de Eerdboden.
Wat is denn heller as hell?
Heller as hell, dat sünd de Diamanten.
Nu aver to'n drüdd'n! seggt de Graaf. Wat is dat, wat am dullsten klingt un schallt över de ganze Welt?
Dat is dat Gottswoort, seggt de Buur.
Do seggt de Graaf: Dat hest du nich ut di sülben.
Ja, seggt de Buur eerst.
Nee, seggt de Graaf, dat hett he doch nich. He schall em man seggen, wo he dat her hett.
Ja, seggt de Buur dunn, sien Dochter hett em dat angeben.
Do seggt de Graaf, wenn he son klook Dochter hett, denn schall se mal to em kamen. Aver se schall nich gahn un nich föhrn un nich rieden, se schall nich kleedt wesen un nich naakt, un schall nich in'n Weg kamen un nich ut'n Weg.
As de Buur wedder to Huus kümmt, do seggt sien Dochter: Na, Vadder, wat schaadt di? Du sühst je wedder so vertöörnt ut.
Ja, seggt he, du hest en goden Snack faat. Du schaßt na'n Grafen kamen. Aver du schaßt nich gahn un nich föhrn un nich rieden, du schaßt nich kleedt wesen un nich naakt, un schaßt nich in'n Weg kamen un nich ut'n Weg. Wo wullt du dat wull angahn?
O, Vadder, seggt se, dat wüllt wi licht kriegen. Haal mi man dat Fischernett, un denn spann mi man den Esel vör de Slööp.
Do bewindt se sik in dat Fischernett: do is se nich kleedt un nich naakt. Un do sett se sik op de Slööp: do kümmt se nich angahn, nich anföhrn un nich anrieden. Un do slööpt se in de Wagentraav lang: do kümmt se nich in'n Weg un nich ut'n Weg.
As se op'n Hoff kümmt, do lett se sik bi den Grafen melln.
Nu is se je nich kleedt west un nich naakt, hett je nich gahn, nich föhrt un nich reden, un is je nich in'n Weg kamen un nich ut'n Weg.
Do seggt de Graaf, wenn se so klook is, denn schall se sien Fru warden. Wat se dat will.
Ja, seggt se.
Ja, seggt de Graaf, se schall sik aver nich mang sienen Kraam

steken. Wenn se sik mang sienen Kraam steken deit, denn sünd se scheedt.
Nee, dat will se uk nich, seggt se. Aver se will sik uk wat utbescheden. Wenn dat do so wiet kamen schull, un se wörrn scheedt, denn will se sik dree Deel wünschen.
Ja, seggt de Graaf, dat schall se denn uk. Un do nimmt he ehr to'n Fru.
Na verlopen Tiet mööt de Buurn vun 'n Dörp dar mal plögen an'n Hoff. Un de Peer blievt 's Nachts dar, in'n Stall. Un den enen Buurn sien Tööt, de schall fahlen un fahlt de Nacht. Un de ool Fahl verbiestert un kümmt na'n annern Stall rin, wo 'n annern Buurn sien Wallack steiht.
Do seggt de Buur, den de Wallack tohöört, dat is sienen Fahlen. Un den de Tööt tohöört, de seggt, dat is sienen.
Do kriegt se sik dat Strieden, un dat kümmt vör'n Grafen.
Nu is de ool Fahl je noch so dummerig west un is ümmer achter den Wallack an lopen.
Do seggt de Graaf, dat Kind folgt de Mudder. Un wenn de Fahl bi den Wallack funnen is un löppt uk ümmer achter den Wallack an, denn is dat den Buurn sienen Fahlen, den de Wallack tohöört.
Nu kann he dar je nix bi maken, de Buur.
Do raadt de Lüüd em, he schall mal na de Gräfin gahn.
Na, he geiht je hen un vertellt ehr dat. So un so. Wat he dar bi maken schall.
Do seggt de Gräfin, se will em dar to verhelpen, dat he sienen Fahlen wedder kriggt. Aver he schall ehr nich verraden.
Nee, seggt he, dat will he denn uk nich.
Ja, seggt se, denn schall he man 'n Ketscher nehmen un gahn na de Sandkuul, wo den Grafen sien Riedstieg vörbi geiht. Un wenn de Graaf denn anrieden kümmt, denn schall he dar in rümketschern, in't Sand, as wenn he fischen deit. Denn warrt de Graaf em wull fragen, wat he dar maakt. Denn schall he seggen, sien Fru is so slecht krank un is so mit Lusten na'n Fisch. Denn warrt de Graaf wull seggen, wat he nich recht klook is. Ut den drögen Sand, dar kann he je doch keen Fisch rut kriegen, Denn schall he seggen, so wahr as he ut den drögen Sand

keen Fisch rut kriegen kann, so wahr kann 'n Wallack uk kenen Fahlen kriegen. Denn warrt de Graaf wull seggen: Dat hest du nich ut di sülben. Aver denn verraad mi nich, seggt se.

Na, den annern Morgen, do nimmt he je 'n Ketscher un geiht na de Sandkuul un fangt in't Sand an to ketschern.

Do kümmt de Graaf anrieden. Wat maakst du hier? fröggt de Graaf.

Ja, seggt de Buur, mien Fru is so slecht krank un is so hungerig na'n Fisch. Un nu wull ik mal sehn, wat ik mi hier nich 'n paar Fisch rut ketschern kann.

Du büst je wull rein dwatsch, seggt de Graaf. Hier ut den drögen Sand, dar wullt du Fisch rut kriegen?

Ja, seggt de Buur dunn, so wahr as ik hier keen Fisch rut krieg, so wahr kann en Wallack uk keen Fahlen kriegen.

Do seggt de Graaf: Dat hest du nich ut di sülben.

Ja, seggt de Buur eerst, dat hett he doch.

Nee, seggt de Graaf, dat nimmt he em nich af. He schall man seggen, wokeen em dat angeben hett. Wenn he dat seggt, denn schall sien Fahl em wedder warden, un wenn he em uk sülben betahlen schall.

Do seggt de Buur, de Gräfin hett em dat angeben.

Do ridd de Graaf hen to Huus un seggt to sien Fru: So, wi sünd scheedt.

Worüm dat? fröggt de Gräfin.

Ja, du hest di mang mienen Kraam steken.

Do seggt de Gräfin, se hebbt je afmaakt, wenn se scheedt wörrn, dat se sik denn doch dree Deel wünschen kunn.

Ja, seggt de Graaf, dat kann se denn uk.

Ja, seggt se, denn will ik noch eenmal mit di Kaffi drinken un noch eenmal mit di utföhrn un denn dat best mitnehmen, wat hier för mi an'n Hoff is.

Nu drinkt se eerst tosamen Kaffi. Un darbi gütt se em en Slaapdrunk in sienen Kaffi.

As se Kaffi drunken hebbt, do stiegt se to Waag un föhrt tosamen los. Ünnerwegens slöppt de Graaf to. Do föhrt se mit em na ehrn Vadder sien Huus hen, un dar lett se em na 'n Kaffstall rin dregen un sett sih bi em hen.

’s Nachts waakt he op, de Graaf. Wo bün ik, seggt he.
In mienen Vadder sienen Kaffstall, seggt se.
Wo bün ik hier her kamen?
Ja, seggt se, du weeßt je doch, dat ik mit dat best mitnehmen schull, wat för mien Ogen an ’n Hoff weer. Un dat weerst du je. Do heff ik di mitnahmen.
Do seggt de Graaf: Denn wüllt wi wedder hen to Huus föhrn un wüllt uns all mien Daag nich wedder scheden.

58. De dummen Fruunslüüd

Dar is mal ’n Fru west, de is so dumm west, de steiht mal vör ’n Füürheerd un backt Pannkoken. Un wieltdes se bi to backen is, warrt se dar so mit Lusten na, un se geiht dar bi to eten.
Do warrt se wahr, dat ehr Koh – de hett an’e Deel stahn –, dat de ehr ümmer ankickt un aderkaut.
Do meent se, de Koh will ehr nakaun, un do seggt se: Lettst dien Kauen nich na, ik geev di enen mit de Äxt vör’n Kopp!
De Koh kaut aver je wieder, un do warrt se so böös, de Fru: se kriggt de Äxt her un giftt de ool Koh enen vör’n Kopp.
’s Meddags kümmt ehr Mann je to Huus.
Vadder, seggt se, ik heff uns’ Koh doot slagen, de kau mi ümmer na.
Na, seggt he, dat mutt denn je sienen Willen hebben. Wi künnt dat Fleesch je op’n brunen Kohl steken. Un do fellt he de Koh je af un haut ehr in Stücken.
’s Naamdags, as he wedder to Felln is, do kümmt de Fru bi un driggt mit dat Fleesch na’n Gaarden un leggt allerwegens ’n Stück op’n Kohl.
’s Nachts, do warrt de Hunnen sik so bieten in’n Gaarden. Do seggt de Mann: Wat schulln de olen Hunnen dar eenmal hebben?
Ja, Vadder, seggt se, ik heff dat Fleesch je op’n Kohl steken, dar sünd se wull bi; ik will unsen man rin halen. Un do haalt se den Hund herin un bindt em in’n Keller an, an’n Beerhöhnken.

Annern Morgen, as se in'n Keller kümmt un will den Hund los maken, do hett he den Höhnken utreten, un all dat Beer is utlopen un swümmt in'n Keller. Do kümmt se bi – se hett noch 'n Schepel Wetenmehl hatt – un streit dat dar op, dat de Keller wedder dröög warrt.

Do seggt de Mann: Nee, Mudder, mit di is uk doch rein gar nix optostelln. Ik gah in'e Frömm. Wenn ik noch mehr so'n dumm draap, as du büst, denn kaam ik wedder to Huus; sünst kaam ik nich wedder.

Nu geiht he je weg.

As he en Tietlang gahn hett, kümmt he in'n Dörp. Dar dröppt he 'n ool Fru, de steiht in de prall Sünn un höllt en Moll vör sik hen.

Na, Mudder, seggt he, wat deist du hier denn to stahn un höllst de Moll in de Sünn?

Och, seggt se, ik heff so'n ool düüster Kamer, dar wull ik man en beten Dag rindregen.

Na, seggt he, du büst doch ebenso dumm as mien ool Wief. Darmit geiht he je wieder.

As he 'n lütt Flach bet to is, do dröppt he en ool Fru, de steiht dar un hett 'n Bulln bi'n Steert.

Na, Mudder, seggt he, wat deist du hier denn to stahn un hest den Bulln bi'n Steert?

Och, seggt se, ik heff 'n ool Kluckheen, de löppt ümmer vun de Eier af, un nu dacht ik, de Bull kunn ehr je utsitten.

Na, seggt he, du büst doch ebenso dumm as mien ool Wief.

Nu hett he je noch mehr so'n dumm drapen, as sien Fru west is, un do geiht he wedder hen to Huus. Mudder, seggt he, ik mutt man bi di blieben; dat gifft noch mehr so'n dumm.

59. Uns' Herrgott un de Dööster

Uns' Herrgott un de Dööster, de sünd tosamen up 'e Reis west. Un do nehmt de Lüüd, de ehr begegent, ümmer de Mütz vör ehr af.

Do seggt de Böös, wenn he alleen is, denn nimmt nümms de

Mütz af. Ja, seggt uns' Herrgott, du schußt man mal wat godes doon, denn nöhmen se vör di de Mütz uk af.
Nee, seggt de anner, wenn ik uk wat godes dö, dat hölp doch nix. Denn menen se doch all, du haddst dat daan, un seen doch: Gott sei Dank! Aver passeert dar mal wat leegs, denn krieg ik ümmer de Schuld, wenn ik dat uk gar nich daan heff; denn flöökt se ümmer vun Dövel un Kraam.
O, seggt uns' Herrgott, dat bildt he sik wull man in.
Nu gaht se je wieder, un do steiht dar 'n Koh an'n Graben. De Mann, de ehr hödd hett, is 'n beten bet lang gahn west.
Do seggt de Dööster to unsen Herrgott, nu künnt se dat je foorts mal versöken. He schall de ool Koh man mal in'n Graben stöten; denn kriggt he dat sülben to sehn.
Na, uns' Herrgott stött de Koh in'n Graben, un do versteekt se sik achter'n Knick.
As de Mann nu wedder trüch kümmt, un sien Koh liggt in'n Graben, do warrt he schimpen un schandeern, wokeen as ehr dar rin stött hett, un flöökt je vun Dövel un all.
Sühst du wull? seggt de Röhrent. Nu hest du ehr rin stött, un ik krieg de Schuld.
Nu löppt de Mann je hen to Dörp un will Hölp halen, dat he sien Koh wedder rut kriggt ut'n Graben.
Do geiht de Dööster hen un helpt ehr rut. Un as de Mann wedder trüch kümmt mit Hölp, do steiht sien Koh je al wedder un fritt, as wenn nix passeert is.
Gott sei Dank, seggt de Mann, dat se wedder in'e Beenen is!
Sühst du nu wull? seggt de Dööster. Nu heff ik ehr rut holpen, un du kriggst den Dank darför. Wokeen hett nu Recht?

60. Dat Königriek vun Morrnsteern

Dar is mal 'n Buur west, de hett en Söhn hatt, de hett Hans heten.
Hans is ümmer flietig west un hett allens nagahn.
Do seggt de Ool mal to sien Fru: Hans hett dat je al all in Hän-

nen un is ümmer flietig un allerwegens achteran: wi mööt em de Steed man överlaten, Mudder; he will wull to Gang kamen.
Ja, Vadder, seggt se, dat künnt wi je. Un do laat se Hans de Steed toschrieben.
Twee Jahr geiht dat uk goot. Hans is ümmer flietig un wahrt sienen Kraam. Avers do fangt he dat Ruuchleben an un dat Drinken. Un dat duurt nich so lang, do hett he de ganz Steed hendör.
Do knütt he sik en beten Tüüch in 'n Dook, kriggt de Sweep her un windt de üm 'n Stock, un do seggt he: So, nu gah ik na de Welt herin. Un 'n annern Dag, do kaamt de Schüldners un faat de Steed an. All wat dar is, warrt verköfft, un de Olen behollt nix na.
As Hans en paar Daag reist hett, kümmt he vör 'n Stadt. Do begegent em en Pudel. Guun Dag, Hans, seggt de Pudel.
Guun Dag, Pudel, seggt Hans.
Wat schaadt di, Hans? seggt de Pudel, du sühst je so bedröövt ut. Do vertellt Hans em dat, wo em dat gahn deit, dat he de ganz Steed verbröcht hett un hett nich enen Schilling Geld in 'e Tasch.
Ja, Hans, seggt de Pudel, wenn du swiegen kannst, will ik di helpen.
Ja, seggt Hans, swiegen kann ik.
Ja, is 't uk wiß?
Ja, seggt Hans, dar kann he sik to verlaten.
Ja, Hans, seggt de Pudel, denn hest du hier en Büdel mit Geld. Nu geihst du dar na de Stadt herin, un in dat öbderst Weertshuus, dar kehrst du an. Un denn lettst du den öbdersten Scheepstimmermann kamen un fraagst em, wat he wull to övermorrn en Schipp trecht hebben kann, en dreemastig Schipp. Denn warrt he wull seggen, nee, he hett nich so veel Verlag. Denn fraagst du em, wenn he dat hälfst Geld foort kriggt, wat he dat denn kann. Denn warrt he wull ja seggen. Denn giffst du em dat Geld. Un denn kumm man wedder un haal mehr.
Na, Hans geiht je hen un maakt dat all so, as de Pudel seggt hett.
Annern Morrn kümmt he wedder an bi den Pudel.

Na, Hans, seggt de Pudel, is dien Geld all?

Ja, seggt Hans.

Ja, seggt de Pudel, denn gah nu man hen un nimm di Lüüd an to dat Schipp, 'n Kaptain un sößtein Mann. Un denn laat di vun den Kaptain seggen, wat ji mithebben mööt to leben, op'n Jahrs Reis. Un dat koop denn man all in. Dat Geld geev ik di mit.

Ja, seggt Hans.

Annern Morrn kümmt Hans wedder.

Na, Hans, seggt de Pudel, is dien Geld all?

Ja, seggt Hans.

Ja, seggt de Pudel, denn gah nu man hen un betahl dat Schipp ganz. Dat Geld geev ik di mit. Un wenn dat all so wiet is, denn gaht ji to See. Un wenn ji op't Water sünd un ji hööört 'n Hund bellen, denn lettst du 'n Boot in't Water setten un kriggst dar twee Mann op af un lettst den Hund halen. De Hund, dat bün ik.

Ja, seggt Hans.

As dat nu all so wiet is, do gaht se je to See.

Hans, de sitt in de Kajüüt un smöökt ut de lang Piep. An den Pudel denkt he gar nich an.

Se hebbt al 'n arig Tietlang föhrt, do seggt de Matrosen een to'n annern: Wi sünd so wiet op't Water un künnt nix sehn as Water un Heben un künnt doch 'n Hund bellen hören?

Hans, de hööört dat. Wat is dat? seggt he.

Ja, seggt se, wi sünd so wiet op't Water un künnt nix sehn as Water un Heben un künnt doch 'n Hund bellen hören.

Den Hund mööt wi hebben! seggt Hans.

Ja, wo schüllt wi den kriegen? seggt se. Wi künnt je gar nich sehn, wo he is.

Ja, seggt Hans, dat 's enen Doont. Sett man gau en Boot in't Water, un denn segelt man los. Twee Mann mööt hen un mööt den Hund halen.

Nu stiegt je twee Mann in un segelt los. Un so as se segelt, kaamt se graad op den Hund to. De Hund is avers so swaar, dat se em gar nich mal sülvanner in 't Boot kriegen künnt.

Nu föhrt se je wedder trüch mit den Hund.

As se bi dat Schipp ankaamt, na, Hans, seggt de Pudel, un du haddst mi ganz vergeten un haddst gar nich an mi dacht?

Nee, seggt Hans.
Dat 's mi wat netts! seggt de Pudel. Avers nu will ik di mal wat seggen, seggt he. Dien Lüüd hebbt bether to ümmerlos arbeidt un waakt: laat ehr nu man eerst mal utslapen. Dat Segeln wüllt wi beiden so lang doon.
Ja, dat künnt wi je nich, seggt Hans.
Ja, seggt de Pudel, dat künnt wi.
Do seggt Hans to den Kaptain, he schall man eerstmal utslapen mit sien Lüüd. Dat Segeln will he nu wull doon.
Nu leggt de Kaptain un de Matrosen sik je hen un slaapt, un de Pudel, de segelt.
Hans sitt wedder in de Kajüüt un smöökt ut de lang Piep.
As se en Tietlang segelt hebbt, do gifft dat mit 'n Mal en Knall.
Pudel, wat maakst du? seggt Hans. Du föhrst dat Schipp je twei!
Na 'n lütt Tiet knallt dat noch mal. Un so noch mehr mal. Do sünd se an Land.
So, Hans, seggt de Pudel, wieder wüllt wi nich. Nu will ik di wat seggen. Nu schenk dien Lüüd dat Schipp, un denn wüllt ik un du to Foot weg.
Hans, de will eerst nich, avers toletzt deit he dat doch un schenkt de Lüüd dat Schipp.
Wat de sik wull freit hebbt! Dat kunnen se uk wull: 'n ganz Schipp!
Nu gaht se je to Foot wieder, de beiden.
As se 'n lütt Flach gahn hebbt, do seggt Hans: Pudel, seggt he, wat hett dat to bedüden? Du löppst baben de Eer lang, un ik gah ümmer bet an 'e Kneen in de Maad.
O, seggt de Pudel, dat deit nix. Gah du man frisch to.
In'n Ogenblick sünd se ganz na de Eer herin.
Do kaamt se in dat Königriek vun Morrnsteern.
Dar hebbt twee so'n hübsch Slossen stahn, de sünd verwünscht west. De een Sloß hett den Pudel tohöört, dat is 'n verwünschten Prinzen west. Un de anner Sloß hett sien Swester tohöört, de is uk verwünscht west.
Nu gaht se na den Sloß herin, wo de Prinzessin in west is. Dar

is aver keen Minsch to hören un to sehn. Un do bringt de Pudel em na'n Stuuv herin un seggt: So, Hans, kannst du nu swiegen?
Ja, seggt Hans.
Ja, dat mußt du uk, seggt he. Du mußt hier nu alleen so lang blieben, bet ik wedder kaam, dree Ebenliet. Wenn du eten un drinken wullt, denn is dar de Disch deckt. Un wenn du slapen wullt, dar steiht 'n Bett. Avers du mußt swiegen. Di mag passeern, wat dar will, un se möögt mit di opstelln, wat se wüllt, du dörfst kenen Luut vun di geben; du mußt utholen un swiegen.
Ja, seggt Hans.
Darmit geiht de Pudel vun em af un lett em alleen.
's Nachts Klock twölf kaamt dar welk herin mit Röder, dar wüllt se Hans op rödern. Dree Keerls sünd dat west. Se kriegt em ut'n Bett herut, avers se künnt em dar nich rop kriegen, na de Röder. Se smiet em ümmer över weg. Hans gifft kenen Luut von sik un swiggt ümmer boomstill.
As de Stunn üm is, do laat se em liggen un gaht hen, wo se her kamen sünd.
Do kümmt dar een an, de is gänzlich swart. Hans kann dat avers nich sehn, wat dat 'n Mannsminsch is oder 'n Fruunsminsch. Dat is de Prinzessin west.
Nu hett se so'n lütt Glas hatt, de Prinzessin, dar is Salv in west. Un mit de Salv, dar smeert se em mit in. Un do leggt se em to Bett un küßt em, eenmal. Un do geiht se wedder weg.
Annern Morrn, as Hans opwaakt, do deit em nix mehr weh.
Annern Abend Klock twölf kaamt se wedder, de Keerls. Do kaamt se mit'n groten Block un 'n Äxt un wüllt em twei haugen. Se kriegt em faat un riet em ut'n Bett herut un wüllt em op den Block smieten. Se künnt em dar avers nich ropkriegen un smiet em ümmer rechts un links över den Block weg. Hans swiggt ümmer still un seggt nix.
As de Stunn üm is, do laat se em wedder liggen un gaht hen, wo se her kamen sünd.
He hett en beten legen, do kümmt de Prinzessin wedder. Do is se al bet an de Kneen witt west. Se smeert em wedder in mit

de Salv un leggt em to Bett un küßt em tweemal. Un do geiht se wedder rut.

Annern Morrn kann Hans nix mehr föhln. Do is 't al wedder beter west.

Den drüdden Abend kaamt se mit 'n groot Sark, dar schall he in. Se kriegt em wedder rut ut 'n Bett un wüllt em in dat Sark smieten. Se smiet em avers ümmer över weg un künnt em dar nich rinkriegen. Un so arbeidt se de ganz Stunn mit em dör. Hans höllt ut un swiggt ümmer boomstill.

As de Stunn üm is, laat se em wedder liggen un gaht hen, wo se her kamen sünd.

He hett en beten legen, do kümmt de Prinzessin wedder. Do is se ganz witt west. Do kann he uk sehn, dat dat 'n Fruunsminsch is. Se smeert em je wedder in un leggt em to Bett un küßt em dreemal.

Annern Morrn, as Hans opwaakt, do deit em nix mehr weh. Do kümmt de Prinz herin. Guun Morrn, Hans, seggt he.

Hans swiggt still.

Guun Morrn, Hans, seggt he noch mal. Antwoor mi man, seggt he, ik bün de Pudel.

Hans swiggt still.

Do geiht he hen, de Prinz, un treckt dat Hunnfell över. Do kennt Hans em.

Worüm wußt du mi nich antwoorn? seggt de Prinz.

Nee, seggt Hans, dar wull ik mi wull vör wahrn. Ik schull je swiegen, bet du wedder kamen deest.

Na, Hans, seggt de Prinz, denn stah nu man op, un denn kumm mit. Hans steiht op un treckt sik an un geiht mit em.

Do geiht de Prinz mit em hen na sien Swester, na de Prinzessin. Un do eet un drinkt se tosamen. Un as se eten un drunken hebbt, do beseht se de beiden Slossen.

Do is dar vun allen in west, Peer un Suldaten un all.

As se dat all besehn hebbt, do seggt de Prinz: So, Hans, du hest utholen un swegen un hest mi un mien Swester erlööst. Nu kannst du man seggen, wat du am leefsten wullt. Wullt du lever mienen Sloß hebben, oder wullt du lever mien Swester ehren Sloß hebben un denn mien Swester to'n Fru?

Ja, seggt Hans, denn will he dat hebben, wat ehren Sloß is, un denn sien Swester to'n Fru.

Do kriggt he ehren Sloß un kriggt de Prinzessin to'n Fru.

Nu is he dar je bi ehr, un do vertellt he ehr dat mal, wo he dar hendör kamen is, dat he 'n Buurnsöhn is un hett dat all hendör bröcht, un dat sien Vadder un Mudder arm sünd. Un do seggt he: Ik wull, dat ik nu bi ehr weer. Denn kunn ik ehr wat afgeben: ik heff nu je so veel.

Do seggt se, wat sien Fru is: Ja, Hans, seggt se, wenn du nich vun mien Schöönheit spreken wullt, denn schaßt du hen. Avers du mußt nich vun mien Schöönheit spreken. Denn kannst du hier nich wedder kamen.

Nee, sagt Hans, dat will he denn uk nich. He denkt je, he hett so lang swiegen kunnt, denn kann he dat nu uk wull.

Do gifft se em 'n gollen Ring un seggt, wenn he nich länger gahn mag, denn schall he den Ring man ümdreihn, denn so is he vör sienen Vadder sien Döör.

Do nimmt he rieklich Geld mit, dat he sien Olen wat afgeben kann, un do geiht he los.

As he nich länger gahn mag, do dreiht he den Ring üm, un mit'n Mal is he vör sienen Vadder sien Döör.

De Olen verfeert sik je un weet je gar nich, wat se seggen schüllt. Hans is je in Prinzentüüch west.

Nu is dar 'n Eddelmann west – dat is de Gootsherr west –, de hett dree Döchter hatt. Un de Deerns hebbt je Lust hatt to den feinen Herrn.

Do lett de Eddelmann em to Gesellschop nödigen. Un do bütt he em een vun sien Döchter an.

Nee, seggt Hans, dar will he keen vun hebben.

Ja, worüm dat nich? fraagt de Eddelmann.

Nee, seggt he, so as sien Döchter in't Gesicht utseht, so süht sien Fru achter vör'n Noors ut. Do lett de Eddelmann em insteken.

's Nachts kümmt de Prinzessin bi em an. Hans, Hans, seggt se, wat hest du nu eenmal daan! Du hest je vun mien Schöönheit spraken! Nu kannst du je mien Daag nich wedder hen na mi kamen.

Kannst du mi hier denn nich rut helpen? seggt Hans.

Ja, seggt se, dat kann ik, avers mitnehmen kann ik di nich.
Nu helpt se em dar je wedder rut. Un do seggt se em attüß, un mit 'n Mal is se verswunnen. Do is se wedder in dat Königriek vun Morrnsteern. Un Hans is wedder, wat he west is.
Nu will he je so geern wedder hen na ehr un geiht je los. He weet avers je ne hen to finnen. He weet je gar nich, wo dat Königriek vun Morrnsteern is.
As he en Tietlang gahn hett, do kümmt he in 'n Holt. Dar slaat sik dree Riesen.
Wat slaat ji ju hier? fraagt Hans.
Och, du kleiner Erdenwurm, seggt se, wat geiht di dat an?
Ja, ik will ju bald bi ›kleiner Erdenwurm‹! seggt Hans. Ik heff dar eben eerst dree drapen, de heff ik düchtig afrapst.
Do warrt se bang vör em un seggt em dat. Wi slaat uns üm en Paar Steveln, seggt se, dar hebbt wi uns al söben Jahr üm slagen. Un wi weet nich, wekker as ehr hebben schall.
Wat sünd dat denn för Steveln? seggt Hans.
Ja, seggt se, dar kann 'n hunnert Schreed op eenmal mit wegpedden.
Laat mi ehr mal sehn, seggt Hans.
Se geevt em de Steveln hen, un Hans kümmt gau bi un treckt ehr an. Un so as he ehr anhett, geiht he dar je mit af. Un de Riesen kiekt achter em an. Faat kriegen künnt se em je nich.
As he en Tietlang gahn hett, do dröppt he wedder dree Riesen, de slaat sik uk. Wat slaat ji ju hier? fraagt Hans.
Och, du kleiner Erdenwurm, seggt se, wat geiht di dat an?
Ja, ik will ju bald bi ›kleiner Erdenwurm‹! seggt Hans. Ik heff dar eben eerst dree drapen, de heff ik düchtig afrapst.
Do warrt de uk bang vör em un seggt em dat. Wi slaat uns üm'n Hoot, seggt se, dar hebbt wi uns al söben Jahr üm slagen, un wi weet nich, wekker as em hebben schall.
Wat is dat denn för 'n Hoot? fraagt Hans.
Ja, seggt se, de em opsetten deit, den kann nümms sehn.
Laat mi em mal sehn, seggt Hans.
Do wiest se em den Hoot, un do sett Hans em op un geiht dar mit af. Do hett he de uk je anföhrt.
Nu kann he je so wiet weg pedden, un do denkt he: Schaßt mal

na de Sünn gahn, de kümmt je wiet herüm, wat de dat nich weet, wo dat Königriek vun Morrnsteern is.
As he dar kümmt bi de Sünn, nee, seggt de Sünn, se weet dat nich. Avers he schall mal na ehren Broder Maan gahn – de kümmt uk je wiet herüm – un schall den mal fragen.
As he bi den Maan kümmt, nee, seggt de Maan, he weet dat uk nich. Avers he schall mal na sienen Naver Wind gahn un fragen den mal.
Do geiht he na den Wind hen. Du, Wind, seggt he, kannst du mi dat nich seggen, wo dat Königriek vun Morrnsteern is.
Ja, seggt de Wind, dar will ik morrn fröh graad hen. Ik schall dar Kösttüüch drögen.
Och, seggt Hans, ik wull geern mit.
Ja, seggt de Wind, wenn du mit mi kamen kannst.
Ja, wi künnt je mal 'n Versöök maken, seggt Hans.
Do fangt de Wind an to weihn, un Hans ümmer gegen em op.
Ja, seggt de Wind, dat schall wull gahn. Un do seggt he Hans Bescheed, wonehr as he den annern Morrn weg will.
Annern Morrn paßt Hans op. Un do treckt he de groten Steveln an un sett den Hoot op, un dunn ümmer gegen den Wind op.
As se in dat Königriek vun Morrnsteern ankaamt, do hängt dat Kösttüüch al all buten, un de Wind geiht dar mang to weihn.
Hans treckt de Steveln ut un geiht na'n Sloß herin. De Steveln mutt he je uttrecken; sünst harr he je to wiet pedd. Den Hoot behöllt he op.
Nu hett de Prinzessin sik avers wieltdes 'n annern Brüdigam anschafft hatt. Se hett dacht, Hans kööm je nich wedder. Un as Hans nu kümmt, do is dat graad so wiet, dat de Hochtiet warrt.
As dat Eten los gahn schall, do geiht Hans uk mit rin na'n Saal – sehn hett em je nümms kunnt – un geiht achter de Prinzessin ehrn Stohl stahn. Un so as se sik wat opfüllt, itt Hans dat af. Se kann ümmerlos fülln: ehr Töller is ümmer gliek wedder leddig. Toletzt, do scheneert ehr dat al, un se höllt op vun fülln.
Do buckt Hans ehr vör't Ohr un seggt, se schall mal mit rut kamen.

Do geiht he vörop na de anner Stuuv rin, un se geiht em na. Em kann se je nich sehn, avers se kann je sehn, wo de Döör sik apen deit.
As se nu bi em in de Stuuv is, do nimmt he den Hoot af.
Mein Gott, Hans, seggt se, wo kümmst du hier eenmal her?
Ja, seggt Hans, nu bün ik hier doch wedder.
Wat stell ik man eenmal op? seggt se. Ik heff nu je al en annern.
Ja, seggt Hans, dat mutt denn je sienen Willen hebben. Du kannst dar je nix an doon. Avers weg will ik nich wedder.
Nee, seggt se, dat schaßt du uk nich. Un darmit geiht se wedder na'n Saal herin.
Dar hebbt se nu allerhand vör un geevt sik Radels op, un de een weet dit un de anner dat. Do fraagt de Prinzessin ehr, wat se ehr uk mal wat opgeben schall.
Ja, seggt de annern.
Ja, seggt se dunn, se hett en Schapp, dar hett se den Slötel to verlaarn hatt, un do hett se sik en nien maken laten. Un nu hett se den olen Slötel wedderfunnen. Wekkern Slötel as se nu bruken schall, den olen oder den nien.
Do seggt se all, den olen.
Ja, seggt se dunn, ik heff en Mann hatt, den hadd ik verlaarn, un do heff ik mi en nien anschafft. Un nu is de ool wedder kamen. Denn will ik den nu uk wedder nehmen. Un do hett se Hans wedder nahmen, un de anner hett so wedder aftrecken müßt.

61. Simson, tu dich auf!

Dar 's mal 'n Buur west, de hett dree Söhns hatt. Den enen hebbt se ümmer dumm Hans nöömt, den hebbt se wenig op'e Reken hatt. He hett ümmer Holt haugen müßt op'n Hoff un Göös un Höhner fodern un so wat.
Nu kümmt den Buurn nachts ümmer 'n Föhr Havern weg ut de Schüün. Dunn will he dat je weten, wo dat afblifft. Un dunn

seggt he to den öllsten Jung, he schall mal luren, mal oppassen, welker as dat deit.
Ja. He geiht je hen un blifft dar nachts in de Schüün un luurt. Aver dar passeert nix. Dunn warrt he mööd un slöppt to. Un 's Morgens is dar wedder 'n Föhr Havern weg. Un he hett je nix sehn.
Dunn mutt de tweet denn mal hen. Aver den geiht't ebenso. He slöppt uk to. Un 's Morgens is dar wedder 'n Föhr Havern weg. Un he hett nix hööꞃt oder sehn.
Dunn kümmt de drüdd denn, dumm Hans, de seggt: Gott, Vadder, seggt he, laat mi dar mal hen! De Bengels, de paßt je doch nich op.
Och, Jung, wat wußt du dar? seggt de Ool. Wenn de annern beiden dat nich künnt, denn kannst du dat gar nich, seggt he to dumm Hans.
Gott, Vadder, seggt he, wi hebbt je so'n ool Lee, de will ik mi op'n Boom slagen un denn op'e Schüündeel ümmerlos op un dal meihn. Wenn dar denn wat kümmt, denn mutt ik dat je drapen, seggt he.
He maakt dat so, maakt sik de ool Lee trecht. Un dunn meiht he ümmer op un dal op'e Deel. Dar warrt he toletzt je mööd bi. Un dunn steiht dar so'n groot Klapp Roggenstroh an de Wand. Dunn denkt he: Dövel, dar schaßt rin krupen! Denn kannst je geern eerst 'n beten slapen. Wenn du toslapen deist, denn fallst je üm, un denn waakst je wedder op. Toschannen fallen deist di je nix. Un wenn dar welk kaamt to stehlen, denn kannst ehr je schööн beluren. Sehn künnt se di je nich.
As he sik dar örntlich in berusselt hett, dunn gaht de beiden Schüündöörn apen, un dunn kaamt dar twee groot Keerls herin mit twee Peer un 'n Wagen. Dat sünd en paar Riesen west. Dat een is de Vadder west, un dat anner de Söhn. Un de Vadder geiht op 'n Wagen un laad't, un de Söhn, de stiggt herop un smitt dal vun 't Fack.
As se dat Föhr vull hebbt un hebbt dat bunnen, denn seggt de junge Ries: O, hier steiht je noch en groot Klapp Stroh an de Wand. Denn wüllt wi de man mit op'n Wagen smieten. Dat künnt de Peer je noch en beten dörfreten. Oder sünst künnt wi

dar je mit strein. Un in de Klapp, dar huukt he je in. De Ries hett aver je so veel Kräft hatt, de warrt dat gar nich wahr, dat he dar in huukt, in dat Stroh, un smitt de Klapp so mit op 'n Wagen. Un de anner leggt sik dar baben op, wat Hans knapp mal Luft kriegen kann. Aver he mutt je boomstill liggen. Marken laten kann he sik je nix.

Nu föhrt se denn je weg. Un as se 'n ganz Flach föhrt hebbt, dunn kaamt se an so'n groten, hogen Barg, dar hollt se still. Un dunn seggt de, de dat Föhrn deit, de Söhn, de seggt: Simson, tu dich auf! Un Hans, de behöllt dat Woort, dat he dat seggt hett. Un dunn deit de Barg sik apen, so vun een. Un dunn föhrt he dar rin. Un as se binnen sünd, dunn seggt he: Simson, tu dich zu! Dunn deit de Barg sik wedder to. Un dunn is dar 'n groot Schüün, dar föhrt he rin, na de Deel herop. Un dunn smitt de ool Ries, de op'n Wagen sitt, de smitt de Klapp Stroh af un kladdert hendal. Un de jung kriggt de Peer in'n Stall un stickt ehr dat Stroh op 'e Rööp.

Nu hett Hans je in de Klapp seten, un dunn wüllt de Peer – de warrt em wahr –, de wüllt dar nich ran, na de Rööp.

Dunn seggt de ool Ries: De beiden wüllt dar je gar nich ran. De hebbt wi je wull 'n beten dull bruukt vunabend.

Och wat, seggt de jung, de wüllt sik wull wedder verhalen. Kumm man, laat uns man to Bett gahn. Un darmit laat se de Peer ehren Willen un gaht weg.

As dat all still is, dunn russelt Hans sik ut de Klapp herut. Un dunn kladdert he vun de Rööp heraf un geiht wedder na de Deel. Dunn höört he dar en beten bet lang en Peerd brammen. He maakt de Döör apen: dunn is dat uk so'n Aart Stall, aver heel veel feiner. Un dar staht dree so'n hübsch Peer, 'n Swarten, 'n Schimmel un 'n Voß. Dat sünd de Riesen ehr Riedpeer west. Un dat Toomwark un dat Seelngeschirr, dat blitzt un blänkert vun luter Diamanten: dat is dar so hell west, as wenn de Sünn schient. Un de Iesen, de se an de Fööt hatt hebbt, de sünd uk mit Diamanten besett west. Un an de Wand hängt dree Mundeerungen, een sülvern un een gollen un een mit Diamanten. Un an de anner Wand hängt 'n groot Sweert an. He faat dat op'n neddelsten Enn an, kann't aver gar nich rögen. Dunn warrt he dar 'n Buddel wahr op't Rich, dar is 'n Zeddel op backt. He list den Zeddel, un dunn steiht dar op: Wer aus dieser Flasche trinkt, der kann das Schwert regieren. He nimmt dar 'n lütten Sluck vun: dunn kann he dat Sweert al 'n beten rögen. He nimmt noch enen Sluck: dunn kann he dat al bören, al vun'n Haken kriegen. He nimmt noch 'n Sluck: dunn kann he dar mit fuchteln, as wenn he 'n Handstock in'e Hand hett.

So, denkt he, nu schall di dat nix doon! He nimmt dat Sweert un will de beiden Riesen je na. Dunn is de Schüündöör, wo se rut gahn sünd, de is aver toslaten. Ach wat Schiet! denkt he. He nimmt den Foot un stött de Döör apen. Dunn is he je buten. Dunn steiht dar 'n groten Sloß vör em. He faat bi de Döör an: dunn is de uk toslaten. He stött dar mit'n Foot gegen: dunn flüggt de Döör uk apen. Dunn is dat dar ganz düüster. He föhlt sik mit de Hand an de Wand lang: dunn warrt dat so bi lütten ümmer heller. Dunn kümmt dar 'n ool Fru to Gang. O, mien beste Jung, seggt se, wo kümmst du hier in de Nacht her?

Ja, se hebbt mi hier her föhrt, seggt he, mit dat Föhr Havern. Aver nu segg mi mal, Mudder, wo sünd de beiden Keerls afbleben?

O, mien Jung, seggt se, maak doch, dat du dar wedder rut kümmst, wo du rin kamen büst! Nu liggt se un slaapt. Aver kaamt se op, denn warrt di dat leeg gahn.

O, lütt Mudder, seggt he, dat wüllt wi eerst mal sehn. Segg mi man, wo se sünd, de beiden.

Ja, seggt se, de ool slöppt hier in diß Stuuv, un de jung slöppt dar in de.

Na, seggt he, denn wüllt wi hier eerst mal anfangen. He sleit mit sien Sweert gegen de Döör: do flüggt 't Schiet apen. Un ehr de ool Ries sik richtig vermünnern kann, is de Kopp uk al weg. Darmit geiht he na de anner Stuuv, wo de jung slöppt. Un den geiht 't graad so as den eersten.

As he de beiden an de Siet hett, dunn geiht he wedder rut na de ool Fru. So, seggt he, nu seggst du mi aver de Wahrheit. Sünd hier noch mehr? Aver lüggst du mi wat vör, denn geiht di 't graad ebenso as de annern.

De Olsch is je in ziddern Angst. Nee, seggt se, wieder sünd hier

keen as diß beiden. Dat weern de leegsten Keerls, de man to denken staht. Jahren lang heff ik hier för ehr rüm slaavt un heff ehr oppassen müßt un dat Sloß rein maken. Man goot, dat de Keerls an de Siet sünd!
Ja, seggt he, nu hier wieder nümms is as du: du bliffst nu hier un kümmst allerwegens vörher. Bet herto sünd dat dien Herrn west; nu bün ik dien Herr.
Ja, seggt se, se will uk geern dar blieben un will em tru denen. Dar kann he sik to verlaten. Wat he uk Geld hebben will. Denn schall he man mit ehr kamen. Se weet, woneben as de Riesen ehr Geld hebbt. Un dunn bringt se em na 'n Stuuv hen, dar liggt en ganzen Dutt Speetsch an de Eer. Un he stickt sik all de Taschen vull. So, seggt he, denn will ik nu man wedder to Huus. Aver vun Tiet to Tiet kaam ik hier mal mit her.
Dunn geiht he wedder trüch un seggt: Simson, tu dich auf! Un as he rut is ut den Barg, dunn seggt he: Simson, tu dich zu! Un dunn maakt he sik op'n Weg un will je wedder hen to Huus.
Dunn dröppt he dar en Scheper op de Koppel mit sien Schaap. Un dunn seggt he to den Scheper: Wullt mi nich en Schaap verköpen?
Ja, seggt he, wenn du mi 't goot betahlen deist.
Ja, seggt Hans. He langt sik in 'e Tasch un kriggt en ganz Handvull Speetsch herut. He hett gar nich weten, wo veel as dat west is. He het gar keen Geld kennt. Hier, seggt he, hest dar noog an?
Ja, seggt de Scheper.
Dunn kriggt he je dat Schaap. Un dunn seggt he to den Scheper: Dat Fleesch kannst geern beholln. Ik will dat Fell man hebben.
Dunn slacht se dat Schaap un treckt dat af. Un dunn kriggt he sik dat Fell so över, dat dat Blödig buten is un dat Wullen na binnen to. Un den Kopp vun dat Fell kriggt he sik över sienen Kopp, dat dat utsüht, as wenn se em ganz blödig slagen hebbt.
As he in'n Huus kümmt, dunn seggt sien Vadder: Na, seggt he, wo kümmst du denn her? Wi hebbt di al nasöcht in de Schüün. Wi dachen al, du weerst doot. Aver wo sühst du Dövel ut! Di hebbt s' dat Fell je fürchterlich garvt!

Ja, Vadder, seggt he, se hebbt mi 'n beten dull hernahmen. Ik heff knapp mal dat Leben beholen. Aver dat heelt wull wedder, seggt he.
Ja, seggt de Ool, denn sett di man achter'n Aben hen, dat dat twei Fell 'n beten andröögt, dat du di eerst 'n beten wedder besinnst.
Nu, wat de König dar west is, de hett 'n eenzigst Dochter hatt. Un do lett he bekannt maken, dar schall dree Daag reden warrn. Denn schall sien Dochter op'n gläsern Barg sitten, op'n gollen Lehnstohl, mit'n gollen Appel in'e Hand. Un de dar denn herop rieden kann, na den gläsern Barg, un nimmt ehr den Appel ut de Hand, de schall ehr to'n Fru hebben, dat mag 'n Prinzen wesen oder 'n Grafen oder 'n Buurnsöhn: dat 's enen Doon.
Nu kriegt Hans sien beiden Bröder dat uk to hören. Un dunn snackt se dar so över, dat se uk beid hen wüllt to rieden un wüllt mit de beiden besten Peer na de Smeed un de scharpen laten, dat se stahn künnt op Glas.
As de Dag nu kümmt, dat dat los gahn schall, dunn riedt de beiden Bröder denn je weg. Un de Ool will uk hen, de will dat mal mit ansehn.
Dunn seggt Hans: Du, Vadder, seggt he, schall ik man 'n beten mit hen? Ik wull dat uk so geern mal sehn. De annern beiden kaamt ümmer allerwegens mit hen, seggt he, un ik kaam nich eenmal mit, un krieg narms wat vun to sehn.
Och, dumm Jung, seggt de Ool, wat wußt du dar? Is di dat ool Fell noch nich twei noog? Bliev du man to Huus!
He blifft je achter'n Aben besitten.
As de annern weg sünd, dunn seggt he to sien Mudder – de hett veel vun em holen, vun den Jung, de annern hebbt em je ümmer so trüchsett –: Du, Mudder, seggt he, denn laat mi en beten baben op de Schüün sitten. Vun dar to kann ik dat uk sehn.
Ja, mien Jung, seggt se, gah man hen. Du mußt aver jo so tiedig wedder kamen, dat Vadder hier noch nich is.
Ja, seggt he, ik bün to rechter Tiet wedder hier.
He je los. Un as he ehr ut 't Oog is, dunn böögt he af, un dat na den Barg hen, wo sien dree Peer staht. Un as he dar rin is, dunn smitt he sien Schaapfell af un treckt de sülvern Mundee-

rung an. Dar mutt de ool Huushollersch em bi helpen. Un dunn sett he sik op den Swarten, un dat in vullen Karreer na den gläsern Barg hen.

As he dar kümmt, dunn is dat Rieden al in vullen Gang. Aver dar is keeneen, de dar herop kamen kann. Dat Glas is je so glatt: de Peer gliedt je ümmer so wedder hendal. Un dat krabbelt an de Eer herüm, as wenn 'n Sebbers ut 'n Boom schüddt.

As Hans anrieden kümmt, dunn süht he sienen Vadder dar stahn. De hett em aver je gar nich kennt. Un dunn seggt he to sienen Vadder: O, mien gode Mann, wüllt Se nich so goot wesen un faten mien Peerd en Ogenblick an? Ik mutt eerstmal af un mal pissen.

Na, de Ool faat dat Peerd je an.

As he wedder opstiggt, so, seggt he, hier hebben Se 'n lütt Drinkgeld. Un darmit drückt he em en Speetschen in de Hand. Un de Ool, de freit sik je bannig. De denkt: Dat mutt je 'n bestigen rieken Prinzen wesen!

As Hans wedder to Peer sitt, dunn he vörstorm los, mang all de Lüüd dör, un dunn in enen Suus an den Barg in Enn. He ridd aver dit eerst Tour nich wieder as viddel herop. Dunn wenkt he de Prinzessin mit de Hand un grüßt ehr. Un dunn wendt he üm, un dat wedder hendal. De Tokiekers, de drängt je tosamen un wüllt em nich dörlaten. Aver dat Peerd, dat nimmt sik op, un dat baben över all de Minschen weg. Un in 'n Ogenblick is he vör ehr Ogen verswunnen.

Nu bringt he sien Peerd je wedder hen, na den Barg herin, treckt de Mundeerung ut un smitt sik sien Schaapfell wedder över. Un dunn maakt he, dat he hen to Huus kümmt.

Dat duurt nich lang, dunn kaamt de annern uk je to Huus. Un sien beiden Bröder, de wunnert dar je över, wat dat eenmal 'n feinen Prinzen west is, wo de hett rieden kunnt, un wat he för 'n schönen Hingst hatt hett. Un de Ool, de weet dar je nich noog vun to seggen: dat müß je 'n helen rieken Prinzen west hebben, seggt he. He harr em man en lütt Ogenblick sien Peerd anfaat, dat he blots mal pißten harr, un dunn harr he em 'n Speetschen as Drinkgeld geven. Un Hans, de sitt je in sien Schaapfell achter'n Aben un hööt dat all mit an un höögt sik je.

Annern Dag schall 't Rieden je wedder los gahn. Un de beiden Bröder wüllt je wedder mitrieden un hebbt sik ehr Peer noch scharper maken laten. Un de Ool will uk je wedder hen.

Dunn seggt Hans – de warrt al 'n beten dranger snacken achter'n Aben –: Du, Vadder, seggt he, laat mi vundaag doch 'n beten mit! Ik wull dat uk doch so geern mal sehn.

Dunn warrt de Ool denn uk je narrsch. Wenn du man nich glieks in 'n Ogenblick sitten bliffst! seggt he. Sünst schaßt man mal sehn! Denn kriggst noch 'n paar an'n Kopp to!

As de dree weg sünd, dunn biddt Hans sien Mudder wedder, he will so geern mal wedder na de Schüün rop un tokieken.

Ja, mien Jung, seggt se, gah man hen. Aver du mußt jo so tiedig wedder kamen, wat Vadder hier noch nich is.

Dunn he je wedder hen na sienen Barg. Un dunn treckt he de gollen Mundeerung an un sett sik op den Schimmel.

As he bi den gläsern Barg kümmt, dunn is dat Rieden al wedder in 'n Gang. Un dar sünd so veel Lüüd op'n Dutt kamen to'n Tokieken, noch heel veel mehr as den eersten Dag. Se luurt je all, de fein Prinz schall wedder kamen op sienen Swarten. Den wüllt se je all sehn.

As Hans anrieden kümmt op sienen Schimmel, dunn süht he sienen Vadder dar wedder stahn. O, mien gode Mann, seggt he, ik mutt mal 'n Ogenblick af: wüllt Se nich so goot wesen un faten mien Peerd 'n beten an?

De Ool meent eerst je, dat 's 'n annern Prinzen. He hett nu je 'n gollen Mundeerung hatt un 'n Schimmel. Aver dunn kennt he em wedder. Ja, Herr, geern, seggt he. He denkt je, he kriggt wedder 'n Speetschen. Dunn kriggt he aver twee Speetsch, dat Mal. Un de Ool, de freit sik je.

Dunn stiggt he denn je wedder op, un dunn mang all de Lüüd dör, un dat in enen Karreer den Barg herop. Un as he half herop is, dunn wenkt he ehr mit de Hand, un dunn wedder hendal.

Nu wüllt de Lüüd em je wedder nich dörlaten un wüllt em möten un staht dar je Kopp an Kopp. Aver dat Peerd nimmt sik wedder ünnerhöödcht un sett över all de Köpp weg. Un in 'n Ogenblick is he je wedder vör ehr Ogen verswunnen.

Nu bringt he sienen Schimmel je wedder hen un treckt sien ool blödig Schaapfell över. Un dunn maakt he je, dat he wedder hen to Huus kümmt.

As de annern dree kaamt, dunn geiht dat Wunnern je wedder los. Vun de annern, seggt se, hadd keeneen vun herop kamen kunnt. De hadden dar all mit Hänn'n un Fööt herüm krabbelt. Aver de frömme Prinz, de weer dar slank herop reden mit sienen Schimmel. Un wenn he man hadd wullt, denn hadd he fledig ganz herop kamen kunnt. Un de Ool, de swöögt je ümmer vun sien Drinkgeld. He hadd em man een lütt Ogenblick sien Peerd anfaat, seggt he, dat he blots mal pißt hadd, un dunn hadd he em twee Speetsch geben. Dat müß je en fürchterlich rieken Herrn wesen. Un Hans, in sien Schaapfell, de hòört dat je all mit an un denkt: Ja, ji schulln man weten!

Nu kümmt je de drüdde Dag. De beiden Bröder sünd je wedder mit ehr Peer na de Smeed un laat ehr noch scharper maken. Un de Ool will uk je wedder mit. Den leevt dat Drinkgeld je to. Wenn dat glücken deit, seggt he, dat he dat Peerd wedder anfaten mutt, denn kriggt he dit Tour je sachs dree Speetsch.

Hans, in sien Schaapfell, de biddt je, he will den feinen Prinzen uk so geern mal sehn. Aver bewahrn! Wo kunn dat wull angahn!

Dunn warrt Hans ganz drang achter 'n Aben un seggt to sienen Vadder: Denn wull ik, dat di de Hund war schitt mit dien dree Speetsch!

Dunn warrt de Ool uk füünsch. Ik will di! seggt he. Un he nimmt de Hand un gifft em enen an sienen blodigen Kopp.

As se weg sünd, de dree, dunn biddt Hans sien Mudder je, wat he man en beten wedder na de Schüün rop schall. Un dunn he je gau wedder hen na sienen Barg, smitt dat Schaapfell af un treckt de Mundeerung an mit de Diamanten. Un dunn sett he sik op den Vossen, un dunn wedder hen na den gläsern Barg.

Dunn steiht sien Vadder dar wedder. O, mien gode Mann, seggt he, wüllt Se nich so goot wesen un faten mien Peerd 'n beten an? Ik mutt eerst mal 'n Ogenblick af.

Ja, geern, seggt de Ool. De kennt em je wedder un freit sik je al to de dree Speetsch. Aver as he opstiegen will, un de Ool höllt de Hand al hen: velen Dank! seggt he dunn, gifft em aver nix.

Dunn sett he sik wedder to Peer, un dunn mang all de Lüüd hendör, un dat wedder in vullen Sprüngen den Barg herop, ganz bet baben herop. Un dunn wenkt he ehr, de Prinzessin, un nimmt ehr den gollen Appel ut de Hand. Un dunn in enen Suus op'e anner Siet den Barg wedder hendal.

Se stellt sik je all wedder op'n Dutt, de Lüüd, un wüllt em je möten. Aver dat Peerd nimmt sik wedder op, un dat baben över all de Minschen weg. Un in'n Ogenblick is nix mehr vun em to hören un to sehn.

As de annern dree to Huus kaamt – Hans sitt je al lang wedder in sien Schaapfell achter'n Aben –, dunn snackt se dar je över, de beiden Bröder, wo dat schöön utsehn harr mit den feinen Prinzen, dat he dar baben herop reden weer un harr ehr den Appel ut de Hand nahmen. Un wat dat wull för 'n Prinzen west weer. Keen Minsch harr em kennt, un in 'n Ogenblick weer he wedder verswunnen west. Un de Ool is je so granaatsch, wat he dit Tour gar nix kregen hett. He weer sik moden west, seggt he, he kreeg dree Speetsch, un harr de Hand al hen holen. Aver he harr wieder nix seggt as ›velen Dank‹. Geben harr he em gar nix. Un dar hest du Swienegel graad Schuld to! seggt he to Hans, dat du mi dat nich günnt hest! Un gifft em rechts un links enen an de Ohren. Maak, dat du rut kümmst, seggt he, un meß de Swien! De sünd al in acht Daag nich meßt. Un Hans, de höögt sik je recht.

Nu weet se je gar nich, de König un sien Dochter, wat dat eenmal för 'n Herrn west is. Un dunn lett he utgahn, de König, de dat west is, de schall sik mellen, un denn schall he de Königsdochter to'n Fru hebben. Dar meldt sik aver keen Minsch.

Dunn seggt de Königsdochter to ehren Vadder, se will in'n Lann herüm föhręn un will em söken. Her schall un mutt he dar. Se will kenen annern to'n Mann hebben as den.

Nu hett se al en Tietlang rüm reist, hett em aver narms funnen. Un dunn kümmt se uk in dat Dörp, wo Hans sien Vadder wahnt hett, un kümmt graad vör den sien Huus vörföhrn.

De Ool, as de dat fein Föhrwark süht, mit Kutscher un Bedeenter, un 'n Vörrieder vörop, de kümmt herut lopen vör de Döör un weet je gar nich, wat da för en hogen Besökk is.

De Prinzessin stiggt ut, un de Ool nödigt ehr je mit rin. Un dunn fraagt se em, wat he uk Söhns hett.
Ja, seggt he, twee.
Ja, denn schall he ehr mal rin kamen laten.
He röppt ehr je rin. Un dunn fraagt de Prinzessin ehr, wat se uk mit reden hebbt.
Ja, seggt se, aver se hebbt dar nich rop kamen kunnt, se hebbt den Appel nich kregen.
Dunn seggt se to den Olen, wat dat sien Söhns all sünd, wat he nich mehr hett.
Nee, seggt he, mehr hett he nich.
Ja, seggt se, se hadd doch hööřt, he hadd dree.
Ja, seggt he, dat hadd he egentlich uk. Aver den drüdden, den reken se gar nich mit. Dat weer so, as wenn de nich so recht weer, as he höör. De weer so'n beten ungeraden.
Ja, seggt se, dat is enen Doon't. Denn schall he den uk mal rinropen.
Ja, seggt he, den kann he gar nich sehn laten. De is bi un meßt de Swien.
Ja, dat schaadt nich, seggt se; sehn will se em eerstmal.
De Ool geiht je rut un seggt to Hans: Du, Hans, seggt he, du schaßt mal rinkamen. Dar is so 'n fein Daam, de will di spreken. Aver dat du mi nich so herin kümmst in de hölten Tüffeln un mit de Klutt op'n Kopp! Un denn maak di eerst en beten rein un wasch di 'n beten. Du hest di je so dennig inaast mit Swiensmeß: du sühst je ut as 'n Swien. Un denn mußt du di 'n beten maneerlich nehmen un mußt ehr örntlich guun Dag seggen.
Ja, is goot, seggt Hans.
Nu hett dat fröher je so'n Nachtmützen geben för Mannslüüd, so'n boomwullen Zippelmützen, un so'n hett Hans ophatt. Un de hett he in all de Daag gar nich afnahmen: dar hett he den gollen Appel in hatt.
As de Ool wedder rin is, och wat Schiet! denkt Hans, du geihst so herin, as du büst!
As he op de Vördeel kümmt, Mudder, röppt he, woneem is de Deern?
Jung, seggt se, swieg doch still! Dar in'e Stuuv, dar is se.

Nu hett Hans 'n groten Prüntj achter de Kusen hatt. Un dunn ritt he de Döör apen un kümmt dar je rin truffen mit sien schietigen Tüffeln. Un so as he över de Leed pedd, spiggt he midden na de Stuuv rin. Un dunn treckt he sien Hand ut de Büxentasch un snüfft sik mit de Fingern de Nees eerst ut. Un dunn nimmt he de Hand un seggt: Guun Dag, Deern, wat schall ik?

De Ool, de springt je to: Heff ik dat to di seggt, du Tülps, seggt he, dat du so rin kamen schußt? Heff ik di nich seggt, du schußt di 'n beten maneerlich nehmen? Kannst de Prüük nich afnehmen, wenn du in'e Stuuv kümmst! Un he nimmt de Hand un haugt em an de Ohren, dat de Zippelmütz em vun'n Kopp flüggt. Un dunn flüggt de Appel je rut, ut de Mütz, un tröllt ünner'n Sofa.

Dunn springt de Königsdochter op un grippt den Appel an. Un dunn seggt se to den Olen: De schall't graad wesen, seggt se, den heff ik graad söcht. Un dunn gifft se sik kund, dat se de Königsdochter is. Un de Ool weet je gar nich, wat he seggen schall, de höllt je Nees un Mund apen.

Dunn seggt se to den Olen, wat se ne'n Logis hebbt, wo se mit em hen gahn kann, dat he sik 'n beten reineferen kann un anner Tüüch antrecken.

Dunn mutt de Olsch gau bi un mutt 'n Logis rein maken, dar geiht se mit em rin, de Prinzessin. Un dunn mööt se je Waschwater un Kraam bringen, dat he sik örntlich afwaschen kann. Un de Bedeenter mutt em Prinzentüüch halen, dat hett se in'n Kutschwagen al mitbröcht. Un dunn naher kümmt he je as Prinz wedder to Ruum.

So, seggt se dunn to de Olen, nu nehm ik em mit na'n Sloß. Hier is nix op em reekt worrn. Darför will ik em nu to'n Mann hebben. Un dunn seggt se attüß un föhrt los tosamen.

Un dunn is de Hochtiet worrn mit de beiden. Un dunn hebbt se glücklich un vergnöögt tosamen leevt. Un wenn se nich doot sünd, denn leevt se noch.

62. De Katt

Dar is mal 'n Katt un 'n Kater west, de gaht mal tosamen to 'n Nöötplücken.

As se nu bi to plücken sünd, do versnirrt de Kater sik in en Nöötbusch un röppt: Help, help!

De Katt, de meent, he röppt: Melk, Melk! Un se löppt gau hen to Huus un haalt en beten Melk. Aver as se mit ehr Melk ankümmt, do is de Kater al doot.

Do maakt se em los un nimmt em op'n Nacken un driggt mit em to Huus. Un dar leggt se em in de Kamer op'n Brett un geiht bi em hen sitten un weent.

Nu hett sik dat je bald rund snackt, dat de ool Kater doot is, un do duurt dat ne so lang, do kümmt dar en jungen Voß an.

De Voß, de fraagt de Kööksch (dat is uk je 'n Katt west), wat Madam wull to Huus is.

Ja, seggt de Köksch, Madam, de sitt in'e Kamer un beweent ehrn allerleefsten Mann, de is doot bleben.

Ja, seggt de Voß, se schall Madam doch mal fragen, wat se kenen Mann wedder hebben will.

De Kööksch, de kloppt je an de Kamerdöör: Heda!

Wer da?

Kamerkätschen.

Wat will Se?

Hier is een, seggt de Kööksch, de fraagt, wat Madam kenen Mann wedder hebben will.

Och, nee, seggt se,
hier liggt he op 'n Brett,
hett mi heegt, hett mi pleegt,
hett mi so männich Muus todragen.
Och, nee, ik will gar nich wedder free'n – –
Wat hett he för Haar?

Root, seggt de Kööksch.

Denn laat 'n man hen to Holt gahn, seggt se, un sik ehr afsengeln!

As de Voß eben weg is, do kümmt dar 'n jungen Kater an. De Kater, de fraagt uk, wat Madam wull to Huus is.
Ja, seggt de Kööksch, Madam, de sitt in'e Kamer un beweent ehren allerleefsten Mann, de is doot bleben.
Ja, seggt de Kater, se schall Madam doch mal fragen, wat se kenen Mann wedder hebben will.
De Kööksch, de kloppt je wedder an: Heda!
Wer da?
Kamerkätschen.
Wat will Se?
Hier is een, seggt de Kööksch, de fraagt, wat Madam kenen Mann wedder hebben will.

Och, nee, seggt se,
hier liggt he op 'n Brett,
hett mi heegt, hett mi pleegt,
hett mi so männich Muus todragen.
Och, nee, ik will gar nich wedder free'n – –
Wat hett he för Haar?

Graad so'n as Madam, seggt de Kööksch.
Denn herut mit'n olen Dövel! seggt se. Laat den jungen herin kamen! Un darmit kriggt se den olen doden Kater bi'n Steert un smitt 'n ut't Finster.
Nu is de Köst je worrn. To de Köst sünd all de Tieren beden west. Voß un Haas, Spinnwever un Scharnwever, Poch un Brettfoot.
Nu is dar uk je danzt worrn. Un do danzt de Spinnwever mit den Brettfoot. Dat will aver nich recht gahn. Do seggt de Spinnwever: Och, du ole Klunsterfoot, seggt he, du kannst je gar nich danzen!
Do geiht de Brettfoot in'e Eck hen sitten un weent.
Do kümmt de Voß angahn. Guun Abend, schöön Abendblank! seggt he.
Guun Abend, König vun Engelland! seggt de Brettfoot. Du weeßt noch 'n Jümfer to grüßen. Aver de ool Spinnwever, de hett mi utschulln för'n olen Klunsterfoot. Ik heff mi al de Ogen so root weent as 'n Tegelsteen.

Vun de Tiet af an hebbt all de Brettfööt rode Ogen. De hebbt se op de Katt ehr Köst kregen.

63. De Snieder un sien dree Söhns

Dar is mal 'n Snieder west, de hett en Zeeg hatt, de hebbt sien dree Söhns ümmer höden müßt, enen Dag de een un 'n annern Dag de anner. Nu mal enen Morgen, do schall de öllst Söhn mit de Zeeg weg. Do seggt de Snieder to em, he schall mit ehr hen trecken, wo se düchtig wat to freten hett, dat se todegen satt warrt.

Na, de treckt je los, de Jung, un treckt mit ehr na'n Grasredder hen, wo recht so'n fett Kruut steiht, un dar lett he ehr den ganzen Dag gahn. Un de ool Zeeg fritt sik de Pans so vull, dat se gar nich mehr laten kann.

Do fröggt de Jung ehr 's Abends: Na, Zicke, büst nu satt?

Do seggt de Zeeg:

Ik bün so satt,
ik mag keen Blatt.
Meck, meck.

Na, denkt he, denn kannst je mit ehr to Huus trecken.

Dat 's aver en olen falschen Dövel west, de Zeeg. As de Snieder ehr in'n Stall kriggt naher, un he fröggt ehr: Na, Zicke, büst uk satt worden? do seggt se:

Ik bün nich satt,
ik fünn keen Blatt.
Meck, meck.

Do wart de Ool so dull un jöggt sienen Söhn ut 'n Huus.

Annern Morgen, do mutt de tweet Söhn je mit de Zeeg weg. Den geiht 't graad ebenso. De ool Zeeg fritt wedder den ganzen Dag. Un as he ehr fröggt 's Abends: Na, Zicke, büst nu satt? do seggt se:

Ik bün so satt,
ik mag keen Blatt.
Meck, meck.

Aver naher, to Huus, as se in 'n Stall kümmt, un de Snieder fröggt ehr, wat se uk satt worden is, do seggt se:

Ik bün nich satt,
ik fünn keen Blatt.
Meck, meck.

Do warrt de Snieder so böös un jöggt den Söhn uk weg.
Den drüdden Dag, do kümmt de jüngst Söhn je an 'e Reeg, de hett Hans heten, dar hebbt de annern ümmer so up rüm hackt.
Do seggt de Ool to em: Na, Hans, seggt he, wo schull't nu wull mit di gahn? De annern beiden hebbt de Zeeg nich satt kregen; denn mutt s' bi di je wull doot hungern?
O, dat wüllt wi wull kriegen, seggt Hans.
As he nu weg treckt mit sien Zeeg, do denkt he: Tööf! di Dööster will ik dat aflehren! Un he kümmt bi un treckt baben mit ehr na de Stenen rup, wo de Sünn dat all verbrennt hett un wo keen Blatt to sehn west is. Un de ool Zeeg kriggt den ganzen Dag nix to freten as so'n paar ool dröög Halms, de twischen de Stenen stahn hebbt.
As Hans nu wedder mit ehr to Huus treckt 's Abends, do is se je so hungerig un so flau, dat se knapp mal hen harden kann. Aver as de Snieder ehr in'n Stall kriggt, un he fröggt ehr: Na, Zicke, büst uk satt worrn? do is se je bang vör Hans un mag dat nich naseggen. Un do seggt se:

Ik bün so satt,
ik mag keen Blatt.
Meck, meck.

Do seggt de Snieder: Süh, Hans, seggt he, dat harr ik nich dacht. Sünst büst ümmer so dumm un narms to to bruken, un nu hest doch de Zeeg satt kregen! Denn kunnst uk wull in'e Frömm dien Glück maken.
Ja, seggt Hans. Un 'n annern Morgen, do snöört Hans sienen Ranzel un geiht in'e Frömm.
De öllst Söhn, as de Snieder den weg jaagt hett, de hett gahn un gahn un is toletzt an den Sülverbarg kamen.
Süh, denkt he, man goot, dat dien Ool di weg jaagt hett! So

veel Sülver harrst to Huus je gar nich kregen. Un he packt sienen ganzen Ranzel vull Sülverklumpens un reist wedder hen to Huus.

Do freit de ool Snieder sik je bannig, dat sien Söhn so veel Sülver mitbröcht hett.

De tweet Söhn, as de Snieder den weg jaagt hett, de hett uk gahn un gahn un is toletzt an den Goldbarg kamen.

Süh, denkt he, man goot, dat dien Ool di weg jaagt hett! So veel Gold haddst to Huus je gar nich kregen. Un do sammelt he sik so veel Goldklumpens in sienen Ranzel, as he man jiggens dregen kann, un do reist he uk wedder hen to Huus.

Do hett de ool Snieder sik je noch duller freit.

Hans, de dröppt den Sülverbarg nich un dröppt den Goldbarg nich. De kümmt an 'n hogen Barg, dar sitt en ool Hex up baben. Un bi ehr rüm fleegt en ganz Schoov Kreihn, de trampelt ümmer up ehr rüm un wüllt ehr doot pedden.

Hans, de steiht un kickt sik dat Spillwark an. Dövel, denkt he, wat hett dat to bedüden? Schaßt doch mal rup stiegen un sehn mal to, wat de olen Kreihn dar hebbt mit de Olsch.

As he baben kümmt, do röppt se em al vun feern to an: Mien Jung, seggt se, büst du en Sniederssöhn?

Ja, seggt Hans, dat bün ik.

Na, denn kumm man her, seggt se, up di heff ik al lang luurt. Ik wull so geern doot blieben, aver ik schall anners nich starben, as wenn de Kreihn mi doot peddt oder en Sniederssöhn mi mit de Küül doot sleit. Denn nimm de Küül nu man, de dar liggt, un dar sla mi man mit doot.

Hans, den groot dar je vör, un he will eerst nich.

Do seggt de Olsch to em: Wenn ik doot bün, denn is dar en beten bet lang en Lock in 'n Barg, dar stiggst du in hendal. Un wenn du nedden kümmst, denn liggt dar 'n Dischlaken un 'n Sack mit 'n Knüppel in un 'n Tonüster. Dat nimm denn man all mit. Dat Dischlaken, wenn du dat up'n Disch leggst, un du kloppst dar denn up un seggst: Disch, deck di! denn steiht dat schöönst Eten un Drinken vör di. Un will di wen to Liev, un du seggst: Knüppel, ut 'n Sack! denn kümmt de Knüppel dar herut un tagelt em so dennig af, dat he nich weet, wo he hen schall. Un wenn

du up den Tonüster trummelst, denn kümmt dar allens herut, wat dien Hart sik man wünschen deit.
Na, dat gelüst Hans je, un he denkt: Dövel, dar kümmst goot bi! Un do nimmt he de Küül un gifft de Olsch enen in 'n Nakken, dat se koppheister den Barg hendal nösselt. Un do is dar richtig 'n Lock in'n Barg, dar stiggt he in hendal un haalt sik de dree Deel dar herut: dat Dischlaken un den Sack mit den Knüppel in un den Tonüster. Un do maakt he sik up'n Stieg un reist wedder hen to Huus.
As he to Huus ankümmt, do stellt he sik recht so lahm un so armen Sinns, as wenn he nix to Kopp hett.
Do seggt de Ool to em: Na, dat heff ik mi dusend noog dacht! All mien Daag büst fuul un traag west un narms nütz to, un nu kümmst uk wedder arm un bloot to Huus.
Ja, denkt Hans, ji schulln man weten, wat ik all heff! Denn schulln ji ju wunnern!
Nu hebbt se de Sülverklumpens un de Goldklumpens al all hendör bröcht hatt – se hebbt dar ümmer frisch up dal leevt un hebbt mit ehr Geld man ümmer so rüm smeten –, un nu hett ehr de Maag al wedder up 'e linker Siet hängt un gnurrt.
Do denkt Hans: Nu schaßt ehr doch mal wiesen, wat du mitbröcht hest: denn schüllt s' de Ogen mal apen rieten! Un do laadt he ehr to'n Gaßbott in.
Do warrt se je lachen un seggt een to'n annern: Wat schull he wull to Disch bringen!
Hans, de leggt sien Dischlaken up'n Disch, un do kloppt he dar up un seggt: Disch deck di!
Do steiht dar mit'n Mal dat schöönst Eten un Drinken vör ehr, Tarten un Braden un Wien un Gebackels un all.
Do maakt se je Ogen, de dree. Un de Snieder, de seggt: Dövel ja! Hans is aver lang nich so lahm, as he hinken deit! Un do sett se sik je ran un langt to un eet sik mal recht todegen wedder satt.
Nu sünd se aver afgünstig west up Hans. Un as se alleen sünd, do seggt de Ool to de annern beiden: Achter dat Dischlaken, dar mööt wi em achterrut bringen. Un do besnackt he ehr, wenn Hans slapen deit – he hett de dree Deel ümmer ünner sien

Koppküssen hatt –, denn schüllt se em dat Dischlaken sacht ünner'n Kopp ut trecken.

As Hans nu in 'n Slaap is 's Nachts, do sliekert se sik na sien Kamer rin, de beiden, un wüllt em dat Dischlaken je sacht weg trecken.

Hans, de spöört dat aver, dat se dar bi to trecken sünd, un do seggt he: Knüppel, ut'n Sack!

Do kümmt de Knüppel ut den Sack herut, un dat up ehr, un sleit ehr den Puckel bruun un blaag.

Do biddt se Hans, he schall den Knüppel doch wedder in 'n Sack wünschen: se wüllt dat uk sien Daag nich wedder doon.

Na, denkt Hans, ehr Fellvull hebbt se je kregen, un do seggt he: Knüppel, in 'n Sack!

Do is de Knüppel wedder na den Sack herin.

Nu hett ehr dat Dischlaken aver doch noch ümmer in 'n Kopp steken, un se maakt sik af, se wüllt dar noch mal wedder up dal, dit Mal all dree, de Ool uk mit.

As Hans dat spöört, dat se wedder bi to trecken sünd, do denkt he: Tööf, de Knüppel, dat 's nich noog! Muß dienen Tonüster man mal to Hand kriegen! Un do kloppt he up sienen Tonüster un kummandeert dar Suldaten herut. Un de Suldaten, de fangt an to scheten, un dat ganz Dörp löppt al up 'n Dutt – se meent je all, dar is Krieg utbraken –: do kriegt se dat mit de Angst, de dree. Un se leggt Hänn un Fööt tosamen un biddt Hans vun Himmel to Eer, he schall doch man blots upholln laten vun scheten: se wüllt dat uk all sien Daag nich wedder doon.

Do kummandeert Hans de Suldaten wedder rin na 'n Tonüster un lett dar en Patschon Muskanten rut kamen. Un de Muskanten stellt sik up un fangt an to blasen.

Do seggt de Ool: Dunner un Doria! Dat 's aver 'n Keerl, de Hans! De hett noch örntlich wat laden!

Do hebbt se Hans nix wedder seggt. Un do hebbt se glücklich un vergnöögt tosamen leevt. Un wenn se nich doot bleben sünd, denn leevt se noch.

64. De König un de Schinnerknecht

Na, denn will ik mal 'n Geschicht vertellen vun den olen Fritz. De hett je veel dörmaakt un is dar je männichmal bunt hendör kamen.

Also de ool Fritz, as de noch Jungkeerl west is, do hett he uk mal reisen wullt as Handwarksburß. Do dröppt he 'n Schinnerknecht ünnerwegens, de is uk op'e Reis west, un do warrt se Reiskameraden. De Schinnerknecht hett avers nich weten, dat de König dat west is.

Nu warrt dat je Abend, un do seht se dar 'n Dörp liggen in 'e Feern. Do seggt se een to'n annern: Dar mööt wi man na to gahn un mal sehn, wat wi nich 'n beten Quarteer kriegen künnt.

As se dar kaamt in dat Dörp, do gaht se na'n Buurhuus rin un fraagt, wat se dar wull 'n Nacht blieben künnt.

Ja, seggt de Buur, dat künnt se; se mööt em avers 'n beten mit arbeiden helpen morrn fröh.

Ja, dat wüllt s' uk.

Nu kriegt se je Abendskost, un naher, do bringt de Buur ehr na 'n Kamer rin, wo se slapen schüllt. Un do seggt he to ehr, Klock dree schüllt se op un em döschen helpen.

Ja, is goot, seggt se, he schall ehr man wecken. Se hebbt avers je beid man nix vun't Döschen vun weten.

As de Klock dree is, do kümmt de Buur denn je un kloppt an de Döör: se schüllt nu man opkamen.

Ja, seggt se.

De Buur geiht je wedder weg un fangt mit sien Lüüd an to arbeiden. Se staht avers nich op, se blievt beliggen. Se hebbt je gar nich döschen kunnt.

Dat duurt 'n arig Tiet, do kümmt de Buur noch mal un röppt, se schüllt nu doch her kamen.

Ja, seggt se, se kaamt gliek. Se liggt avers still un staht noch nich op.

Do kümmt de Buur mit'n Schacht. Fritz hett vör slapen un de Schinnerknecht achter. Do kriggt he Fritz her un tagelt den ganz todegen af. Wenn se nu noch nich opstaht, seggt he, denn kriegt se noch mehr. Se blievt avers beliggen.

Do seggt de Schinnerknecht to Fritz: Nu gah du achter hen; ik will mi vör henleggen. Sünst kriggst du noch mal wat, wenn he wedderkümmt. Fritz deit dat je un leggt sik achter hen un de Schinnerknecht vör.

Dat durt noch en beten, do kümmt de Buur noch mal. Do kriggt de ächters wat.

Do hett Fritz noch mal wat kregen, un de anner is dar so mangdör kamen.

As de Buur wedder rut is ut de Kamer, do seggt de Schinnerknecht: So, nu mööt wi weg. Se staht op, treckt sik gau an, un dunn een twee dree ut 't Finster. Un do loopt se, dat se weg kaamt, ut 'n Dörp herut. Un do gaht se je wedder los.

Üm Meddag ut'n kaamt se in en groot Holt to Gang.

Do seggt de Schinnerknecht: Ik warr al rein hungerig. Wi mööt doch mal tosehn, wat hier keen Minschen wahnt, dat wi wat to leben kriegt. Se sünd je ahn Fruhkost wegkamen vun den Buurn.

Do seht se vun feern en lütt Huus liggen, mit so'n ganz siet Dack. Süh, seggt de Schinnerknecht, dar liggt al en Huus. Dat 's wull en Weertshuus. Dar wüllt wi ankehrn.

Se gaht dar hen na dat Huus un gaht herin: do liggt dar en groten Hund op'e Deel. De Hund seggt ehr avers nix.

Se gaht bet to: do kümmt dar en ool Fru to Gang.

Guun Dag, Mudder, seggt de Schinnerknecht, is dat 'n Weertshuus hier?

Och, Gott, mien leben Kinner, seggt de ool Fru, wo kaamt ji eenmal an! Dat is en Röverhuus! Hunnert Rövers sünd dat west.

Do warrt Fritz – de is ümmer bang west –, de warrt so witt utsehn un seggt: Minsch, wenn se nu kamen doot! Laat uns man gau weggahn.

Ja, seggt de ool Fru, de groot Hund lett in, avers nich wedder ut.

Do fraagt de Schinnerknecht – de is ümmer driest west –, wat se nich 'n Snaps un 'n Bodderbroot kriegen künnt.

Ja, seggt de ool Fru, 'n Snaps un 'n Bodderbroot schüllt se geern hebben. Avers dat helpt ehr doch nix mehr. Wenn se kaamt, de

Rövers, denn sünd se doch verlaren, denn is ehr Leben doch hen.

Ja, dat 's enen Doon, seggt de Schinnerknecht, se wüllt doch wat hebben.

Do bringt de ool Fru ehr je 'n Snaps un 'n Bodderbroot. Fritz is avers so bang: de kann nich eten un nich drinken. De anner, de itt un drinkt.

He hett sien Broot noch gar nich mal op, do kaamt dar al föfftig Rövers an.

Na, will't smecken? seggt se.

Ja, seggt de Schinnerknecht.

Dat duurt noch 'n beten, do fraagt de een, wat he noch nich bald satt is. He schall man 'n beten flink tokauen; glöben mutt he dar doch an.

Ja, wat he denn nich noch 'n Snaps hebben schall vörher.

Ja, seggt se, 'n Snaps schall he denn noch hebben.

Wieltdes sünd de annern föfftig dar uk al. Fritz is so bang: de schüddert un bevert.

De Schinnerknecht drinkt sienen Snaps ut, un do stülpt he sien Glas üm un seggt: So, nu laat 't warrn, as 't will!

Do staht se all hunnert dar, un keeneen kann spreken, un keeneen kann sik rögen.

Do kriggt de Schinnerknecht sik vun dat Mördergeschirr her – dar hebbt 'n ganz Patschon Mesten un Sävels hängt –, un do seggt he to Fritz: So, nu fangst du op diß Siet an, un ik op diß, un denn wüllt wi ehr all hunnert de Köpp afsnieden.

Nee, seggt Fritz, dat kann ik nich. He is König west un hett dat nich kunnt.

Ja, seggt de Schinnerknecht, wenn du dat nich kannst un nich wullt, denn will ik eerst diß nehmen, un denn kümmst du an 'e Reeg; denn schaßt du de letzt wesen.

Do nimmt he ehr all hunnert den Kopp af. Se blievt avers all bestahn.

As he ehr all de Köpp af hett, na, seggt he to Fritz, di mutt ik dat doch man schenken.

Do geiht he bi de Rövers lang un stött ehr so'n beten an: do fallt se dar all hunnert hen.

Nu geiht de ool Fru mit ehr rund un wiest ehr dat all. Do hebbt dar allerhand Kleder hängt, Mannskleder un Fruunskleder. Un allerhand Geld hett dar legen, lütt Geld un groot Geld, Sülvergeld un Goldgeld. Un in'n Peerstall, dar hebbt twee hübsch Peer stahn, un op'e Deel hett 'n feinen Wagen stahn.
Do schuuvt se sik den Wagen rut un kriegt de beiden Peer vör un wüllt je wegföhrn.
Do biddt de ool Fru ehr, se schüllt ehr doch mitnehmen.
Nee, seggt se, foort künnt se ehr nich mitnehmen. Avers se schall man Geduld geben: se kaamt wedder un haalt ehr na.
Nu föhrt se je weg, na Berlin to.
Ünnerwegens draapt se je allerhand Weertshüser. Denn geiht de Schinnerknecht ümmer rin un drinkt Wien. Fritz blifft ümmer op'n Wagen sitten. De anner bringt em denn en Glas Wien herut an 'n Wagen. Avers Fritz kann ümmer nich drinken.
As se vör dat letzt Weertshuus kaamt, do geiht de Schinnerknecht je wedder rin un drinkt un will Fritz uk je en Glas rut bringen. Avers as he ut de Döör kümmt mit sien Glas, do is Fritz mit 'n Wagen weg.
De Schinnerknecht hett dat eerst noch nich weten schullt, dat he de König weer.
As Fritz in Berlin kümmt, bi de Wach, do seggt he den Possen Bescheed: wenn dar so'n un so'n Mann angahn kümmt, den schüllt se hen na em schicken, na'n Sloß rop.
Nu kümmt de Schinnerknecht denn je op'n Sloß an naher. Do hett Fritz sik avers al ümtrocken hatt un is al wedder König west. Un do fangt he so feerlangs mit em an, mit den Schinnerknecht, un fraagt em allerwegens na, wo he her kümmt, un wat he beleevt hett op sien Reis, un so wat. He denkt je, he schall em dat vertelln.
De anner is avers so klook un lett sik nix ut.
Do geiht Fritz na de anner Stuuv un treckt sien Reistüüch wedder an, un do kümmt he wedder rin.
Na, du büst dat, seggt de Schinnerknecht, de mit mi reist hett. Denn so wüllt wi nu uk Anstalt maken, dat wi de ool Fru her kriegt. Du hest nu je Lüüd un Peer un Waag un all.
Ja, seggt Fritz, dat wüllt wi uk.

Do arbeidt se dar je hen mit 'n paar Wagens un haalt de ool Fru na, un den Schatt uk je.
As se wedder in Berlin sünd, do fraagt Fritz de ool Fru, wat se nu will, wat se bi em op'n Sloß blieben will oder wat se ehr Huus alleen hebben will.
Lever alleen, seggt se, wenn se dat schall.
Ja, dat schall se.
Do sett he ehr in'n Huus un höllt ehr 'n Kööksch, un se kann so goot leben, as se will.
Do fraagt he den Schinnerknecht, wat he hebben will.
He will blieben, wat he is, seggt he. Avers de best Schinnerie, seggt he, de dar is, de will he hebben.
Ja, dat schall he uk.
Do kriggt he de best Schinnerie, un denn noch arig Geld to, dat he sien goot Fortkamen hatt hett.
Ja, so wat hett Fritz all utöövt. De hett veel Fahrten maakt. He hett avers doch eerst mal 'n orntlich Jackvull kregen. Dat 's em sünst wull nich baden worrn.

65. De Spitzboovmeister

Dar is mal 'n Kohharr west woor up 'n Hoff, de hett 'n Söhn hatt.
As he ut de School is, de Jung, do giff sien Vadder em 'n Daler, he schall hen un schall 'n Handwark lehren, wat Broot höllt bet in den Dood. Nu geiht he je weg. Do dröppt he 'n olen Mann, de bindt Bessens. Do fraagt he em, wat dat 'n Handwark is.
Ja, seggt de ool Mann, de wieder nix kann un wieder nix lehrt hett, denn is dat uk 'n Handwark.
Ja, wat he em dat uk ne lehren kann.
Ja, seggt he. Do bindt he uk 'n paar Bessens, de Jung, un do is he al klöker as de ool Mann.
Do kümmt he wedder to Huus. Do fraagt sien Vadder em, wat he för'n Handwark lehrt hett.
Bessenbinnen, seggt he.
Ja, seggt de Ool, dat höllt keen Broot bet in den Dood.

Do gifft he em noch en Daler: he schall noch een Handwark lehrn.
Do kümmt he en Huus vörbi, dar hängt so veel Lepeln un Sleev, so 'n hölten. Do geiht he dar rin un fraagt, wat dat en Handwark is.
Ja, seggt de ool Mann, de wieder nix kann un wieder nix hett, denn is dat uk en Handwark.
Ja, wat he em dat uk ne lehrn will.
Ja, seggt he. Do maakt he uk en paar Lepeln un Sleev, un do kann he dat al beter as de ool Mann.
Nu hett he bi den uk je utlehrt. Un do kümmt he wedder to Huus.
Na, fraagt sien Vadder, wat hest nu för 'n Handwark?
Lepeln un Sleev maken, seggt he.
Ja, seggt de Ool, dat höllt keen Broot bet in den Dood. Dar hest noch enen Daler, seggt he. Denn gah hen un lehr noch en Handwark to, wat Broot höllt bet in den Dood.
Do geiht he in 'e Frömm. He denkt, denn dröppt he wull woor so'n Handwark.
He hett en paar Daag reist, do kümmt he in'n Holt. Un dat warrt Abend un warrt düüster, un he verbiestert. Do kaamt dar en paar Keerls gegen em an, de fraagt em, wo he na to will.
Ja, he is verbiestert.
Wat he denn is, seggt se.
Ja, seggt he, bet herto is he noch nix. He is in 'e Frömm gahn un söcht sik en Meister. He will geern en Handwark lehrn, wat Broot höllt bet in den Dood.
Ja, seggt se, denn schall he man mit ehr kamen; dat Handwark hebbt se. Se sünd Spitzboven.
He geiht je mit ehr. Un do bringt se em hen na ehrn Hauptmann.
Ja wull, seggt de Hauptmann, wenn he dar Lust to hett un will ehr Handwark lehrn, denn kann he bi em ankamen. Minschen doot maken doot se nich, seggt he. Se nehmt blots weg, wat se kriegen künnt.
Ja, seggt he, denn will he dar blieben un will dat uk lehrn.
Nu kümmt he in'e Lehr un warrt Burß. Un do mutt he eerst

ümmer Wach stahn, wenn de annern 's Nachts stehlen doot. Un naher mutt he uk al sülben mit stehlen. Un dat duurt nich lang, do kann he al jo so goot stehlen as de annern.
He is dar wull so wat 'n half Jahr bi west, do fraagt he den Hauptmann, wat he noch nich bald Gesell warrn kann.
Ja, seggt de Hauptmann, dat kann he. Denn mutt he aver eerst dree Proovstücken maken.
Ja, wat he denn schall.
Ja, seggt de Hauptmann, he hett sik dat utspikeleert, dar is 'n Buur, de hett 'n Ossen verköfft, un den schall he 'n annern Dag levern. Un denn kaamt dar je twee Mann mit up'e Reis, un de mööt mit den Ossen dar an't Holt lang, in'n Weg herüm. Wenn he de beiden Keerls den Ossen weg stehlen kann, aver nich mit Gewalt un Slägerie, dat schall denn dat eerst Proovstück wesen.
Na, 'n annern Morgen, do paßt he denn je up. Un as de beiden Keerls antrecken kaamt mit ehren Ossen, do kümmt he bi un hängt sik vör an in't Holt, 'n lütt Flach vun'n Weg af, dar hängt he sik an'n Boom, as wenn he sik dar uphängt hett.
Nu kaamt de beiden Keerls dar je vörbi, un do seggt de een: Kiek, dar hett sik een uphängt!
Och wat, seggt de anner, laat 'n man hängen! De hett wull keen Lust mehr hatt to leben. Un darmit treckt se je wieder.
De Spitzboov een twee dree vun'n Boom heraf, un do graad to, dör't Holt – de annern hebbt je in'n Weg rundüm müßt –, un up'n annern Enn in 't Holt, dar hängt he sik wedder an.
Süh, seggt de een, dar hängt al wedder enen! Un dat is de sülvig, de dar günt hängen dee.
Dat kann je nich angahn, seggt de anner. De sik eenmal uphängt hett, de hängt sik nich to'n tweten Mal up.
Ja, dat is he aver doch! seggt de eerst.
Na, se kriegt sik dat Strieden. Un do, toletzt, do wüllt se je sehn, wodennig sik dat regeert, un do bindt se ehren Ossen dar an, an'n Boom, un gaht wedder trüch.
So as se üm de Eck sünd, springt he gau ut'n Boom herut, bindt den Ossen los un treckt mit em weg, na sienen Hauptmann hen.

Ja, seggt de Hauptmann, dat Stück hest du dörhaalt. Nu dat tweet!

Ja, Se künnt man seggen, seggt he.

Ja, dar up de un de Koppel, seggt he, dar is en Buur to plögen diß Daag. Wenn du den Ossen vör de Ploog wegstehln kannst, dat schall dat tweet Stück wesen. Aver nich mit Gewalt! Doon schaßt du em nix.

Nee, dat will he denn uk nich.

Nu hett dar en lütt Holt legen an de Koppel. Un ut dat Holt is 'n Footstieg herut kamen, de hett över de Koppel gahn un denn na 'n Weg herin. Do kümmt he bi, de Spitzboov, un geiht vun de anner Siet to na dat Holt herin, un dar fangt he sik 'n Fleiten an, as wenn en Vagel fleit. Un as he 'n Tietlang fleit hett, do kümmt he ut dat Holt herut un geiht so över de Koppel, as wenn he na 'n Weg herin bögen will.

De Buur – de is dar je to plögen –, as de em wahr warrt, do höllt he still un röppt em an. Höörn Se mal, seggt he, hebbt Se den Vagel eben fleiten höört dar in 't Holt?

Ja wull, seggt he, ik heff em uk sehn.

Wat weer dat eenmal för 'n Vagel? seggt de Buur. Ik kenn sünst all de Vageln hier up uns' Kant. Aver so'n heff ik noch gar nich höört.

Ja, ik weet uk nich, seggt de anner. Dat weer so'n groten, grönen Vagel mit 'n witt Bost. Un he seet so still: ik kunn em fungen hebben. Un darmit geiht he je wieder.

Dövel, denkt de Buur, den schaßt di fangen! He bindt dat Leid an 'n Ploogsteert, un dat je hen.

So as de Buur in't Holt is, kehrt de Spitzboov üm, strängt de Ossen ut un treckt mit ehr weg. Un kümmt je mit sien Ossen bi'n Hauptmann an.

Na ja, seggt de Hauptmann, dat weer dat tweet Stück. Nu kümmt dat drüdd.

Ja, wat he nu denn schall.

Ja, seggt he, een vun uns' Lüüd hett sik dat utlüstert: morrn fröh, denn kümmt hier 'n feinen Herrn lang föhrn, de will dar un dar hen. 'n Kutscher hett he bi sik. Wenn du de beiden dat Fohrwark weg stehlen kannst, ahn'ndem dat du ehr wat deist

un ahn dat se dar wat vun wahr warrt, dat schall dat drüdd Proovstück wesen.
Ja, wüllt mal sehn, seggt he.
Annern Morgen nimmt he sienen Sävel, un do geiht he hen un paßt up. Un as de Kutsch anföhrn kümmt, do leggt he de Sävelscheed in'n Weg hen, as wenn ehr dar een verlaren hett. Un do springt he na't Holt herin un löppt dweer dör't Holt weg, na'n annern Enn hen. Un dar leggt he den Sävel hen in'n Weg, un he stellt sik in't Holt achter'n Boom.
Wieltdes kümmt de Kutsch je anföhren, un do süht de Kutscher de Scheed dar je liggen. Süh, Herr, seggt he, dar liggt 'n hübsch Sävelscheed in'n Weg. De kunnen wi uns je mitnehmen.
Ja, wenn de Sävel dar uk bi weer! seggt de Herr. Aver wat wüllt wi mit de ool Scheed? Dar künnt wi je nix mit upstelln. Föhr man to!
Darmit föhrt se je wieder, laat de Scheed dar liggen.
As se üm dat Holt herüm böögt sünd, un se kaamt bi den Sävel: süh, Herr, seggt de Kutscher, dar liggt de Sävel. Harrn wi nu de Scheed man mitnahmen!
Ja, harrn wi dat man daan! seggt de Herr. Denn harrn wi nu 'n schönen Sävel hatt.
O, seggt de Kutscher, de Herr kann de Peer je man so lang anfaten, denn loop ik gau wedder trüch, un haal de Scheed her.
Nee, seggt de Herr, alleen will ik hier nich blieben. Ik heff arig Geld bi mi: wenn hier männichmal schulln Rövers wesen in't Holt, dat will ik mi nich utsetten. Denn binn de Peer hier man an'n Boom un haak den enen Strang ut. Denn gaht wi beid hen. Den Sävel künnt wi je man in'n Wagen leggen.
Wielt se wedder trüch gaht un wüllt de Scheed halen, wieltdes de anner as 'n Blitz na'n Weg herin, haakt den Strang an un bindt de Peer los. Un do in vullen Karreer mit dat Fohrwark weg. Un kümmt dar je richtig mit bi sienen Hauptmann an.
So, seggt de Hauptmann, denn büst du nu Gesell.
He is en Halfjahrstiet Gesell west, do fraagt he den Hauptmann, wat he keen Meister warden kann.
Ja, seggt de Hauptmann, twee Hauptlüüd in een Bann, dat geiht nich, dat is to veel. Aver denn doch! Wenn he em üm't Le-

ben bringen kann, ahndeem dat he em wat deit – nich doot slagen un nich doot steken un nich vergeben un nix –, denn kann he Meister warden.

Nu hett dar so'n glatten Boom stahn vör ehr Höhl, mit 'n groten Pull, dar is de Hauptmann all Morgen rin kladdert, sik smiedig to holln. Do kümmt de Spitzboov bi un köfft sik Wierdraht in de Stadt, dar maakt he Snirren vun, un de stellt he baben in den Pull up. Annern Morgen, do hett dat glattiest. Do raadt sien Lüüd em af, den Hauptmann, dat is to glatt, he kann to Malöör kamen. He will aver nich vun sien Gewohnheit af: he kladdert doch herup. Un baben in den Pull stiggt he vun enen Tang to'n annern. Nu sünd de Tangs je so glatt west, un do rutscht he ut un kriggt den Kopp in de een Snirr un hängt sik up. De annern wüllt je rup un wüllt em losmaken. Aver as se baben kaamt, do is he al doot. Un do warrt de anner je Hauptmann.

He is wull so wat en tein Jahr bi de Spitzboven west, do will he mal wedder to Huus, will sien Olen geern mal wedder sehn un de ool Kaat, wo he in groot worden is. Un do reist he je hen.

Nu kümmt dar mal enen Abend so'n fein Fohrwark anföhrn in't Door, mit veer ut de Lien.

De Olsch, de kickt ut. Süh, denkt se, de Herr kriggt noch Besöök.

Mit 'n Mal höllt de Kutsch vör ehr Kaat still. Un do kümmt dar en feinen Herrn utstiegen. Un de geiht na ehr Poort herin un kümmt graad up ehr Döör to.

Se ritt gau den Schutt vun'n Liev un smitt 'n in de Eck, un do löppt se rut un maakt em de Döör apen.

Guun Abend, lütt Mudder, seggt de Herr, kann ik hier nich en beten pökelt Swienfleesch kriegen mit braadt Klümp un Kantüffeln?

Ja, mien beste Herr, seggt se, dat kunn'n Se je sachts. Dat weer je licht to. Aver wüllt Se nich lever na 'n Kroog föhrn? Dar kriegen Se je doch veel wat beters. Bi uns warrt je nich tokaakt.

Nee, seggt he, dat Gericht schull 't graad wesen. Dar heff ik as Kind ümmer so geern mücht, dar bün ik rein hungerig na.

Och, Gott, denkt se, graad ebenso as uns' Söhn wullehr. Ja, seggt se, wi sünd dar man gar nich so up inricht mit witt Töllern un Kraam. Wi eet dat ümmer man so ut de Pann.
Ja, so wull ik 't uk graad hebben, seggt he.
Se geiht na de Köök un maakt dat trecht. Un do bringt se dat rin un sett em dat in de Pann vör. Un he langt je to un lett sik dat goot smecken.
As he bi to eten is – de Olsch sitt dar bi –, do fraagt he ehr, wat se gar keen Kinner hebbt.
Nee, seggt se, Kinner hebbt se nich. Enen Söhn hebbt se hatt. Aver de is al vör tein, elben Jahr in 'e Frömm gahn un hett gar nix wedder vun sik hören laten. De is wull gar nich mehr an'n Leben, seggt se.
O, seggt he, dat is je nich seggt. Wenn he blots nich schreben hett – dat maakt je männicheen so –, denn kann he je noch dümmer wedder kamen. Aver schull Se em denn wull noch wedder kennen? seggt he.
Ja, seggt se, wenn ik em sünst uk nich kennen dee: wenn ik man sien bloot Bost sehn kunn, denn wull ik em wull mang dusend mang ut kennen. He hett 'n Muusplacken an 'e linker Siet, as 'n Fievgroschenstück groot.
He kümmt bi un ritt de West apen un dat Hemd.
Och, Gott, röppt se, du büst je uns' Söhn! Un du büst so'n feinen Herrn! Wat schall Vadder eenmal seggen, wenn de to Huus kümmt mit de Köög!
Ja, Mudder, seggt he, wi wüllt Vadder dar man eerst noch gar nix vun seggen. Wenn he kümmt, denn segg man to em, hier weer 'n Herrn, de wull hier geern 'n Nacht blieben.
As de Ool abends in de Poort kümmt, dunn de Olsch je rut. Du, Vadder, seggt se, dar sitt 'n feinen Herrn in uns' Stuuv, de will hier 'n Nacht blieben.
Ja, wo schall he man slapen? seggt de Ool.
O, wi leggt uns 'n beten Stroh hen, seggt se, dar gaht wi up liggen. Denn kann he je in uns' Bett slapen.
Ja, seggt he, dat güng je.
Du, Vadder, seggt se, denk mal an, dat is uns' Söhn, de is kamen!

Nee, wat du seggst, Mudder! seggt he. Dat kann je doch wull nich angahn!
Ja ja ja, seggt se. Wat ik di segg, Vadder! Uns' Söhn is kamen un is so'n feinen Herrn worden!
Nu kaamt de Olen denn je rin na de Stuuv. Ja, mien Jung, seggt de Olsch, ik heff Vadder dat al seggt. Ik kunn 't nich bi mi beholln.
Na, seggt de Ool, un du büst so'n feinen Herrn worden? Wat hest denn för'n Handwark lehrt?
Ja, Vadder, seggt he, dat is 'n Handwark, wat Broot höllt bet in den Dood. Ik bün en Spitzboov worden.
De Ool verfeert sik je. Och, Gott, seggt he, wenn dat de Graaf to weten kriggt! Denn kaam ik je vun Stock un Staff. Un di lett he je foort insteken.
Nee, Vadder, seggt he, dar dörvst nich bang vör wesen. Ik gah morrn fröh sülben hen un besöök em. He nett je noch Vadder to mi stahn.
Na, 'n annern Morgen, do geiht he denn je hen na den Grafen.
De Graaf, de hett dat al to höörn kregen, dat den Kohharrn sien Söhn wedder to Huus kamen is in 'n fein Kutsch un logeert in 'n Kroog as en vörnehmen Herrn. Un do seggt he to em: Na, un du büst so'n feinen Herrn worden? Wat hest denn för'n Hanteerung?
Ja, seggt he, ik bün en Spitzboov.
En Spitzboov? seggt de Graaf. Dar heff ik nich recht wat mit hatt, mit so'n Slag Lüüd! Wat he sien Handwark denn uk örntlich verstahn deit, seggt he.
Ja, seggt he, dat deit he.
Ja, seggt de Graaf, dar will he sik doch eerstmal sülben vun övertügen. He schall dree Proovstücken maken. Wenn he dar goot mit besteiht, denn will he dat glöben.
Ja, wat he denn schall?
Ja, eerstan kannst du mi övernacht mal mien Riedpeerd ut 'n Stall stehln. Dar stell ik aver dree Mann Wach bi.
Ja, wüllt mal sehn, seggt he.
Nu seggt de Graaf sien Stallüüd Bescheed. De Kutscher schall

dat Peerd an 'n Kopp anfaten, un de Riedknecht schall dar up sitten, un de Stallknecht schall in'n Gang stahn, achter dat Peerd to.

De Spitzboov, de kümmt bi un treckt sik an as 'n olen Reisen, as so'n reisen Handwarksburß, stoppt sik 'n Felliesen mit Stroh ut, knütt sik Speck un Broot in'n Dook un 'n paar Buddels mit Brammwien, un so kümmt he dar abends in 'n Peerstall an.

Guun Abend, Lüüd, seggt he. Is hier nich enen, de mi 'n beten trecht wiesen kann? Ik bün heel un deel verbiestert. Ik kaam dar un dar her un heff den Weg je wull verschaten bi dat Weder. Dat's recht so'n dull Sneejagd west. Ik wull noch geern bet Godersdörp hüüt Abend. Dar kann ik Quarteer kriegen.

Oha, seggt se, denn is he je ganz verkehrt lopen, denn hett he sik je 'n Barg ümhaalt. He müß dar un dar lang gahn hebben. Aver bi so'n Weder up 'e Landstraat!

Ja, Lüüd, seggt he, leeg noog is dat je. Wenn ji dar nix gegen harrn, denn bleev ik lever hier bet morrn fröh. Hier is dat je warm un schöön. Un up Stroh liggen, dar weet ik je mit üm.

Ja, seggt se, denn schall he dar man blieben bi ehr. Se kaamt uk nich to Bett, seggt se. Se schüllt bi dat Peerd upsitten, dat dat nich stahlen warrt.

Ja, denn bliev ik hier, seggt he. Denn will ik man eerst 'n beten Abendbroot eten. Ik bün hungerig worrn vun dat Rümlopen.

He sett sik dar in't Stroh hen, kriggt sien Broot un Speck ut'n Dook un geiht bi to eten. Un dar nimmt he 'n lütten Sluck ut'n Buddel to.

Dövel! seggt se, he höllt sik je wull örntlich Brammwien.

Ja, seggt he, hier up diß Kant is dat so Mood, wo ik kaam un fecht, dar krieg ik mehrstertiets 'n Snaps. Un dat kann ik je nich all utdrinken – denn weer ik je ümmer duun –, denn nehm ik mi 'n Buddel mit un geet dat in'n Buddel. Denn heff ik abends in't Quarteer uk je wat. Se schüllt uk man 'n Lütten nehmen, seggt he, bi de Küll. Un darmit gifft he ehr den Buddel hen.

O bewahrn! Se wüllt em sienen Brammwien je nich utdrinken!

O, darüm schüllt se man drinken, seggt he. He hett noch enen Buddel vull.

Na, se nehmt uk je enen. Un as se eerst in Smack sünd, do gifft he ehr den annern Buddel uk hen. Dar hett he aver en Slaapdrunk mang kregen. Se schüllt man rein utdrinken, seggt he, he kriggt morrn je wat wedder.
As se den Buddel ut hebbt, do warrt se sanft un slaapt to.
Do nimmt he den Kutscher, de dat Peerd bi'n Kopp faat hett, den bindt he mit den Halter, wo dat Peerd mit anbunnen is, an de Krüff. Un den Riedknecht, den nimmt he vun 't Peerd heraf un sett em up den Ruumboom. Un ünner de Arms kriggt he em en Gört ünnerdör, de maakt he baben ünner'n Böön an'n Kramp fast. Un den drüdden, den Stallknecht, den bindt he vör an de Döör, an de Klink. Un do deit he dat Peerd 'n Toom an un treckt dat rut. Un do sett he sik up un ridd weg, na 'n Kroog hen, un dar lett he dat Peerd in 'n Stall kriegen.
Annern Morgen, as de Eddelmann upkümmt, un he geiht hen un will sehn, wo 't worden is, do sünd de Keerls je all fast in'n Slaap, un sien Peerd is weg.
He kriggt de Hunnpietsch her un ritt ehr dar düchtig 'n paar mit över. Do kriegt de annern beiden de Ogen so bi lütten apen. De, de up 'n Ruumboom sitt, de fangt aver eerst noch en Zukkeln an up den Ruumboom, as wenn he rieden deit. Un de Graaf mutt em noch 'n paar togeben, dat he ut 'n Slaap kümmt. De Graaf, de schellt je mit ehr, wat se för Knevels sünd. Aver bi sik sülben mutt he dar je doch över lachen.
Naher, as he wedder na'n Sloß geiht, do kümmt de Spitzboov denn je in 't Door rieden un bringt em dat Peerd wedder.
Na ja, seggt de Graaf, dat hett di glückt. Aver nu dat tweet Tour! Nu schaßt du mi över Nacht mien Fru dat Bettlaken ünnern'n Noors ut stehlen un den Ring vun'n Finger. Seh di aver vör! Ik paß mit'n laden Gewehr up. Un wenn du kümmst, denn scheet ik to.
Ja, seggt he, dat kann he uk geern doon.
Nu is dar en paar Daag vörher een richt worden. Un fröher, wenn se enen richt hatt hebbt, denn hebbt se em je ümmer an'n Galgen hängen laten. Do geiht he hen, de Spitzboov, un haalt sik den doden Keerl her. Un üm midden Nacht ut'n, as se all to Bett sünd, do sett he sik en lang Ledder an, achter den Grafen

sien Slaapstuuv. Un do nimmt he den doden Keerl up'n Nacken un stiggt mit em de Ledder lang up.
De Graaf, de hett je upseten un hett al ümmerlos luurt. Un as he dat Pultern höört achter't Finster mit de Ledder, do seggt he to sien Fru – de hett in'n Bett legen –: So, seggt he, nu is he dar al, de Aas! Wenn he mit 'n Kopp vör't Finster kümmt, denn scheet ik to. Verfeer di man nich!
De Spitzboov, de kleit so'n beten an't Finster, un do lett he den doden Keerl so eben mit'n Kopp in't Finster kieken.
Boots! schütt de Graaf to un schütt den doden Keerl dör'n Kopp. Un so as de Schuß afgeiht, smitt de anner den Keerl vun'n Liev, vun baben hendal, dat dat örntlich quuuksen deit.
So, seggt de Graaf, den heff ik goot drapen. Aver wenn dat utkümmt, dat ik den Keerl doot schaten heff, dat gifft je 'n bösen Blaam. Ik mutt man hen un purren em in, dat dar man jo keen Minsch wat vun to weten kriggt. Un darmit he je hendal.
Wieltdes is de Spitzboov je lang wedder nedden. Un do is dar so'n Buschwark in'n Gaarden, dar wuutscht he rin. Un wielt de Graaf mit den doden Keerl weg sleept un purrt em achter't Gaardenhuus in, wieltdes löppt de anner gau na de Döör herin, un do de Trepp herup, un dat herin na de Slaapstuuv. Un do verstellt he sien Spraak un seggt to de Gräfin: Na, de Aas hett mi schöön anföhrt! He hett sik den Keerl vun'n Galgen haalt, un den hett he in't Finster kieken laten. Un he huukt hier nu noch woor achter de Eck. Do mi den Ring un dat Laken man gau her! Sünst nimmt he uns dat doch noch af.
Na, de Gräfin, de meent je, ehr Mann is dat, de gifft em Ring un Laken hen. Un he geiht dar je mit ut de Döör, un dat weg.
Na'n Tietlang kümmt de Graaf denn je an. Na, de föhrt nümms mehr an, seggt he, de is an d' Siet.
Hest em denn drapen? seggt se.
Ja, seggt he, ik heff em graad in'n Kopp drapen, he weer muusdoot.
Nee, seggt se, den annern meen ik, den Spitzboov. Du seest je, de harr sik hier noch woor versteken.
Wat? seggt he. Versteken? Wonehr heff ik dat seggt?
Gott, seggt se, vör 'n beten, as du hier weerst un haalst mi den

Ring un dat Laken af. De anner, seest du je, wo du na schaten haddst, dat weer de Keerl vun 'n Galgen west.
Dövel, seggt de Graaf, denn is de verdammte Aas dar doch mit weg! Un ik meen recht, ik hadd 'n doot schaten. Denn heff ik je 'n Keerl doot schaten, de al doot weer!
Na, 'n annern Morgen, do kümmt de Spitzboov denn je an un levert Ring un Laken wedder af.
Ja, seggt de Graaf, nu dat drüdd Proovstück! Nu schaßt du den Preester un den Köster – dar heff ik mi mit verunwillt –, de beiden schaßt du mal en Tort andoon. De schaßt du hüüt Abend in'n Sack steken un denn in'n Rook hängen. Wenn du dat uk noch kannst, denn will ik seggen, dat du dien Handwark versteihst.
O, dat wüllt wi wull kriegen, seggt he.
Nu köfft he sik en Korf vull Kreevt, so'n Steenkreevt, un denn köfft he sik en Patschon lütt Waßlichter, de backt he de Kreevt up 'n Puckel. Un do stickt he de Lichter an un lett de Kreevt up 'n Kirchhoff krupen. Un dunn – 'n Bettlaken un 'n groten Sack hett he sik uk mitnahmen –, do hängt he sik dat witt Laken üm un geiht vör de Kirchendöör stahn. Un do fangt he dar 'n Predigen an. Der jüngste Tag ist gekommen, seggt he. Die Gräber öffnen sich, und die Toten stehen auf. Wer da will errettet werden und lebendig eingehen in das Himmelreich, der komme her zu mir und steige hinab in meinen Sack. Ich bin der Engel Gabriel, gesandt von Gott, dem Herrn. Un dat predigt he ümmerlos.
De Köster – de hett graad to Bett wullt –, de geiht noch mal vör de Döör un will noch eerst mal pissen, un do warrt he je all de Lichter wahr up'n Kirchhoff un hööрt dat Predigen.
Dövel, denkt he, wat is dar los? De Kraam is nich richtig: He geiht bet ran, un do kann he dat je verstahn, wat de Engel Gabriel dar predigen deit. Un do biddt he em, wat he em uk ne mitnehmen will, he will uk doch so geern na'n Himmel.
Ja, seggt he, he is je 'n gottsfürchtigen Mann, em will he mitnehmen. Em un den Preester. Dat harr Petrus to em seggt, ehr beiden schull he mitbringen.
Ja, wat sien Fru uk nich mitkamen kann, seggt de Köster.

Nee, seggt he, Fruunslüüd warrt dar nich annahmen. He will wieder nümms mithebben as em un den Preester. He schall man gau hen lopen, seggt he, un bringen den Preester Order, dat de sik uk reisfarrig maakt. Se mööt aver all ehr Geld un Sülvertüüch mitbringen, seggt he, dat mööt se an em aflevern. Wenn se baben sünd, kriegt se dat wedder.

Na, de Köster je hen na'n Preester, de is noch up west. Herr Pastoor, seggt he, wat eenmal 'n Spillwark! De jüngst Dag is kamen! All de Doden staht up. Se künnt dat uk sülben sehn. Kieken S' man mal ut: de ganz Kirchhoff is vull Lichter! Un vör de Kirchendöör steiht de heilige Engel Gabriel to predigen. Un de bringt Order vun'n heiligen Petrus, dat wi beiden lebennig mit na'n Himmel schüllt. He hett 'n groten Sack bi sik, dar will he uns in mitnehmen. Aver wi schüllt all uns' Geld un Sülvertüüch mitbringen, dat schüllt wi an em aflevern. In'n Himmel gifft he uns dat wedder. Maken S' sik nu man gau reisfarrig. Ik will uk flink hen un mi 'n beten antrecken. Un denn mutt ik mien Fru uk je noch attüß seggen. Darmit de Köster je wedder ut de Döör.

Ja, Mudder, seggt de Preester to sien Fru, wenn de heilige Petrus uns Order schickt, denn mutt ik je mit. Denn söök dat Geld un dat Sülvertüüch man up'n Dutt; denn will ik mi uk gau 'n beten antrecken.

Wieltdes hett de Spitzboov sik nasliekert na't Preesterhuus. Un so as de Köster weg is, stellt he sik achter de Döör, dat he hören kann, wat de Preester un sien Fru tosamen snacken doot.

Ja, Vadder, seggt den Preester sien Fru, ik heff dat nu all up'n Dutt söcht. Hier liggt dat. Aver dat Boddergeld kunnst du mi doch sachs hier laten. So genau kümmt dat dar je nich up an. Un twee sülvern Lepels kunnst du mi uk doch laten: wenn Naversch mal to Besöök kümmt, dat ik denn doch 'n paar sülvern Lepels heff.

Ja, seggt de Preester, denn behool dat man hier. He kann't uk je doch nich weten, wo veel as wi hebbt.

Darmit wutscht de Spitzboov je wedder weg, na de Kirchendöör hen, un hängt sik sien witt Laken wedder över.

Dat duurt nich lang, do kaamt de beiden denn je an un levert

ehrn Kraam af. De Köster hett je man en beten. De Preester hett je mehr.
Na, seggt de Engel Gabriel, is dat dar nu uk all?
Ja, seggt se.
Ja, wat wull 't wull! seggt he to den Preester. Hier fehlt twee sülvern Lepels an! Un dat Boddergeld is hier uk nich mit! Dat hest du to Huus laten. Un du hest 't uk nich all aflevert! seggt he to den Köster. Dat hett he aver man so raadt.
Ja, Herr Gabriel, seggt he, Sülvertüüch hebbt wi nich. Dat Geld heff ik so wiet all aflevert. Blots dat beten Eiergeld heff ik mien Fru dar laten. Dat wull se so geern beholln.
Ja, ji sünd mi 'n paar schöön Knevels! seggt he. Ji wüllt gottsfürchtig wesen, un denn maakt ji dat so! Gliek gaht ji mi hen un haalt dat na!
Na, se mööt je wedder hen to Huus.
Mudder, seggt de Preester, dat mutt de Engel Gabriel doch richtig wesen. He wüß, dat dat Boddergeld un de beiden Lepels dar noch an fehlen deen. Do mi dat man her. Wi mööt dat all aflevern.
Ja, Vadder, seggt se, denn mußt du dat je mithebben. Denn mutt ik je sehn, dat ik mi so behelpen do.
Nu kaamt se denn je wedder an, de beiden, un levert dat af. Un do höllt he den Sack apen, un se kruupt dar je rin.
Na, seggt he to ehr, wokeen Weg wüllt ji denn nu, den breden oder den smallen?
Ja, den smallen, seggt se. De brede geiht je na de Höll hendal.
He bindt den Sack to, un do sleept he je mit ehr los, dör dick un dör dünn. Toeerst kaamt se över so 'n knubberigen Steendamm. Nun sind wir auf dem schmalen Wege, seggt de Preester. Naher, do kaamt se över en Siel, un de Sack fallt bito, in 't Water, dat se klatschennatt warrt. Nun kommen wir durch den Jordan, seggt de Preester. Up 'n Hoff kaamt se bi den Goosstall vörbi, un do warrt de olen Göös je schreen un rementen. Höör mal, seggt de Preester, was singen die heiligen Engel schöön! Toletzt sleept he mit ehr na't Rookhuus rin, un dar hängt he den Sack in'n Swiebagen.
Sind wir nun im Himmel? seggt de Preester.

Nee, seggt de Engel Gabriel, ji sünd je 'n paar Bedregers: na'n Himmel kaamt ji so noch nich rin! Ji mööt noch eerst 'n Tietlang in'n Rook hängen, dat wi ju de Undöög eerst mal all utrökern doot! Un do bött he graad ünner den Sack Füür an up'n Füürheerd, wat örntlich glösen deit. Un do geiht he hen na'n Grafen un seggt to em, nu schall he man mitkamen: he hett ehr nu beid in'n Rook hängt.
De Graaf, de will dat je nich glöben, de geiht mit un süht to: richtig, do hängt se dar in'n Rook.
Do höögt he sik je ganz unbannig.
Naher, do röppt he 'n paar vun sien Lüüd, de mööt ehr dar wedder hendal kriegen. Un do maakt se den Sack je apen un laat ehr lopen, de beiden.
Ja, dat seh ik, seggt de Graaf, dien Handwark, dat versteihst du. Aver wenn du nu nich gliek in'n Ogenblick maakst, dat du ut mien Goot kümmst, denn laat ik di uphängen.
Do lett he anspannen, de Spitzboov, un föhrt weg. Sien Vadder un Mudder, de nimmt he mit un köfft ehr 'n Huus, dat se goot to leben hatt hebbt. Un he is de ehrlichst Minsch worrn, de dar west is.

66. De witt Wulf

Dar is mal 'n König west, de hett dree Döchter hatt. De öllst is vun de eerst Fru west un de annern beiden vun de tweet Fru.
Nu hett he mal verreisen wullt, na'n groot Stadt, un do fraagt he sien Döchter, wat he ehr mitbringen schall. Do will de een 'n gollen Halskeed hebben un de anner 'n gollen Armband, un de öllst wünscht sik 'n paar gollen Klinglööd.
Nu kriggt he de annern beiden Deel, de gollen Halskeed un den gollen Armband, dat kriggt he je licht köfft. Aver so'n Klinglööd weet he gar nich to kriegen. He löppt de ganz Stadt op un af, aver he kann narms welk drapen. Do is he so bedröövt, dat he för sien öllst Dochter gar nix mittobringen hett. Dar hett he graad so veel vun holln.

Nu is he al wedder ünnerwegens west, hen to Huus, un is nich wiet mehr vun sienen Sloß af west, do kümmt he dör 'n Holt, dar steiht so'n groot, allmächtig Eek an'n Weg, de hängt över un över vull so'n gollen Klinglööd. He lett stillholln un langt to Hööcht un will sik welk vun de Klinglööd afplücken. Aver as he dar bi to plücken is, do blifft em mit eenmal de Arm bestahn, un he kann gar nich wedder loskamen vun den Boom.
Do kümmt dar en witten Wulf ünner de Eek ut, de seggt to em, wenn he dat hebben schall, wat em toeerst op sienen Hoff entgegen kümmt, denn will he em wedder losmaken.
O, denkt de König, dar meent he dienen lütten Hund wull mit. Wenn du op 'n Hoff kümmst, denn is dat je ümmer de eerst. Un he seggt ja, dat schall he denn hebben.
Nu is dat aver sien öllst Dochter, de toeerst gegen em an kümmt.
O, denkt de König, he kennt dien Dochter je nich: du schickst em den Kohharrn sien Dochter hen.
Nu kriggt de Kohharrdeern vun de Königsdochter ehr Tüüch an, mit Gold un Kraam, un kriggt en lütten Strichkorf över 'n Arm, un do mutt se je hen, un schall je bi de Eek ankloppen.
Se kloppt dar je an, un do kümmt de witt Wulf herut. Na, mien Kind, seggt he, kümmst du? Du kümmst je so laat. Wonehr büst du ut 'n Huus gahn?
As mien Vadder mit de Köh na de Regel jöög, seggt se.
Aha, seggt he, denn büst du den Kohharrn sien Dochter. Denn gah man wedder hen to Huus un segg to den König, du weerst de recht nich. He schull mi sien Dochter sülben schicken.
Annern Dag schall den Scheper sien Dochter hen. De kriggt uk een vun de Königsdochter ehr Kleder an un kriggt uk en lütten Strichkorf över 'n Arm, un do geiht se je los.
As se in 't Holt kümmt un se kloppt an bi de Eek, do kümmt de witt Wulf je wedder rut. Na, mien Kind, seggt he, kümmst du? Du kümmst je so laat. Wonehr büst du ut 'n Huus gahn?
As mien Vadder mit sien Schaap to Huus jöög, seggt se.
Aha, seggt he, denn büst du den Scheper sien Dochter. Denn gah man wedder hen to Huus un segg to den König, du weerst de recht nich; sien Dochter müß sülben kamen.

Nu mutt den König sien Dochter je sülben hen. As se dar ankloppt bi de Eek, do kümmt de witt Wulf denn je wedder herut. Na, mien Kind, seggt he, kümmst du? Du kümmst je so laat. Wonehr büst du ut'n Huus gahn?
As mienen Vadder de Tranen lang 'e Backen löpen, seggt se.
Na, seggt he, denn büst du de recht, denn kumm man herin.
Nu blifft se dar je bi em un warrt den witten Wulf sien Fru.
Na verlopen Tiet will ehr een Swester Hochtiet geben, dar will se je geern mit hen.
Ja, seggt de witt Wulf, dat schall se uk. He will ehr sülben hen bringen. Aver se schall nich länger weg blieben, seggt he, as dree Daag. Un denn schall se nich vun sien Schöönheit spreken un schall sik nix utlaten, wo ehr dat dar geiht bi em.
Nee, seggt se, dat will se denn uk nich.
Do mutt se sik je op em setten, un he löppt mit ehr los un bringt ehr hen.
Nu fraagt se ehr je ümmer, ehr Mudder un ehr Swestern, wo dat mit den witten Wulf is, wat se dat uk goot bi em hett. Se höllt aver dich un lett sik nix ut. Un as ehr Tiet üm is, do seggt se attüß un geiht weg. Un as se buten kümmt, do is de witt Wulf uk al dar un luurt al op ehr. Un do sett se sik op em, un he bringt ehr wedder hen to Huus.
Na'n Jahrstiet will ehr anner Swester Hochtiet geben, dar will se uk je geern wedder hen.
Ja, seggt de witt Wulf, he will ehr sülben wedder hen bringen. Aver se schall nich länger weg blieben as dree Daag un schall nich vun sien Schöönheit spreken un sik nix utlaten, wo se dat bi em hett. Sünst kriggt se em nich wedder to sehn.
Nee, dat will se uk nich.
Nu quäält se ehr je wedder to Huus, se schall ehr doch wat vun den witten Wulf vertelln. Se künnt aver nix ut ehr rut kriegen. Do seggt se toletzt, wenn se ehr kortut nix vertelln will, denn hett se dat uk wull nich goot bi em. Un se duurt dar över, ehr Swestern, dat se beid so'n hübschen Prinzen kregen hebbt to'n Mann, un se hett man 'n olen griesen Wulf kregen.
Do kann se sik nich länger holln. Se schüllt ehr man gar nich beduurn, seggt se. Ehr Mann is blot daags en Wulf. 's Nachts

is he en Minsch. Un denn is he heel veel schöner as ehr beiden Manns sünd. Un he is so goot gegen ehr, seggt se, se kann gar kenen betern Mann verlangen.
Se hett dat knapp mal seggt, do fallt ehr mit 'n Mal in, dat se je vun sien Schöönheit spraken hett. Aver do is 't je to laat. Dar lett sik je nix mehr bi maken.
As de dree Daag üm sünd, do will se je wedder weg.
O, seggt de annern, se schall man noch 'n Dag töben. Wenn ehr Mann so goot gegen ehr is, denn seggt he ehr je nix.
Na, se schüllt je nich denken, dat se blot prahlt hett mit ehrn Mann, un do lett se sik besnacken un gifft noch 'n Dag to. Aver as se dunn buten kümmt un se denkt, he haalt ehr wull wedder af, do is he dar nich. Do mutt se je alleen weg.
Nu weet se je, wat se daan hett, dat se vun sien Schöönheit spraken hett un is uk je nich to rechter Tiet weggahn, un do is se je al bang, se kriggt em nich wedder to sehn. Se denkt aver, dat geiht sachts noch goot, dat he dat man so seggt hett. Aver as se to Huus kümmt, bi de Eek, do is he dar uk nich.
Nu is se je so bedröövt, un do geiht se los un will em söken. Un se söcht un söcht em allerwegens, aver se kann em narms finnen. Se weet uk je gar nich, wo se em söken schall.
Se hett em al ik weet nich wo lang söcht, do kümmt se mal abends bi so'n lütt Huus, dar steiht en ool Fru vör de Döör. Do fraagt se de ool Fru, wat se den witten Wulf nich sehn hett.
Nee, seggt se, se hett kenen witten Wulf sehn. Aver ehr Mann, dat is de Sünn, seggt se, dat mag je wesen, dat de em sehn hett. Wenn he to Huus kümmt, denn will se em mal fragen.
As ehr Mann to Huus kümmt, nee, seggt he, he hett den witten Wulf uk nich sehn. Aver se schall mal hen gahn na sienen Broder, seggt he, dat is de Maan. Dat kann je männichmal wesen, dat de em sehn hett. De kümmt uk je wiet herüm in'e Welt.
Nu blifft se de Nacht över dar. Un 'n annern Morgen, as se weg will, do gifft de Sünn ehr 'n Wallnutt. De schall se sik in'e Tasch steken. Un wenn se den witten Wulf funnen hett, denn schall se de Wallnutt dörbieten. Denn warrt se ehr goot Deensten doon.
Nu geiht se je wieder un geiht den ganzen Dag. Abends dröppt

se 'n lütt Huus, dar kümmt graad 'n ool Fru ut de Döör. Do fraagt se de ool Fru, wat se dat nich weet, wo de witt Wulf afbleben is.

Nee, seggt se, dat weet se nich. Aver ehr Mann, dat is de Maan, seggt se. Dat mag je wesen, dat de dat weet. Dat is op'e Tiet, seggt se, dat he kümmt. Denn will se em mal fragen.

As de Maan to Huus kümmt, nee, seggt he, he weet dat uk nich. Aver se schall mal na den Wind gahn, seggt he, de kümmt noch wieder herüm as he. Dat mag je wesen, dat de dat weet.

Annern Morgen, do gifft de Maan ehr uk 'n Wallnutt. De schall se sik ophegen, seggt he. Un wenn se den witten Wulf funnen hett, denn schall se ehr dörbieten, seggt he, denn kann se sik dar goot mit helpen.

Nu geiht se je wieder un geiht wedder den ganzen Dag. Abends kümmt se bi'n lütten Huus, dar steiht 'n ool Fru vör'n Füürheerd. Guun Abend, lütt Mudder, seggt se, kann Se mi dat nich seggen, wo de witt Wulf afbleben is?

Nee, seggt se, dat weet se nich. Aver ehr Mann, dat is de Wind, seggt se, de kümmt je allerwegens herüm in 'e Welt. Dat kann je wesen, dat de dat weet. Dat is op'e Tiet, dat he kümmt, seggt se. Denn will se em mal fragen. Se schall man so lang mit rin kamen.

As de Wind to Huus kümmt, ja, seggt he, dat kann he ehr seggen. De witt Wulf is König un wahnt in'n Sloß achter den gläsern Barg. Se hett je vun sien Schöönheit spraken, seggt he, un wo goot as he gegen ehr weer, un dat hett se je nich schullt. Un do hett he vun ehr af müßt. He is nu aver gar keen Wulf mehr, seggt he, he is nu wedder 'n Minsch. Aver he hett ganz vergeten, dat he al 'n Fru hett, un hett nu al en anner to'n Bruut. Dar will he morgen Hochtiet mit geben, un de Hochtiet schall dree Daag duurn.

Ja, seggt se, wo se dar man hen kamen schall. Se will so geern hen na em.

O, seggt he, he will ehr morgen fröh trecht wiesen.

Annern Morgen wiest he ehr je trecht, de Wind. Dar un dar mutt sa lank gahn, seggt he. Denn kümmt se eerst in 'n groot Holt. Un wenn se dar hendör is, denn kümmt se vör den gläsern

Barg. Un denn – he will ehr en lütten Stock mitgeben, seggt he, dar schall se man mit an den gläsern Barg kloppen. Denn deit de Barg sik apen. Dar sünd aver Addern un Slangen in, seggt he, luter vergiftig Tiern. Aver he will ehr dröög Broot un Speck mitgeben. Denn schall se dat dröög Broot tweikrömen un na de een Siet hen smieten. Un dat Speck schall se in lütt Wörpeln snieden, de schall se op 'e anner Siet hen streien. Dar gaht de Addern un Slangen denn bi to freten, seggt he, un denn kann se dar so mang dör gahn. Un wenn se dör den gläsern Barg hendör is, denn schall se dar wedder mit den Stock ankloppen: denn deit de Barg sik wedder to. Un denn will he ehr noch en Wallnutt mitgeben, seggt he. Wenn se den witten Wulf funnen hett, denn schall se de Wallnutt tweibieten: denn warrt se ehr noch goot to Paß kamen.
Nu geiht se dar je na to, wo de Wind seggt hett. Un do kümmt se eerst in dat groot Holt. Un as se dar hendör is, do kümmt se vör den gläsern Barg. Do kloppt se dar an mit ehrn Stock, un do deit de Barg sik apen, un se geiht herin. Do wüllt de Addern un Slangen je foort op ehr dal. Aver se kümmt bi un kröömt op een Siet dat dröög Broot hen, un op'e anner Siet streit se de Speckwörpeln hen. Do scheet de Addern un Slangen dar op dal un gaht dar bi to freten. Un se kann dar so mang dör gahn. Un as se dör den Barg hendör is un se is op 'e anner Siet, do kloppt se dar wedder an mit ehrn Stock, un do deit de Barg sik wedder to.
Do süht se den witten Wulf sien Sloß in 'e Feern al liggen, un se geiht dar op to. As se dar ankümmt bi dat Sloß, do is de Hochtiet al in vullen Gang. Do bitt se de Wallnutt dör, de se vun de Sünn kregen hett, un do kümmt dar 'n gollen Spinnrad herut. Se sett sik mit ehr Spinnrad vör 'n Sloß hen un fangt an to spinnen. Do kickt, wat den witten Wulf sien Bruut is, de kickt mal ut't Finster, un do warrt se dat gollen Spinnrad wahr. Do kümmt se rut un is mit ehr an, se schall ehr dat Spinnrad verköpen.
Nee, seggt se, verköpen will se dat nich. Aver wenn se een Nacht vör den König sien Bett sitten schall, denn kann se dat Spinnrad kriegen.

Ja, dat schall se denn.
's Abends, as de König to Bett will, do kümmt de Bruut bi un kriggt em wat to slapen mang sienen Wien. Un as he toslapen is, do seggt se to de anner, so, nu schall se man rin gahn.
Se geiht je rin un sett sik vör sien Bett hen. Un do seggt se:

Herr Harmen, Herr Harmen,
tu dich doch erbarmen!
Ich bin um dich gegangen
durch Addern und durch Slangen,
durch einen grünen Wald,
durch einen gläsern Berg.

Dat beedt se ümmerlos, de ganz Nacht. Aver he is je so fast in'n Slaap: he kann dar je keen Woort vun hören.
Annern Dag bitt se de tweet Wallnutt dör, de se vun den Maan kregen hett, un dar kümmt 'n gollen Haspel herut. Do geiht se mit ehren Haspel vör't Sloß sitten un fangt an to haspeln. Do kümmt de Bruut wedder bi ehr an: se schall ehr den Haspel verköpen.
Nee, seggt se, verköpen will se em nich. Aver wenn se noch een Nacht vör den König sien Bett sitten schall, denn kann se den Haspel kriegen.
Ja, dat schall se denn uk.
Nu geiht dat wedder ebenso as dat eerst Mal. Se sitt wedder de ganz Nacht vör sien Bett un beedt ümmerlos: Herr Harmen, Herr Harmen, tu dich doch erbarmen! Aver de Bruut hett em wedder wat to slapen ingeben, un he kann dar je keen Woort vun hören.
Den drüdden Dag bitt se de letzt Wallnutt dör, de se vun den Wind kregen hett, un dar kümmt 'n gollen Winn herut. Do geiht se mit de Winn vör't Sloß sitten un fangt an to winnen. Do kümmt de Bruut wedder rut un will ehr de Winn afköpen.
Nee, seggt se, verköpen will se ehr nich. Aver wenn se noch een Nacht vör den König sien Bett sitten dörv, denn schall se de Winn hebben.
Ja, dat kann se denn.
Nu hett aver een vun de Bedeenters achter de Döör stahn de

tweet Nacht, un de hett dat höört. Un do vertellt he den König dat 'n annern Morgen, dat dar en Fruunsperson vör sien Bett seten hett de ganz Nacht, de hett ümmerlos wat beedt.
Ja, wat se denn beedt hett, seggt de König.
Ja, seggt he, verstahn hett he dat nich kunnt.
Do kümmt de König bi, 's Abends, as de Bruut em wedder wat to slapen mang 'n Wien kregen hett, un gütt dat ünner 't Bett. Do blifft he je waken. He beert aver, as wenn he slapen deit.
Nu kümmt se denn je wedder an naher un geiht vör sien Bett sitten. Un do seggt se wedder:

Herr Harmen, Herr Harmen,
tu dich doch erbarmen!
Ich bin um dich gegangen
durch Addern und durch Slangen,
durch einen grünen Wald,
durch einen gläsern Berg.

Do hööt he dat je. Un do kriggt he mit 'n Mal sienen Verstand wedder, dat he ehr kennen deit, un dat he sik dat all wedder besinnen kann. Un do is he je so vergnöögt, dat se em nakamen is un hett so veel üm em daan. Un se freit sik uk je, dat se em funnen hett, un dat he ehr nu wedder kennt.
Nu sünd de Hochtietslüüd dar noch all bleben in 'n Sloß. Un do, 'n annern Morgen, as se dar all tosamen sitten doot in 'n Saal, un de een vertellt dit un de anner dat, do seggt de König, he will ehr uk mal wat vertelln. He hett en Slötel hatt, seggt he, den hett he verlaarn hatt, un do hett he sik en nien maken laten. Un nu hett he sienen olen Slötel wedder funnen. Wokeen Slötel as he nu bruken schall, den olen oder den nien.
Do seggt se all, den olen.
So, seggt he dunn, denn hebbt se ehr Jawoort sülben spraken. He hett en Fru hatt, seggt he, de hett he verlaarn hatt, un do hett he sik 'n anner nahmen. Un nu hett he sien. Fru wedder funnen. Denn will he de nu uk beholen.
Do hett he sik vun de anner gliek wedder scheden laten un hett de eerst wedder nahmen.
So, nu is't ut.

67. Grugen lehren

Dar is mal 'n Buur west, de hett dree Söhns hatt. De een hett Hans heten. Den hebbt de annern ümmer so dummerig holen, avers he is de klöökst west.

As Hans ut de School is, do fraagt sien Vadder em, wat he lehren will.

He will grugen lehren, seggt he.

Dar dörvst nich wiet na lopen, seggt de Ool, dat kannst bi uns lehren.

De Buur hett 'n Koppel hatt, dat is 'n dicht Koppel west. Un daags hett dat Veeh dar goot op gahn. Avers 's Nachts hett dar keen Veeh op töövt.

Na'n Tietlang seggt Hans to sienen Vadder, wat he noch nich bald bi to grugen lehren schall.

Ja, seggt de Ool, du kannst övernacht Klock twölf mal hen gahn na de Koppel un sehn mal na't Veeh.

Hans geiht je hen 's Abends un hött de Köög bet 'n helligen Dag, un dar passeert nix. He geiht enen Abend hen, he geiht 'n annern Abend hen, avers dar passeert nix. Den drüdden Abend will he nich wedder hen. Ik meen, du wußt mi grugen lehren, seggt he to sienen Vadder, avers du lehrst mi dat je nich.

Ja, seggt de Ool, lehrst du dat op de Koppel nich, denn kann ik di dat Grugen nich lehren. Gah vunabend man noch mal wedder hen.

Nu kaamt sien beiden Bröder – de sünd ümmer so över em her west –, de kaamt bi un sett sik an den Weg hen, wo Hans helang mutt, un bewindt sik ganz in witt.

As he bi den eersten kümmt, guun Abend, seggt Hans.

De swiggt still. Dat hett je 'n Gespenst wesen schullt.

Guun Abend, seggt he noch mal wedder. – He swiggt still. – Guun Abend, seggt Hans to'n drüdden Mal. – He swiggt wedder still. – Kannst mi nich danken, seggt Hans, wenn ik guun Abend segg? Un darmit nimmt he sienen Knüppel, un haugt em över 'n Kopp, dat he dar henfallt; sleit sienen egen Broder doot.

He geiht en beten wieder, do sitt dar wedder een. Guun Abend, seggt Hans. – Da anner swiggt still. – Guun Abend, seggt he noch mal. – He swiggt still. – Guun Abend, seggt he to'n drüdden Mal. – He swiggt wedder still. – Künnt ji mi nich danken, seggt Hans, wenn ik guun Abend segg? Un darmit gifft he em enen över 'n Kopp, dat de dar uk henfallt; sleit sienen annern Broder uk doot.

Annern Morrn, as he sehn wüllt, wo de beiden Bröder afbleben sünd, do liggt se dar beid un sünd doot.

Dat is en Tietlang her, do seggt Hans to sienen Vadder: Hier helpt mi dat doch je nix. Ik will in 'e Frömm un will mal sehn, wat ik denn keen Grugen lehr. Darmit geiht he los.

As he en paar Daag reist hett, do kümmt he bi 'n Preester. De fraagt em, wo he hen will.

He will in 'e Frömm, seggt he, un will grugen lehrn.

O, seggt de Preester, dat kann he schöön bi em lehrn.

Ja, wenn dat weer! seggt Hans.

Nu hett de Preester daags predigt un hett sien Book liggen laten op 'e Kanzel. Un do seggt he to Hans, he schall 's Abends Klock elben hengahn un haaln dat Book.

As Hans in de Kirch kümmt, do is dat dar ganz hell. Do sünd de Nachtgeister dar un speelt Kegel.

Guun Abend, seggt Hans. – Se swiggt still. – Schall ik 'n beten mitspeeln? seggt he. – Se swiggt still. – Mitspeeln will ik doch! seggt he. Un do speelt he mit. Un bi 'n Speeln winnt he ümmer. Avers se betahlt em nich. Un as de Klock twölf sleit, do sünd se mit 'n Mal all verswunnen, un dat Licht is ut.

So, denkt Hans, nu hebbt se mi goot anföhrt! Nu hebbt se dat Licht utpuust, un ik kann dat Book in'n Düüstern söken!

As Hans to Huus kümmt, na, Hans, seggt de Preester – de hett je so lang opseten; he hett je sehn wullt, wo't wörr –, na, Hans, seggt he, hest nu grugen lehrt?

Nee, seggt Hans, grugen heff ik nich lehrt. Ik heff dar blot 'n beten Kegel speelt in de Kirch.

Annern Sünndag lett de Preester sien Book mit Willen op'e Kanzel liggen. Un do seggt he to Hans 's Abends, he schall wedder hen gahn un schall dat Book halen. As he in de Kirch kümmt, do sünd se dar wedder, de Nachtgeister.

Do denkt Hans: Schaßt eerst dat Book halen. Sünst kannst dat naher wedder in'n Düüstern söken.
As he dat Book haalt hett, geiht he wedder hen na ehr. Guun Abend, seggt he. – Se swiggt still. – Schall ik 'n beten mitspelen? seggt he. – Se swiggt still. – Mitspelen will ik doch! seggt he. Un do speelt he wedder mit. Un bi'n Spelen winnt he wedder. Avers se betahlt em nich. Un as de Klock twölf sleit, sünd se mit'n Mal all wedder verswunnen, un dat Licht is ut.
Dat Aastüüch will ik doch mal anföhren! denkt Hans. Se verspeelt ümmer, avers betahlen doot se nich.
Annern Sünndag schall he noch mal wedder hen un dat Book halen. Do geiht 't wedder ebenso. Avers do paßt he op. As he spöört, dat dat Kegeln wull bald vörbi is, do kümmt he bi un nimmt ehr den gollen König weg.
As he to Huus kümmt, vertellt he den Preester dat. He hett wedder mit ehr Kegel speelt, seggt he, avers se hebbt em ümmer nich betahlt. Un nu hett he ehr den gollen König weg nahmen.
Den gollen König? seggt de Preester. Laat em mal sehn.
Hans wiest em den gollen König.
Nee, Hans, seggt de Preester, dat geiht nich! Den gollen König mööt se wedder hebben! Ik will di tein Daler geben, denn laat mi em kriegen. Denn bring ik em morrn wedder hen.
Ja, is goot, seggt Hans.
Annern Morrn seggt he to den Preester, dat Grugen lehrt he dar doch nich bi em, he will man wieder gahn. Darmit reist he je wieder.
As he 'n Tietlang reist hett, kümmt he op'n Eddelhoff un fraagt, wat he dar wull 'n Nacht blieben kann.
Ja, seggt de Eddelmann, dat kann he sachts. He schall man na de Lüüd gahn, de warrt em wull wat to eten geben.
Nu snackt sik dat je rüm, dat he grugen lehren will. Un do seggt de Eddelmann to em, dat Grugen kann he bi em lehrn.
De Eddelmann hett en Schüün hatt, dar hett keen Minsch in arbeiden kunnt. Un Veeh hett dar uk nich in wesen kunnt.
Do seggt de Eddelmann to em, he hett en Schüün: wenn he dar en Nacht in waken kann, denn schall he een vun sien Döchter to 'n Fru hebben.

Ja, dat will he wull, seggt Hans.
's Abends seggt he to den Eddelmann sien Fru, he will geern en Heen hebben.
Wat he dar mit will, seggt se.
Ja, he will övernacht in de Schüün waken, un denn will he sik en beten Höhnersupp kaken.
Nu mööt se je en Heen slachten un plücken un so wiet trecht maken, de kriggt he 's Abends mit. Un en Grapen un all dat Geschirr, wat dar tohöört, to'n Kaken, dat kriggt he uk mit. Un do seggt he to enen vun de Knechten, wat he Lust hett, mit em to kamen un Höhnersupp mit to eten.
Ja, he hett Lust, he will mit.
Nu sitt se dar je bi de Höhnersupp to kaken, un do kaamt se en beten Holt to kort. Do seggt Hans to den annern: Kunnst rop stiegen un smieten en Sleet hendal. He stiggt rop. Avers do kümmt dar keen Sleet hendal, do kaamt dar Arm un Been hendal.
Wat nu? seggt Hans. Du schußt 'n Sleet dal smieten, un du smittst Arm un Been dal? De Knecht woort em avers gar nich an.
Na, denkt Hans, wenn ik en Sleet hebben will, kann ik sülben ropstiegen. He stiggt rop. Do sünd den annern sien Gedärm, de sünd all över de Sleet scharn.
Hier süht 't je schöön ut! seggt Hans. He kriggt sik 'n Sleet her un smitt ehr dal. Un do haugt he de Sleet twei un kaakt sien Höhnersupp trecht un itt wat.
As he wat eten hett, do sitt he dar so bi dat Füür: do knallt mit 'n Mal de Schüündöör op'n annern Enn ganz apen. Un do kaamt dar veer Keerls herin mit 'n groot, swart Sark. Avers Hans kehrt sik dar nich an un sitt ruhig still. Do kaamt se mit ehr Sark an un sett dat bi em dal. Un do gaht se wedder weg, un de Schüündöör knallt wedder to.
Nu sitt he dar je bi dat Sark. Dövel, denkt he, wat schull dar in wesen?
He kümmt bi un maakt dat Sark apen. Do liggt de ool Eddelmann dar in, wat den Eddelmann sien Vadder west is.
He faat em an de Hand: o, du büst je rein so stief un so koolt,

seggt he. Tööf, ik will di 'n beten warmen. Ik heff hier je schöön Füür.

He kriggt em je rut ut't Sark un stellt em gegen't Füür. As he dar 'n Ogenblick stahn hett, do fangt he an to snacken. Kumm mal mit mi, seggt he to Hans, ik will di mal wat wiesen.

Hans geiht je mit em. Un do geiht de anner mit em hen na't Schüünfack. Seh mal, seggt he to Hans, hier sünd dree Tunnen Golds vergraben. Krieg di man mal 'n Escher her un graav na.

Hans söcht sik 'n Escher her un fangt an to graben. Un as he 'n beten graavt hett, do kaamt dar richtig dree Tunns to'n Vörschien.

So, Hans, seggt de ool Eddelmann, nu paß op, wat ik di seggen do. Diß Tunn, dat is dien. Un diß anner schall mien Söhn hebben. Un de drüdd, de schall sitten blieben, de heff ik mit Unrecht. Un denn segg man to mienen Söhn, vun nu af an kann he de Schüün bruken, as he will, bi Nacht un bi Dag, för Minschen un för Veeh. Un do seggt he to Hans, nu schall he em man wedder inleggen in 't Sark un dat Sark wedder tomaken. Un denn schall he 'n Ogenblick rut gahn. Sünst warrt em dat nich goot gahn.

Hans leggt em dar wedder in un maakt dat Sark wedder to, un do geiht he rut. Do knallt de Döör op'n annern Enn wedder apen. Un do kaamt se wedder an, de veer Keerls, un haalt dat Sark wedder af. Un do knallt de Döör wedder to. Un dunn, as dat all still is, do geiht Hans wedder rin un leggt sik hen to slapen.

Annern Morrn is de Eddelmann je nielich, wo 't worrn is. He meent je, Hans is toreten. Un do geiht he hen un kickt so eben in de Döör.

Morrn! seggt Hans.

Wat, büst du noch in'n Gangen? seggt de Eddelmann.

Ja, wer wull mi wat doon? seggt he.

Do warrt de Eddelmann de Arm un Beenen wahr. Wat is dat hier? seggt he.

Ja, dat sünd den Knecht sien, seggt Hans. He wull mit un wull Höhnersupp mit eten. Un do schull he mi en Sleet dal smieten, avers do kömen dar Arm un Been dal. Un de Gedärm sünd all över de Sleet scharn. Avers kumm nu man mal mit, seggt he. Ik will di mal wat wiesen. Un do geiht he mit den Eddelmann hen un wiest em dat Gold. Dit hier is mien, seggt he. Un dat schaßt du hebben. Un dat schüllt wi sitten laten, seggt he, dat hett he mit Unrecht, dien Vadder. Un denn kannst du de Schüün vun nu af an bruken, as du wullt, bi Nacht un bi Daag, för Minschen un för Veeh.

Nu is de Eddelmann je so vergnöögt. Avers sien Dochter will he Hans nich geern geben, un dat Gold günnt he em uk nich. Un do will he Hans an de Siet bringen. Un do seggt he to em: Ja, nu heff ik noch een Deel. Ik heff en Baren in 'n Stall. Wenn du dar een Nacht bi wesen kannst, denn schaßt du een vun mien Döchter hebben, denn kannst du di dar een mang utsöken.

Ja, dat will he wull, seggt Hans.

Nu möögt de Baren je so geern Nööt. Un Musik möögt se uk je geern höörn. Un do geiht Hans hen un köfft sik Nööt, un in de anner Tasch stickt he sik lütt Steen in. Un denn köfft he sik en Fleit. Un do geiht he 's Abends hen na den Stall, wo de Baar in is, un geiht bi den Baren sitten.

De Baar kehrt sik eerst gar nich an em. Do geiht Hans bi sien Nööt to eten.

O, Minsch, seggt de Baar, hest du Nööt?

Ja, seggt Hans.

O, denn giff mi uk een, seggt he. Nööt mag ik bannig geern.

Hans gifft em en Steen hen.

O, Minsch, seggt de Baar, de 's je so hart, de kann ik je gar nich bieten.

De kannst nich bieten? seggt Hans. Kiek mal: de kann ik fledig bieten.

Ja, denn giff mi mal 'n anner, seggt de Baar, wat ik de bieten kann.

Hans gifft em wedder en Steen hen. Un de Baar bitt je wedder to, kann den avers uk je nich tweikriegen. Hans hett sien je ümmer twei.

Dövel, denkt de Baar, de Aas kann duller bieten as du! De mutt je bannig hard Tähnen hebben. Dar wahr di man vör, vör den! De is di över.

Nee, seggt he to Hans, ik kann s' nich bieten. Denn laat 't Schiet! Mien Tähnen will ik mi dar nich üm utbieten.
Ja, denn will ik di eerst 'n beten vörfleiten, seggt Hans. Un darmit kriggt he sien Fleit her un fangt an to fleiten.
O, Minsch, seggt de Baar, dat lehr mi uk!
Ja, du kannst man nich fingereren, seggt Hans, du hest so'n lang Nägel. Denn mutt ik di dar eerst 'n beten vun afsnieden.
Ja, dat do man, seggt de Baar.
Nu hett Hans sik 'n Sleet mitbröcht, dar hett he 'n paar Löcker in maakt, wo den Baren sien Poten hendör gaht. Un do leggt he de Sleet so över de Deel un nagelt ehr düchtig fast. Un de Baar mutt de beiden Poten dör de Löcker steken.
So, seggt Hans, nu mutt ik di de beiden Poten noch 'n beten faster maken. Un do nimmt he 'n paar Kielen, de stickt he dar bi in. Un do kielt he em de Poten dar orntlich in fast, in de Löcker. Un do kriggt he sik 'n Schacht her, un dat op den Baren to daaksen, all wat he kann. Un as he em todegen afrapst hett, do maakt he em de Poten wedder los.
Do is de Baar so bang un krüppt in en Eck. Un do leggt Hans sik hen un slöppt.
Annern Morrn, do kümmt de Eddelmann un maakt de Döör so'n beten apen. He will je mal sehn, wo't aflopen is. He denkt je, de Baar hett Hans toreten un hett em ganz vertehrt.
As de Eddelmann in'e Döör kickt, do seggt de Baar: Scht, scht! Mien Herr, de slöppt!
Dövel, denkt de Eddelmann, nu is't Spill je verkehrt! Nu mußt em doch een vun dien Döchter geben!
Na, hest utslapen? seggt he to Hans. – Ja, seggt Hans.
Na, denn kumm man mit, seggt he. Denn kannst di nu een vun mien Döchter utsöken, welker du hebben wullt.
Do geiht Hans je mit den Eddelmann weg. Un do söcht he sik de middelst Dochter ut. De hett em uk geern hebben wullt. Un do warrt dat je sien Bruut.
Nu is den Eddelmann dat avers je gar nich mit west, dat sien Dochter so'n Bengel to'n Mann hebben schall. Un dat Gold will he uk je geern all sülben beholen. Un do seggt he 'n annern Dag to Hans, he schall man 'n beten spazeren föhrn mit sien Bruut.

Ja, seggt Hans, dat künnt wi je.

As se eben vun de Hoffsteed sünd, de beiden, do lett de Eddelmann den Baren ut, de schall na un schall Hans torieten.

Nu kickt de Deern sik mal üm, un do warrt se den Baren wahr, dat de achter ehr an kümmt.

Hans, Hans, seggt se, de Baar kümmt uns na!

Ja, denn stieg man flink vun 'n Wagen! seggt Hans.

Nee, seggt se, denn toritt he mi je.

Nee, seggt Hans, du mußt di opböörn, dat de barf Noors to sehn is.

Na, de Angst is je groot: se stiggt af un böört sik op. Un so löppt se achter den Wagen an.

As dat de Baar wahr warrt, do kehrt he üm un maakt, dat he wedder to Huus kümmt.

Na, du kümmst je wedder, seggt de Eddelmann.

Ja, dar wull ik mi wull vör wahrn, seggt de Baar. De Herr hadd al enen Baren achter anbunnen. Den hadd he all de Haar afrapst achter vör 'n Noors.

Do kann de Eddelmann je nich mehr utkrupen. Un do hett Hans de Eddelmannsdochter je to'n Fru kregen un de Tunn vull Gold to. Dat Grugen hett he nich lehrt.

68. De ool Tambur

Dar is mal en olen Tambur west, de hett sien Jahrn afdeent hatt un hett dat nich so recht mehr maken kunnt, un do kümmt he dar üm in, he will geern afgahn.

Ja, dat kann he denn uk.

Ja, wat he sien Trummel nich mitnehmen kann. De will he so geern beholln to'n Andenken.

Ja, dar hebbt se nix gegen, de schall he denn man beholln.

Nu mutt he, ehr he na sien Heimat kümmt, en paar Nachten ünnerwegens blieben. Un do kümmt he enen Abend in 'n Weertshuus, dar will he 's Nachts blieben. Un do wiest se em en Logis an achter de best Stuuv. Dar hett he dör weg müßt.

Nu is he je mööd west vun de Reis un will al 'n beten tiediger to Bett, un do hööрt he, dat bi em an, in de best Stuuv, dat dar ümmer wat snacken deit.
He hööрt 'n beten nipp to, un do kriggt he klook, dat de Preester dat is, de is dar mit den Weert sien Fru to Gang, un se hebbt dat heel wichtig, de beiden. Un do seggt de Preester to ehr: Nun stellst du dich in die Ecke, und ich stell mich in die andere, und wenn ich denn sage: Eins zwei drei, Tambur, schlag an! denn so fahren wir zusammen.
Na, denkt de ool Tambur, wenn 't so is, dar mußt du je mit mang wesen.
He hängt sik sien Trummel je üm. Un so as de Preester dat seggen deit: Tambur, schlag an, do trummelt he je los: teremtemtem, teremtemtem!
De beiden verfeert sik je, un dat ut de Dööр herut. Un de Preester, de maakt, dat he weg kümmt.
De ool Tambur kümmt bi un packt sik den Preester sienen Summarium un sien Rad in'n Dook, un dar geiht he mit af.
In 'n Ogenblick kümmt de Preester em nalopen, he schall em sien Tüüch doch weddergeben un schall dar doch nix vun seggen: he schall uk föfftig Daler hebben.
Na ja, seggt de ool Tambur. He gifft em sien Tüüch wedder hen, un de Preester gifft em föfftig Daler. Un do geiht de ool Tambur 'n Dörp wieder un blifft dar de Nacht.
As he to Huus is – he hett je wieder nix mehr kunnt –, do fangt he dat Bessenbinnen an un bindt Bessens, barken Bessens, de verköfft he. Eerst driggt he ehr ut, un as he 'n Tietlang hannelt hett, do schafft he sik Peerd un Wagen an un föhrt sien Bessens ut. Un toletzt, do hett he al twee Peer vör'n Wagen. Un do föhrt he uk al mit sien Bessens to Markt.
Nu warrt dar uk mal Markt in de Stadt, wo he dat Leben hatt hett dar in dat Weertshuus. Un do föhrt he dar mit 'n ganz Föhr Bessens hen. Un in dat Weertshuus, dar will he 'n Nacht blieben. Un kehrt dar je an un hett sienen Wagen op de Dörfahrt stahn.
Nu sünd dar Roßkämmers un Juden un vun all Natschon, de so to Markt reist, de wüllt dar uk blieben 's Nachts. Un de sitt

dar in de Weertsstuuv un vertellt sik allerhand Geschichten. Un toletzt: so, seggt se, Bessenbinner, nu kümmt de Reeg an di, nu mußt du uk mal wat vertelln.

Ja, wat schall ik vertelln? seggt he. Dat 's so wat en twee Jahr her, do kööm ik vun 't Regiment un bröch mien Trummel mit. Un do kehr ik hier in dit Weertshuus an un wull hier en Nacht blieben. Un dunn – –

Höörn Se mal, seggt de Weertsfru, wüllt Se keen Bessens verköpen? Dar staht al so veel Lüüd buten, de Bessens köpen wüllt, de luurt al all, dat Se rut kamen schüllt.

He steiht je op un geiht herut. Mien gode Mann, seggt de Weertsfru, laten Se dat Spillwark doch na un vertelln Se dat doch nich, dat mien Mann dat to weten kriggt! Se schüllt uk hunnert Daler hebben: denn swiegen Se dar still vun.

Na, he nimmt de hunnert Daler un kümmt je wedder rin na de Stuuv.

O bewahrn! seggt he, de Bessens, de warrt düür överjahr. Sehn Se mal, hunnert Daler heff ik eben al böört. Un 't is noch gar nich to sehn, dat ik en Bessen vun 'n Wagen los bün.

De beiden Juden, de warrt je al hell ophöörn.

Na, denn vertell nu man wieder, seggt de annern.

Ja, seggt he, nu weer ik je mööd vun de Reis un wull al 'n beten ehr to Bett, un do höör ik dar ümmer wat snacken in de anner Stuuv. Ik höör je 'n beten nipp to, un dunn – –

Höörn Se mal, seggt de Fru, dar staht al wedder so veel Lüüd in de Dörfahrt. Se schullen ehrn Hannel man wahrn.

Na, he geiht je wedder rut.

Üm Gotts Willen, seggt de Fru, maken Se mi doch nich unglücklich! Hier sünd noch hunnert Daler to: denn swiegen Se dar doch man jo still vun!

As he wedder rin kümmt: O bewahrn! De Bessens warrt ümmer dürer. Sehn Se mal, nu heff ik al wedder hunnert Daler böört. Un 't is noch nich mal to sehn, dat ik 'n Bessen vun 'n Wagen los bün.

Ja, seggt de een Roßkämmer, denn kannst du mien Snoor Peer kriegen: denn laat mi de Bessens kriegen.

Nee, dat will he nich.

Hören Sie mal, seggt de beiden Juden, wir haben Kattun und Buckskingzeug und Seidenzeug, 'n ganzes Fuder. Wollen Sie mit uns tauschen?

Ja, ik kann dat je mal besehn, seggt de ool Tambur.

He geiht je mit ehr rut un besüht dat Tüüch. Un do warrt se hanneleens un tuuscht. De ool Tambur kriggt dat Tüüch, un de beiden Juden kriegt de Bessens.

Annern Morgen, do slaat de beiden Juden 'n groot Telt op op'n Markt, un de Bessens kriegt all 'n schönen sieden Band üm, welk 'n gelen Band un welk 'n blagen un welk 'n roden. Un de ganz Telt warrt uthängt mit Bessens.

Dat duurt nich lang, do kaamt de Lüüd denn je un wüllt Bessens köpen.

Ja, suchen Sie sich man aus.

O, seggt de Lüüd, dar is je nich veel Utsöken bi. Bessen is 'n Bessen. Na, wat gellt denn so'n Bessen?

Ja, vorschlagen tun wir nicht. Die gelben kosten zwanzig Taler das Stück, die blauen dreißig und die roten vierzig.

Se sünd je wull nich recht klook, seggt de Lüüd. För so'n olen Bessen hebbt wi je doch all mien Daag nich mehr för geben as'n Sößling.

Glauben Sie, wir haben unsere Besen gestohlen? seggt se. Die kosten uns ein ganzes Fuder Kattun und Buckskingzeug und Seidenzeug.

De Lüüd lacht ehr je wat ut. Un toletzt, do warrt dat 'n Spillwark op'n Markt, do smiet se de olen Juden al mit Stenen. Un de beiden Juden mööt man maken, dat se weg kaamt vun'n Markt.

Der Spitzbube von Kerl hat uns beschummelt! seggt se. Wir wollen hin: er soll uns unser Zeug wiedergeben. Un do föhrt se dar je hen mit ehr Bessens, wo de ool Tambur wahnen deit.

De ool Tambur, de is je foorts weg föhrt mit sien Tüüch. Un as he to Huus kümmt: Mudder, seggt he to sien Fru, ik heff 'n paar Juden ansmeert op'n Markt, de warrt mi wull gliek nakamen. Nu will ik mi op'n Disch hen leggen un will beren, as wenn ik doot bün. Un wenn se denn kaamt, de Keerls, denn weenst du un jammerst: Och, Gott, mien Mann is doot!

In'n Ogenblick kaamt de beiden olen Juden denn uk je al an un hoolt mit ehr Bessens vör de Döör. Un do kaamt se je rin: wo ist Ihr Mann?
Och, Gott, seggt de ool Fru un weent, mien Mann is doot. He weer eben eerst to Huus kamen vun 'n Markt, do is he doot bleben.
Ja, das wollen wir doch selbst erst mal sehn, seggt se. Wo liegt Ihr Mann denn?
Och, Gott, seggt de ool Fru, dar op'n Disch, dar liggt he. Se beföhlt em: ja, doot is he. Ehr Tüüch sünd se je los.
Nu, seggt de een, denn will ich dem Spitzbuben noch 'n Schabernack antun. Ich will dem Kerl aufs Maul scheißen.
Du, das laß nach! seggt de anner. Die Toten lassen sich nicht spotten.
Och was! seggt he. All unser schönes Zeug zum Deubel! Ich will dem Kerl aufs Maul scheißen.
He treckt de Büx af un huukt sik verstriet över em hen.
Ratsch! hapst de ool Tambur to un bitt den olen Juden in 't Gatt.
Au waih geschrien! röppt de Jud, un dat koppheister vun 'n Disch hendal, ut de Döör herut.
Nu, hab ich's dir nicht gesagt? seggt de anner, hab ich's dir nicht gesagt, die Toten lassen sich nicht spotten! Un darmit springt se to Waag un maakt, dat se weg kaamt.

69. De Königssöhn

Dar is mal en Königssöhn west, de hett op Reisen wullt. Un do warrt sien Handkuffer mit Goldgeld packt, un allerhand feinen Kraam kriggt he mit, un fievuntwintig Draguners kriggt he uk mit, un dar arbeidt he mit los. He föhrt in de Schees.
En paar Daag hebbt se al reist, do kaamt se abends vör so'n groot Holt. Un vör dat Holt to liggt en Weertshuus, dar kehrt se eerst 'n beten an.
Do seggt de Weert: Wüllt Se noch dör dat Holt?

Ja, seggt he, ik will na de un de Stadt hen. De hett op de anner Siet dat Holt legen.
Ja, seggt de Weert, dat Holt is aver so groot, dar kann he 'n ganzen Dag to reisen, ehr he dar dör kümmt. Un denn is dat dar uk nich richtig in dat Holt. Dar huust 'n Röverbann.
O, seggt he, ik heff je mien Draguners bi mi, ik bün nich bang.
Nu sitt de Röverhauptmann dar graad un drinkt sien Glas Wien. De betahlt sienen Wien, un do steiht he op un geiht ut de Döör, un dat forsch weg, na sien Bann hen.
So, Lüüd, seggt he, nu man flink in 'e Been! Hüüt Abend künnt wi 'n goden Tog maken. Laadt juun Dubbeltbüssen man gau, un denn kaamt man mit.
Nu gaht se je na den Weg hen, wo de Königssöhn lang mutt. Un dar leggt se sik hen, welk op een Siet den Weg un welk op'e anner Siet. Un do liggt se je un luurt.
Se hebbt 'n lütt Tiet luurt, do kaamt de annern uk je al an, he mit sien Draguners. Un as de Rövers ehr twischen sik hebbt, do geevt se Füür un scheet all fievuntwintig Draguners doot. Un den Kutscher scheet se vun 'n Buck un scheet uk dör de Schees hendör. Den Königssöhn draapt se aver nich. De springt ut de Schees herut un löppt weg, to Holt an, vun'n ganzen Kraam af.
De Rövers nehmt de Peer un de Schees un all, wat dar in is, un nehmt dat mit na ehr Höhl.
Wieltdes biestert de Königssöhn in't Holt herüm un weet je nich, wo he afblieben schall. Toletzt warrt he 'n Licht wahr. He geiht op dat Licht to un kickt in't Finster: do sitt de Rövers dar all an'n Disch un eet wat.
Graad in dat Ogenblick, as he in't Finster kickt, do kickt een vun de Rövers ut un warrt em wahr. Dar kickt een in't Finster! seggt he.
Ja, denn man gau rut un kriegt em faat! seggt de Röverhauptmann.
Se wüllt al ut de Döör herut, do kümmt he herin. Guun Abend, seggt he, recht so 'n beten drang, wahnt de un de Hauptmann hier?
Ja, seggt de Rövers.
Ja, den wull ik geern an't Woort, seggt he.

Ja, denn schall he man rin kamen.

As he in de Stuuv kümmt: sünd Se de un de Hauptmann? seggt he.

Ja, seggt de Hauptmann, dat bün ik.

Ja, seggt he, ik bün een vun Hauptmann Strauß sien Band. Uns' ganz Kraam is in'n Dutt schaten, bet op mi un noch enen annern. Aver wo de anner afbleben is, dat weet ik nich. Un nu wull ik mal sehn, seggt he, wat ik hier nich wedder ankamen kann.

Ja, dat kannst du, seggt de Hauptmann, du kannst bi mi wedder ankamen. Aver du mußt dree Proovstücken maken.

Ja, dat will he uk geern, seggt he.

Nu sett se sik je all wedder hen to'n Eten un drinkt dar je düchtig Wien bi. Un darbi warrt dat je all deelt, wat se roovt hebbt, de ganz Kraam. Un naher gaht se je to Bett.

Annern Morgen seggt de Hauptmann: So, seggt he to den Königssöhn, nu kannst du anfangen. Dar kaamt gliek twee Mann antrecken mit 'n Ossen, dar op den Footstieg, de kannst du den Ossen wegnehmen.

He geiht je hen un paßt op.

As se antrecken kaamt, do löppt he en Flach vör ehr weg un hängt sik dar an 'n Boom.

Kiek mal, seggt de een to den annern, dar hett sik een ophängt!

Och, laat! seggt de anner, wat gelt uns dat an? Un darmit treckt se je wieder.

He gau vun 'n Boom hendal un löppt ehr wedder vörbi. Un hängt sik dar noch mal wedder hen.

Süh, seggt de een, dar hängt al wedder een! De hett sik uk ophängt. De süht ebenso ut as de anner, de dar günt hängt. Dat is je wull de sülvig.

Och, wat wull 't wull! seggt de anner. Dat kann je nich angahn.

Ja, dat is de sülvig, seggt de eerst. Dar will ik fiev Daler op wedden.

Ja, ik sett dar fiev Daler gegen, seggt de anner. Denn laat uns man wedder trüch gahn un tosehn.

Se bindt ehrn Ossen dar an, an 'n Boom, un gaht wedder trüch. Un loopt hen un her in 't Holt rüm, künnt aver je kenen wedder finnen.
Wieltdes kümmt he bi un treckt mit den Ossen weg un bringt em hen na sienen Hauptmann.
Dat hest du goot maakt, seggt de Hauptmann. De eerst Proov hest du bestahn. Nu kümmt morrn de tweet.
Annern Dag schall he to Stadt un schall bi'n Koopmann gröön Laken stehlen, to'n Antog. De annern fievuntwintig sünd uk all een na'n annern hen west un hebbt sik so'n Tüüch weg stahlen.
Nu kriggt he 'n Flicken mit, den schall he vörwiesen bi'n Koopmann: vun dat Slag schall't wesen.
De Koopmann weet je, dat em ümmer so'n Tüüch weg kamen is: de hett em je bannig in 't Oog. He mitt dat Tüüch af un wickelt dat in Papier un leggt em dat hen.
Do kümmt de Spitzboov bi un leggt 'n groot Stück Geld op 'n Ladendisch, dat de Koopmann wesseln mutt un mutt em Kleengeld weddergeben.
De Koopmann maakt dat Geldschuuf apen un sammelt mang dat Geld herüm. Do nimmt he de Hand un gifft den Koopmann enen an'n Kopp, dat de dar hen nösselt. Un do raakt he sik dat Geld, wat in't Schuuf is, op 'n Dutt, nimmt sien Tüüch, un dat weg, hen na sienen Hauptmann.
Na, seggt de Hauptmann, wodennig hest du dat denn maakt?
Ja, so un so, seggt he.
Ja, seggt de Hauptmann, dat an'n Kopp geben, dat harr he nich schullt, dat höör dar nich to. Na, laat 't denn! seggt he. Dat weern denn twee Deel.
Annern Dag schall he dat drüdd Proovstück maken. De Hauptmann hett den Möller sien Dochter kortut hebben wullt. Dar hett he al veel Künst mit opstellt, aver he kann ehr ümmer nich kriegen. Un do seggt he, de schall he em schaffen.
Ja, dat will he uk wull.
He geiht half Naamdag ut'n na de Möhl hen. Un nu hett den Möller sien Dochter 'n Brüdigam hatt, de hett graad so utsehn as he, as de Königssöhn. Un do meent se je, ehr Brüdigam is dat.

Un he lött ehr dar je bi. Un se küßt un lickt sik je un sünd je Bruut un Brüdigam.
Nu geiht dat gegen Abend. Ja, seggt he to ehr, ik heff noch 'n lütten Gang to gahn dör't Holt. Aver Klock hen to acht, denn kaam ik wedder, denn kannst du mi man 'n Flach entgegen kamen. Aver nich wieder as an dat Holtdoor, vör dat Holt to. Dar töövst du op mi.
Ja, seggt se, denn bün ik Klock acht dar.
He geiht hen na'n Hauptmann un seggt: Hüüt Abend Klock acht is se bi't Holtdoor. Aver ik will ehr nich haaln.
Nee, dat schaßt du uk nich, seggt de Hauptmann. Dar will ik dree anner Mann to henschicken.
Na, de Möllersdochter steiht je Klock acht bi't Door un luurt je op ehrn Brüdigam, de schall kamen. Do höört se, dat dar wat ansnacken kümmt, un do verstickt se sik in 'n Busch.
Nu kaamt de dree Keerls denn je an. Ja, seggt de een, se will sik wull wahrn un kamen. Dar is de Deern veel to klook to. Aver wenn den Hauptmann ehr nich kriggt, seggt he, denn schüllt ji sehn: denn mööt wi övernacht op, un denn op de Möhl los un scheten all doot, wat dar is. Un de Deern, de höört dat je all.
Se hebbt dar en halv Stunn stahn, de dree Keerls, do gaht se wedder weg na den Hauptmann. Nee, seggt se, dar weer keen Deern, dar weer keen un kööm keen.
Na, seggt de Hauptmann, denn wüllt wi ehr dat aflehrn! Denn wüllt wi all doot scheten, wat dar is, övernacht. Maakt juun Gewehrn man all in 'e Reeg.
De Deern, de löppt je hen to Huus un vertellt ehrn Vadder dat. Un de lött gau anspannen, un do haalt se sik twee Wagens vull Suldaten ut de Stadt.
Nu warrt dat je üm Nacht ut'n. So, seggt de Hauptmann, nu man all in 'e Been! Nu geiht 't los!
Do drinkt se eerst düchtig Wien, un do marscheert se denn je af.
As se ut dat Holt so wat herut sünd, do seggt de Hauptmann to den Königssöhn: Nu gah du hen un spikeleer mal ut, woneben wi am besten ankaamt un herin kaamt.

Na, he geiht je hen un sliekert sik an 't Huus heran. Un do hÃ¶Ã¶rt he, as he bi de HuusdÃ¶Ã¶r is, de Suldaten sÃ¼nd all op'e Deel. Un do seggt de Leutnant: Wi wÃ¼llt de DÃ¶Ã¶r nich toslÃ¼ten, blot anstellen. Un wenn se denn kaamt, de Keerls, un se maakt de DÃ¶Ã¶r apen, denn geevt ji FÃ¼Ã¼r op de apen DÃ¶Ã¶r.

Nu geiht he je wedder trÃ¼ch na den Hauptmann.

Na, seggt de Hauptmann, wo is 't?

Ja, seggt he, vÃ¶r de GrootdÃ¶Ã¶r, dar heff ik den Knevel vÃ¶rweg maakt, dar kÃ¼nnt wi rinkamen.

Na, seggt de Hauptmann, denn man to!

O, tÃ¶ben S' en beten, seggt de anner, ik mutt eerst mal ut de BÃ¼x.

Ja, du kannst nakamen, seggt de Hauptmann.

De Hauptmann mit sien Mannschaft dar je hen un stÃ¶Ã¶t de DÃ¶Ã¶r je apen. Un so as se ehr apen stÃ¶tt hebbt, scheet de Suldaten je all mit'n Mal af un scheet all fievuntwintig RÃ¶vers doot. Blot de Hauptmann, den nehmt se lebennig gefangen un nehmt em mit to Stadt.

De KÃ¶nigssÃ¶hn geiht wedder trÃ¼ch, geiht wedder na de HÃ¶hl hen un itt un drinkt un blifft de Nacht dar. Un 'n annern Morgen stickt he sik all de Taschen vull Geld, un do geiht he los, op de Stadt to.

Do begegent em 'n Schoostergesell mit sien Felliesen op'n Nacken.

HÃ¶Ã¶r mal, seggt he, wÃ¼llt wi tuuschen mit uns' TÃ¼Ã¼ch?

Ja, seggt de Schooster, dat doot Se je doch nich.

Ja, seggt he, ik geev di noch 'n goot Drinkgeld to.

Do tuuscht se mit ehr Mundeerung. He treckt den Schooster sien TÃ¼Ã¼ch an un kriggt uk den Schooster sien Wannerbook, un de Schooster treckt sien TÃ¼Ã¼ch an.

As he noch 'n beten gahn hett, kÃ¼mmt 'n ool Fru angahn, de beddelt em an. Gott, seggt se, du bÃ¼st je sÃ¼lben 'n Beddelmann.

Ja, Mudder, dat maakt nix, seggt he, un gifft ehr 'n GoldstÃ¼ck.

Ja, seggt se, denn will ik di uk wedder wat schenken. Seh mal, hier is 'n gollen Fingerring. Wenn du den gegen de SÃ¼nn dreihst op'n Finger, denn is dat Slott to. Un dreihst du em vun den Sünn, denn is dat Slott apen.

Na ja, denn is 't goot.

Nu kümmt he op de Harbarg an un lött sik Beer geben. Is hier Arbeit? fraagt he.

Do sitt dar so'n olen Schoostermeister. Ja, Gesell, seggt he, Se künnt bi mi ankamen. Aver ik heff anners keen Arbeit as sahlen un flicken.

Ja, dat maakt nix, seggt he.

He geiht mit den Schooster na sien Huus hen. Un den Meister sien Fru – he hett 'n jung Fru hatt –, de mag den Gesellen al gliek lieden.

Annern Morgen schall he denn en Paar Schoh versahlen. Un kriggt denn je Ledder darto. He kriggt den Kloppsteen her un kloppt dat Ledder. Un kloppt bet Meddag.

Nee, seggt de Meister to sien Fru, he kloppt mi dat ganz Ledder weg.

O wat! seggt de Fru. Laat em man kloppen!

Na Meddag kloppt he wedder bet Vespertiet.

Nee, Gesell, dat geiht nich! Se kloppt mi je dat ganz Ledder weg.

Och, Meister, seggt he, wi künnt ganz anners leben. Wi wüllt uns hüüt Abend mal en ganz Dracht Geld haaln ut den König sien Schatzkamer.

Ja, wenn dat man geiht! seggt de ool Schooster.

Dat schall wull gahn, seggt he. He hett den Ring al probeert, dat de de Slööt apen un to maakt.

As de Klock twölf is, dunn de beiden weg, na de Schatzkamer hen. He maakt dat Slott je apen, un do gaht se dar rin un packt sik dar arig beten Geld op. Un do gaht se wedder rut, un he slütt de Döör wedder to. Un do gaht se hen to Huus un packt sik to Bett.

Annern Morgen warrt se wahr, den König sien Lüüd, dat de Schatzkamer bestahln is.

Nu warrt de Röverhauptmann denn je haalt – de hett je in 't Lock seten –, un do fraagt se em, wat he meent, wokeen dat wull west hebben kann.

Ja, seggt de Röverhauptmann, dat is anners nümms west as de Aas, de nableben is, de mien ganz Band oprebeн hett. Dar kaamt man bi un graavt en Kuul, un de deckt man so verlaarn en beten to, dat dat nich to sehn is. Un denn warrt he wull wedder kamen un haaln mehr.
He geiht den annern Dag spazeern, de Königssöhn, un süht dat, dat se dar en groot Kuul maken doot.
Abends seggt de Meister: Na, Gesell, wo is 't? Hüüt Abend mööt wi man wedder hen.
Nee, seggt de Gesell, wi hebbt je noch noog. Wi hebbt noch Tiet noog.
Na, se gaht to Bett. De Schooster aver, de sliekert sik herop na den Geselln sien Kamer un treckt em den Fingerring vun'n Finger. Un dunn he los, na der Schatzkamer hen. Un fallt uk je richtig na de Kuul herin.
Nu weckt de Fru je den Gesellen op, dat ehr Mann gar nich wedder kümmt.
As he opwaakt, do warrt he foorts wahr, dat sien Fingerring weg is. Do denkt he sik dat je, dat de Schooster em den wegnahmen hett. Un do löppt he dar je hen, na de Kuul.
As he baben de Kuul kümmt: Meister!
O, Gesell, sünd Se dar?
Ja.
Helpen S' mi doch wedder rut!
Ja, dat will ik uk. Denn smieten S' mi aver eerst den Fingerring herop.
He smitt em den Fingerring herop.
So, Meister, nu springen S' man düchtig ünnerhööcht, dat ik Ehr recken kann.
He springt je ünnerhööcht, un de Gesell kriggt em uk richtig in de Haar faat. Un do kümmt he bi un snidd em ratsch! den Kopp af. Do fallt de Rump wedder dal, un den Kopp nimmt he mit. Den smitt he woor hen, wo em nümms finnen kann.
As he to Huus kümmt, do vertellt he de Fru dat, so un so.
Na, is goot, dat he doot is! seggt se. Ehr Mann is je al oolt west, un se hett den Gesellen je geern lieden müчht.
Annern Morgen warrt de Hauptmann je wedder haalt.

Ja, de in de Kuul liggt, seggt de Hauptmann, dat is he nich. Aver de em den Kopp afsneden hett, dat is he west.
Ja, wo kriegt wi dat man herut? seggt de König.
Ja, seggt de Hauptmann, se schüllt de Liek man op'e Böör leggen mit veer Keerls, de mööt em dör de Stadt dregen. Un wenn dar denn 'n Fru is, de em anhöört, de warrt wull 'n Süüfzer utstöten. Un dar schüllt se denn man wieder nasöken.
Nu kaamt de Keerls mit de Liek uk dör de Straat, wo de Schooster wahnt, un den Schooster sien Fru steiht graad in 'e Döör.
Och, Gott, mien Mann! seggt se.
De Keerls, de höört dat, un dunn dar je rin. Is dat Ehrn Mann, den wi op 'e Böör hebbt?
Nee, seggt se, mien Mann hett sik eben mit'n Hamer op'n Dumen haugt un schrie luut ut. Darüm heff ik dat seggt.
Do dreegt se je wedder los, draapt aver je keen Fru wedder.
Do warrt de Hauptmann denn je wedder fraagt, wat se nu opstelln wüllt mit den Doden.
Ja, seggt de Hauptmann, se schüllt em man an 'n Galgen hängen – buten de Stadt is de Galgenbarg west –, denn wüllt de Angehörigen em dar wull weghalen. Se schüllt dar aver en gode Wach bistellen.
Do kümmt 'n Ünneroffzeer mit twölf Mann, de kaamt dar an de Wach.
De Liek hett dar al en paar Daag hängt – dat is recht so 'n leeg Weder west un hett regent un is so koolt west –, do kümmt dar abends en ool Mattenderwief anföhrn, mit 'n Peerd un 'n Wagen, un is dar in den Lehm fast föhrt an 'n Galgenbarg. Hü! hü! röppt se ümmerlos.
De Wach, de höört dat je, un do seggt de Ünneroffzeer toletzt: Gaht doch mal en paar Mann hendal un seht mal to, wat dar los is.
Do gaht je en paar Mann hen. Na, Mudder, seggt se, wat hett Se hier?
Och, Gott, seggt se, mien ool Peerd kann gar nich mehr. Ik bün hier fastföhrt. Helpt mi man 'n beten mit los!
De Suldaten schuuvt den Wagen en beten bet to, dat he ut den depen Lehm herut kümmt.

So, Kinners, seggt se, nu schall 't wull gahn. Nu schüllt ji dar uk eerst 'n Snaps för hebben. Kaamt man her.
Se kriggt 'n Buddel her un schenkt ehr düchtig enen in.
Dövel ja! seggt de Suldaten. Dat is aver feinen Kööm! Verköfft Se darvun?
Ja wull, Kinners, seggt se, dar maak ik je graad mien Geld ut.
Wat gelt denn so'n Buddel vull?
O, ji sünd je Suldaten, seggt se, ji hebbt je nich veel Geld: ji schüllt em billig hebben.
Do kööpt se sik en Buddel, un den nehmt se mit na 't Wachhuus. Un all de Mannschaft drinkt darvun, un de Ünneroffzeer uk.
Dövel ja! seggt de Ünneroffzeer. Dat 's je feinen Kraam! Dar haalt noch dree, veer Buddel vun na.
Na, se kaamt je wedder an un haalt sik noch veer Buddel vun den Brammwien na. Un do drinkt se dat je tosamen ut in de Wach. Un as se dat ut hebbt, do sünd se all duun un leggt sik dal, un in'n Ogenblick sünd se all fast in Slaap.
Do kümmt de Königssöhn bi – de ool Mattendersch, dat is he je west – un nimmt den Schooster vun 'n Galgen un graavt em woor in, wo he nich weddertofinnen is. Un do föhrt he je wedder hen to Huus.
Annern Meddag kümmt je frisch Wachmannschaft un schall de annern aflösen. De kaamt aver je gar nich ut de Wach herut. De nie Ünneroffzeer dar je rin. Do liggt se dar all un slaapt un hebbt all Fruunstüüch an. Dat hett he ehr noch antrocken, un den Ünneroffzeer 'n recht bunt Kleed.
Nu meldt se dat je bi'n König, dat dat dar in 'e Wachstuuv so un so utsehn hett, un dat de Liek vun 'n Galgen weg is.
Na, seggt de König, denn schüllt se to Straaf mit ehr Fruunstüüch dör de Stadt marscheern, de Suldaten.
Nu lött he den Hauptmann je wedder kamen un fraagt em: so un so is dar passeert.
Ja, seggt de Hauptmann, dat is anners nümms west as de Aas. De hett dat all maakt.
Ja, wo kriegt wi em faat? seggt de König.
Dat will ik Se seggen, seggt de Hauptmann. Maken Se bekannt, Se wüllt 'n groten Gaßbott geben, dar kann jederen hen gahn,

de dar will. Denn will he sik uk wull anfinnen. Un wenn de Klock denn twölf is, denn sünd de mehrsten je duun. Denn mutt Ehr Dochter sik in Bett leggen, un denn warrt se na'n Saal rin schaben, un denn de Saalndöör afslaten, dat se all dar blieben mööt. Denn will he sik wull bi Ehr Dochter anfinnen. Un denn mutt se 'n Glas mit Höllensteenwater bi sik hebben, dat kann se man op 'e Bost dregen, un 'n lütten Pinsel. Un wenn he denn bi ehr ankümmt, denn mutt se em 'n Streek maken över de Nees. Süh, denn hebbt wi em faat! Dat Schetelwater warrt je gliek swarrt.

Also dat warrt je maakt. Un as se all duun sünd un danzt un wirtschaft dar rüm, do warrt de Döör apen maakt un den König sien Dochter mit de Bettsteed dar rin schaben. Un do warrt all de Lichter utpuust un de Döör toslaten.

Nu packt de welk, de arig duun sünd, de packt sik je dal, un de welk tummelt dar je noch rüm in'n Saal: do kümmt he bi un kramert sik bi den König sien Dochter na't Bett herin. Do speelt de beiden je eerst 'n beten een mit 'n annern. Un as se meent, he is toslapen, do nimmt se ehrn Pinsel un maakt em mit dat Schetelwater en swarten Streek över de Nees.

So, denkt se, nu hebbt wi 'n! Un do leggt se sik hen un slöppt to. He hett aver je man so beert, he hett je nich slapen. Un as se nu in Slaap is, do stickt he sik en lütten Enn Licht an un nimmt ehr dat Glas un den Pinsel af. Un do kümmt he bi un pinsel ehr all en Streek över de Nees, all de dar in 'n Saal liggen doot.

Annern Morgen, do kümmt de König mit sien Ministers un wüllt den je söken, de den Streek op 'e Nees hett.

As se de Döör apen slüüt, süh, hier is he! seggt de König. Ja, hier is uk een! Hier uk! Hier uk! seggt de Ministers. Do hebbt se alltosamen en Streek över de Nees. Un de König is je noch ebenso klook.

Nu kaamt se je all in 'e Been. Un do seggt de König, wenn de dar mang is, de dat all utöövt hett, dat de Rövers all doot kamen sünd un de Hauptmann gefangen, un de dat Geld wegnahmen hett ut de Schatzkamer un hett den Schooster den Kopp afsneden un naher de Liek vun 'n Galgen haalt, un de de Suldaten dat Fruunstüüch antrocken hett un hett nu dat Spillwark maakt mit dat Schetelwater, de schall sik friewillig melln, de schall sien Dochter to'n Fru hebben. Un ik bün oolt, seggt he, denn schall he na mienen Dood för mi König warden.

Do mellt de Königssöhn sik un seggt: Ik bün de Mann, ik bün 't west.

Na ja, seggt de König, denn is 't goot. Denn schall gliek de Hochtiet warden.

Nee, gliek noch nich, seggt de anner. Ik bün en Königssöhn, dar un dar her. Un op mien Hochtiet, seggt he, dar schüllt mien Vadder un Mudder un mien Swestern un Bröder uk mit wesen. Sünst will ik dat nich.

Ja, dat schüllt se uk, seggt de König.

Do kriegt se je Order hen, sien Anbehörigen. Un de kaamt do je all hen. Un do warrt de Hochtiet. Un de Hochtiet hett acht Daag duurt.

NACHWORT

Es ist sicher nicht an dem, was noch in den zwanziger Jahren unseres Jahrhunderts böse Zungen im Ostholsteinischen behaupteten, daß zwar die hübsche Geschichte vom Jungen, der auszog das Gruseln zu lernen, alt und weit und breit bekannt, daß aber die ebenso interessante Erzählung vom Mann, der auszog, den Leuten das Gruseln zu lehren, noch nicht geschrieben sei. Das aber sei eben die Geschichte von dem Eutiner, später Oldenburger Professor Wilhelm Wisser, dessen penetrante Methode, zu seinen Märchen zu kommen, ganze Dörfer bei seinem Erscheinen zur Flucht in die Wälder veranlaßt habe. Gewiß! Wisser selber berichtet von seltsamen Maßnahmen, die er angewandt habe, um seine Erzähler zum Reden zu bringen. Als der junge Wilhelm Bornhöft in Sehlendorf nicht erzählen wollte, drohte er: »Ja, denn gah'k na dienen Lehrer un segg den dat.« Und als der alte Hopp in Michaelsdorf nicht zuließ, daß seine Frau ihm Geschichten erzähle, legte er los: »Wat? Ik bün hier vun'n Kaiser her schickt, un Se wüllt hier vun Schietkraam snakken? Tööf, ik will Ehr verklagen! Dat schüllt S' wies warden«. Ja! Daß auch mancher vor ihm ausgerissen ist, gibt Wisser selbst zu. Die alte Anna Schlichting in Sagau z. B. hatte ihm beim ersten »Interview« aus Angst, er möge sie mitnehmen, gleich zwei Geschichten erzählt. Beim zweiten Mal wies sie alle Bestechungsversuche in Form von Napfkuchen oder Geld standhaft zurück: »Lütt Kinner vertell ik wull wat, Groot Lüüd nich. Wat schall dat bedüden? Is dat Gotts Woort? Se künnt je man in de Bivel lesen.« Beim dritten Versuch war sie dann, sowie sie Wind davon bekommen hatte, daß der »alte Kerl« wieder im Dorf herum spuke, heimlich ausgerückt.

Aber das sind wohl Einzelfälle geblieben. Er selber sagt immer wieder in seinem Bericht über seine Sammeltätigkeit, den er »Auf der Märchensuche« genannt hat, daß die von ihm angesprochenen Erzähler gern und freiwillig auf sein Anliegen eingegangen seien, und Gustav Friedrich Meyer, sein Nachfolger

»auf der Märchensuche«, hat in den Dörfern Ostholsteins nur Gutes über den alten Märchenprofessor reden gehört, wie er in seinem leider noch immer nicht veröffentlichten Manuskript über seine Märchengewährsleute ausdrücklich an mehreren Stellen bestätigt. Ich zitiere einige Sätze aus der Handschrift, in denen er darüber sowie über eine andere absonderliche Art Wissers spricht, mit den Leuten vertraut zu werden: »So kommt er (Wisser) einmal, wie mir erzählt wurde, an einem Spätnachmittag nach dem Dorfe Lenste bei Cismar und bestellt im Dorfkruge ein Zimmer für die Nacht. Dann leiht er sich vom Wirt ein Paar Holzpantoffeln – dörfliche Kleidung trug er oft und absichtlich auf seinen Wanderungen –, eine lange Pfeife, einen alten Hut. Er steckt die Pfeife in Brand und spaziert wie ein Großvater aus einem anderen Dorfe paffend die Dorfstraße entlang. Er wird natürlich beobachtet. Aber das will er ja gerade. Er schnackt auch mal ein Wort. Und als er am nächsten Morgen zu seinen Leuten geht, da kennen sie ihn schon, sie lächeln, und es fließt ihm nur so zu. Solche Züge werden sehr bald auch in den benachbarten Dörfern bekannt, und noch heute (Anm. von mir: das ist im Anfang der vierziger Jahre bei der Abfassung des Manuskripts) wird in bestimmten Gegenden schmunzelnd von dem Märchenprofessor erzählt. Er konnte bei humorlosen Leuten auch wohl ein Kopfschütteln erregen; aber daraus machte er sich mit Recht gar nichts. Hauptlehrer Sindt in Harmsdorf bei Lensahn erzählte mir: »Ich sitze eines Mittags, es war noch in Damlos, mit meiner Frau zu Tische. Da bimmelt die Haustürklingel. Meine Frau geht hin, kommt aber gleich zurück: Du mußt selbst hin, da ist ein Stromer, und ich verstehe nicht, was er will! Ich gehe hin und sehe einen Mann, den ich für einen fremden landwirtschaftlichen Knecht in fortgeschrittenem Alter halte. Er trug Halbstiefel, und die Hose steckte in den Stiefelschäften. Bevor ich etwas sagen konnte, stellte er sich als Prof. Wisser vor, und ich sollte ihm Namen von Erzählern nennen.« Und an anderer Stelle schreibt Meyer: »Es waren zwanzig Jahre ins Land gegangen, der Weltkrieg lag dazwischen, und doch wurde mir ungesucht von seinem (Wissers) Sammeleifer erzählt, als ich in die ostholsteinischen Dörfer kam.

Von mir wird in den Dörfern sehr wenig erzählt werden können, in vielen Orten weiß man überhaupt nicht, daß ich dagewesen bin, wenn nicht ein Erzähler davon gesprochen hat. Aber was soll er viel sagen, da ich ja nur nach kurzer Vorrede und einigen Fragen und Hinweisen Geschichten anhörte und niederschrieb. Ich blieb immer nüchtern und sachlich, wie es die meisten Schleswig-Holsteiner haben wollen, und ich erreichte auch, was ich wollte. Wilhelm Wisser gab sich temperamentvoller, und das war für seine Person gewiß das Gegebene, um unmittelbar an den Märchenquell heranzukommen.«
Es kann also keine Rede davon sein, daß die Leute Wisser gefürchtet hätten. Im Gegenteil warteten sie oft auf ihn und waren, wie Meyer wiederum bezeugt, oft enttäuscht, wenn er nicht zu ihnen kam. Meyer fragte einmal einen seiner besten Erzähler, den Landarbeiter Friedrich Meetz in Malente-Gremsmühlen, warum er nicht schon Wisser erzählt habe. „Ja", sagte der, »as he hier in 'n Dörpen weer, dach ik: Schull he ni ok mal hen na di kamen? He keem aver ni un meld'n wull ik mi nich.«
Wie ist Wisser nun überhaupt dazu gekommen, auf Märchensuche zu gehen? Er selber behauptet nachdrücklich, nicht von der älteren Sammlung Karl Müllenhoffs »Sagen, Märchen und Lieder der Herzogtümer Schleswig-Holstein«, die 1845 erschienen war, angeregt worden zu sein. Und die Grimmschen Märchen hat er wahrscheinlich erst als Student in die Hände bekommen. »Einen besonderen Eindruck haben sie nicht auf mich gemacht.« Vielmehr sei der Anlaß ein rein persönlicher und zufälliger, nämlich ein Vortrag in der Eutiner »Literarischen Gesellschaft« über das Erzählgut aus seiner Kindheit gewesen. Der Beifall der Freunde, aber auch die eigene Enttäuschung, die alten Geschichten nicht mehr recht zusammenbringen zu können, hatten ihn dann dazu inspiriert, nach guten Erzählern zu suchen, die diese »Vertellsels« noch im Gedächtnis hatten, und so hat er in den zwölf Jahren von 1898 bis 1909 im Nordosten Holsteins mit Einschluß der Insel Fehmarn rund 250 Gewährsleute gefunden, die ihm etwa 2 500 Märchen und Schwänke, weniger Sagen, erzählten. Über sie berichtet er in dem genannten Büchlein und wir erfahren von ganz ausgezeichneten Erzählern, Männern und

Frauen. So etwa von dem Tagelöhner Hans Lembke in Lensahn, der 66 Geschichten erzählte, und zwar »brillant erzählte. Er sprach klar und fließend und seine Ausdrucksweise hatte Farbe und Leben.« Oder der Neustädter Maurer Johann Hünike, der 32 z. T. sehr umfangreiche Märchen beitrug, die wie Wisser bemerkt, zum »wertvollsten Bestandteil« seiner Sammlung gehören, »teils des Inhalts wegen, teils wegen des ganz vorzüglichen Platt.« Seine erste und in vielem entscheidende Entdeckung war aber eine Frau Schloer in Griebel, »eine echte Märchenerzählerin.« Von ihr hörte er im Frühsommer 1898 im ganzen 45 Geschichten, die er zwar nicht direkt, sondern erst zu Hause nachschrieb, die er aber im Sommer des gleichen Jahres in Klenzau ausarbeitete. Dabei wurde ihm klar, daß man schon während des Erzählens nachschreiben muß, da sonst zu viel verloren geht. Und noch eine zweite Erkenntnis ging ihm bei dieser Arbeit auf: »Als ich mich daran machte, die Griebeler Märchen, die ich zu Hause immer gleich niedergeschrieben, aber doch nur flüchtig stilisiert hatte, in Klenzau sorgfältiger auszuarbeiten, wollte es mir anfangs gar nicht gelingen, da ich vorher nie etwas Plattdeutsches geschrieben hatte. Ich konnte die Märchen nicht so herausbringen, wie die alte Schloer sie erzählt hatte. Es blieb immer ein fremder Ton darin. Da endlich fiel es mir wie Schuppen von den Augen. Ich hatte – offenbar unter dem Einfluß der Grimmschen Märchen – immer geschrieben: Dar weer mal 'n König. Und Frau Schloer hatte erzählt: Dar is mal 'n König west. Ich hatte geschrieben: Do güng' he hen, un do dee he dat. Und Frau Schloer hatte erzählt: Do geiht he hen, un do deit he dat. Also die Exposition im Perfekt und die Erzählung im Präsens. Sowie ich diese Änderung vornahm, klangen die Geschichten mir vertraut, und der fremde Ton war verschwunden.«

Wenn Franz Heyden in seiner kleinen Untersuchung: »Volksmärchen und Volksmärchenerzähler« (Hamburg 1922) dieses Erzählen des niederdeutschen Menschen im Präsens als ein realitätsbezogenes Erleben der Inhalte deutet, so mag er damit recht haben: »Wenn der Erzähler aus dem Volk erzählt, so kommt ihm alles darauf an – mag er nun ein eigenes Erlebnis oder ein überliefertes Märchen erzählen –, daß seine Erzählung den Eindruck wirklichen, lebendigen Geschehens macht. Er versetzt sich so lebhaft in die Situation und die Handlung, daß sie ihm unmittelbar ›gegenwärtig‹ erscheinen und auch auf den Hörer wie erlebte Gegenwart wirkt.« Den Unterschied zwischen den Wisserschen Märchen und den Grimmschen etwa kennzeichnet Heyden zusammenfassend mit folgenden interessanten Sätzen: »Die Wisserschen Märchen sind weniger dichterisch, weniger romantisch und weniger kindlich als die Grimmschen. Das bedeutet aber nichts anderes als daß sie dem Volksmund treuer nacherzählt sind: sie sind mehr reine Volksmärchen, während die Grimmschen im Geiste der Romantik dichterisch gestaltete Volks-Kindermärchen sind.«

In den Jahren 1910-1911 hat Wisser in 22 Monaten das gesamte handschriftliche Material in drei Abschriften maschinenschriftlich niedergelegt. Diese drei Exemplare befinden sich zur Zeit in der Kieler Universitätsbibliothek, im Oldenburger Staatsarchiv und im Institut für mitteleuropäische Volkskunde in Marburg. Aus seinem riesigen Bestand hat er seit 1899 in der Kieler »Heimat« und seit 1903 im »Eutiner Kalender« zahlreiche Erzählungen publiziert. Seine Hauptveröffentlichungen sind aber seine drei Bändchen »Wat Grotmoder vertell't« (1904/9) und seine beiden bei Diederichs in der Reihe »Märchen der Weltliteratur« herausgekommenen Bücher »Plattdeutsche Volksmärchen« (Bd. I 1914, Bd. II 1927), von denen der erste nunmehr in einer Neuauflage hiermit vorgelegt wird. Wie alle Sammler, wie auch schon die Brüder Grimm, hat natürlich auch Wisser nur die besten seiner Erzähler zu Wort kommen lassen. Und er hat auch, wie wiederum die anderen Märcheneditoren auch, zuweilen geglättet und stilisiert, ja mitunter aus mehreren einfacheren Erzählungen eine motivreichere kombiniert. Man darf ihm das nicht vorwerfen, wie das zuweilen getan worden ist. Er hat immer neben den für das große Publikum vorgesehenen Ausgaben eine wissenschaftliche Edition im Auge gehabt. »Von einer Stilisierung der Geschichten werde ich in dieser Ausgabe absehen. Ebenso wird keine Geschichte ihres anstößigen Inhaltes wegen ausgeschlossen werden. Ich werde alles so wiedergeben, wie es mir erzählt worden ist, ohne Schminke, ohne Feigenblatt.« Es ist zu dieser Ausgabe nicht mehr gekommen, die apokalyptischen Zeiten der zwanziger Jahre standen seinem Plan entgegen. Und dann hat ihm der Tod die Feder aus der Hand genommen.

Die Bedeutung der Wisserschen »Plattdeutschen Volksmärchen« ist in keiner Weise nur auf das regionale Gebiet Ostholsteins beschränkt. Sie sind viel mehr! Sie sind zum einen und ersten das Geschenk eines Mannes mit einem großen Herzen voll Liebe für diese »Einfachen Formen« der Volksdichtung an alle jene, die den Sinn für diese Märchenwelt noch nicht verloren haben, die Welt eben der naiven, volkstümlichen Poesie mit ihren einfachen Formen und Gesetzen. Zwar ist der Strom lebendiger Märchenüberlieferung heute bei uns zum Rinnsal geworden, und der Zeitpunkt, wo auch dieses versiegt, ist wohl nicht mehr fern. Es wäre sinnlos, etwas beleben zu wollen, dessen Zeit vorbei ist. Aber es bleibt ein sinnvolles Unterfangen, die Liebe zu diesen alten und doch ewig jungen Schöpfungen des Volkstums, zu diesen Märchen, in denen sich die Seele der Völker spiegelt, zu wecken. Das ist der große Sinn des Wisserschen Tuns. Und auch das Wissen um den Wert der Sprache, in der sie erzählt wurden, wollte er durch seine Ausgaben festigen helfen. Es ist wirklich das Volk, das hier spricht, und es ist Geist von seinem, von unser aller Geist, der aus dieser Sprache atmet. Sollte sie daher nicht auch zu uns wieder sprechen können?

Diese Märchen sind aber auch, so wie es das Land ist, aus dem sie kommen, eine Brücke zwischen den Völkern. Es gibt Grenzen der Sprachen und der politischen Bezirke. Aber es gibt keine Grenzen im Bereiche des Kulturgutes Märchen und seiner Gesinnung. Märchen wanderten und wandern vielleicht auch noch heute und überall noch finden sich Herzen, in denen sie Heimstatt finden, hüben wie drüben. Von irgendwoher sind sie gekommen, von Nord oder Süd, über diese Brücke Schleswig-Holstein, und wurden Gemeingut. Weil sie Gemeinmenschliches tragen und anrühren. Ihr Sein und Wesen und ihre Geschichte sind so der schönste Ausdruck einer menschheitumfassenden Idee. Wo wir sie aufheben, sie sind fast überall dieselben. Wohl gewinnen sie lokale Farben, aber ihr Kern und ihr Grund sind die gleichen und ihr Sinn ist gemeingültig. Und so sind auch diese ostholsteinischen Märchen Wissers letztlich nichts spezifisch Holsteinisches, obwohl sie Geruch von dieser Erde und Farbe von dieser Landschaft tragen. Aber im Stoff und im Wesen und in ihrem mythisch-magischen Habitus und in den Urgründen ihres Menschlichen und Allzumenschlichen sind sie überall zu Hause, bei uns wie bei den anderen, seit langen Zeiten.

Und das mag schließlich als das letzte, immer wieder unser Erstaunen erregende Moment hier angesprochen werden, eben die Kontinuität dieser Dinge. Was hat diese so simplen Geschichten durch die Zeiten und Völker bis an die Schwelle unserer Tage getragen? Warum sind die Menschen aller Zeiten und Gegenden nicht von ihnen losgekommen? Was ist der Geist, die Seele, das Perpetuum Mobile dieser Überlieferungsgesetze? Wir wissen es nicht, wir können nur staunend betrachten. Aber wir wissen einiges von den äußeren Vorgängen und Gegebenheiten und das wiederum aus dem Wisserschen Material. Der Tagelöhner Hans Bensien zum Beispiel, 1813 in Kasseedorf geboren, erzählt Wilhelm Wisser um die Jahrhundertwende in Sagau, wo er seinen Lebensabend verbringt, 18 z. T. recht umfangreiche Geschichten, die er von seiner Großmutter um 1820 als sieben- bis zehnjähriger Junge gehört hat. Diese Frau, um 1820 ebenfalls über 80 Jahre alt, hatte ihre Erzählungen wiederum in frühester Jugend überliefert bekommen. So liegt also zwischen der Aufnahme dieser Märchen durch Wisser und ihrem einmaligen Besitzerwechsel ein Zeitraum von etwa 150 Jahren. Märchen vom Anfang unseres Jahrhunderts ragen also in direkter Kontinuität bis in die Mitte des 18. Jahrhunderts hinein. Sicher! Man soll so etwas nicht verallgemeinern, aber ebenso sicher ist es auch kein Einzelfall. Es gibt zahlreiche solcher Beispiele, bei den Wisserschen Gewährsleuten wie bei anderen. Wie denn das Traditionsverhältnis zwischen Großeltern und Enkeln das natürlichere als das zwischen Eltern und Kindern ist. Und man mag nun selbst nachrechnen, wie oft in solcher Überlieferungskette Märchen ihren Besitzer gewechselt haben mögen um bis in das Mittelalter zurückzukommen. Erstaunlich, wie dicht wir also zuweilen noch immer an den Quellen stehen!

Wenn diese Wisserschen Märchen und Schwänke, längst vergriffen, heute wieder fröhliche Urständ erleben dürfen, so danken wir zuerst dem Verlag Eugen Diederichs für diese Tat. Unser Dank gilt weiterhin und vor allem auch dem Mann, der dieses Tun erst ermöglichte: Wilhelm Wisser, der uns diese Volksmärchen Holsteins in ihrer naturhaften Ursprünglichkeit bewahrt hat. Unser letzter und tiefster Dank aber sollte den Erzählern dieser hübschen Geschichten selbst gelten. Keiner mehr von ihnen lebt heute. Aber wie heißt es in unseren Märchen zum Schluß so häufig: »Und wenn sie nicht gestorben sind, so leben sie noch heute!« Und leben sie nicht alle wirklich noch und sprechen zu uns? In diesen ihren Märchen?

Göttingen, im August 1970 Kurt Ranke

Als Quellen zu meinen Ausführungen dienten mir: Wilhelm Wisser, Auf der Märchensuche (Hamburg/Berlin o. J.); Franz Heyden, Volksmärchen und Volksmärchenerzähler (Hamburg 1922); Manuskript Gustav Friedrich Meyer über seine Sammeltätigkeit und seine Erzähler; Kurt Ranke: Schleswig-Holsteinische Volksmärchen, 3 Bde. (Kiel 1955, 1958, 1962).

Auf die Aufnahme folgender Stücke aus dem früheren ersten Band der Plattdeutschen Volksmärchen wurde aus Umfangsgründen verzichtet:
De lütt Grootprahler – Stormwind un Beek – De Preester mit den Bookfink – De Preester mit den Boddermelksketel – De twee Döchter – Hans un de Ries – De Tunkrüper – Hans kumm up! – Op'n Gollenmarker Sloß.

WORTERKLÄRUNGEN

Aben *Ofen*
Achterhöörn *Hintereck*
ächterst *der hinterste, letzte*
Adder *Schlange*
adderkauen *wiederkäuen*
afhollen *aus-, abhalten*
afrapsen *prügeln*
afstahn *abtreten*
aftageln *prügeln*
afwas *abwärts, seitwärts*
Afwind *Schutz vor dem Wind*
ahn *ohne*
ahnhaftig *ahnungsvoll*
al *schon*
ampeln *strampeln*
anböten *Feuer anmachen*
anbucken *den Kopf neigen*
annerwoorns *anderswo*
anpurren *anstacheln*
anslaan *anschlagen*
antrecken *anziehen*
arig *ziemlich*
Aschenpüüstersch *Aschenbrödel*
asen *schmutzige Arbeit tun,*
asig *eklig*
attah! *Ruf bei der Fuchsjagd*
attüß *adieu*

baben *oben, über*
backen *kleben*
bannig *sehr*
barft *barfuß*
Barg *Berg, eine Menge*
bargt sik *rundet sich*
barken *aus Birkenholz*
basch *barsch, frech*
bedraugt, bedraut *bedroht*
Beer *Beere und Birne*
beern *sich stellen als ob*
beestig geern *außerordentlich gern*
begriepen *begreifen, sich fassen*
benaut *bedrückt*
berusseln sik *sich betrinken*
beswögen *übertreibend besprechen*
betemen laten *gewähren lassen*
bether to *bisher*
bet lank *weiter entlang, längs*
biestern *irren*
bikamen *zukommen*
binnenhalen *hereinholen*
blaag *blau*
blangenbi *seitlich daneben*
Blink *Rasenplatz*
bögen *biegen*
Böhn *Boden, Dachboden*
Böhr *Bahre*
bölken *brüllen*
Boom *Baum*
bören *eine Last heben, Geld einnehmen*
Borm *Boden, Grund*
börnen *tränken*
Bossen *Busen, Brusttasche*
Bost *Brust*
böten *Feuer anzünden, einheizen*
brammen *wiehern*
Brettfoot *Breitfuß, Kröte*
Bröh *Brühe, Brühwasser*
Büdel *Beutel*
Buttje *Knirps*
butz *plötzlich*

daaksen *prügeln*
Dacklünk *Sperling*
dal *nieder,* up dal *drauflos*

Deel *Diele*
Deel *Teil*
dennig *kräftig*
doon *tun, geben*
Doont, een *einerlei*
Doornrieter *Dornreißer*
Dööster *Teufel*
dörneiht *durchgenäht, durchtrieben*
döschen *dreschen*
drachbar *ertragfähig*
drang *eng, fest*
Dreeschkoppel *Weideland*
driebens *wie getrieben, ohne zu zögern*
Dröönbüdel *langweiliger Mensch*
drusen *schlummern*
Druus *leichter Schlaf*
Duld *Geduld, Ruhe*
dull *toll, böse*
dusend noog *übergenug*
Dutt *Haufen*
Dutt, in *Grund und Boden*
Duuv *Taube*
dwas *quer*
dwatsch *verrückt, querköpfig*
dweer *quer*

Ebenliet *Zeitraum von 24 Stunden*
Eer *Erde*
eersten *vorerst*
ehr *eher, ehe*
ehr *ihr, ihnen*
Ellervadder *Urgroßvater*
Emmer *Eimer*
Enn *das Ende;* in Enn *in die Höhe*
Escher *Spaten*

Fack *Fach, beiderseits der Scheunendiele*
Fahl *Fohlen*
fahlen *fohlen*
Falg *Stoppelland*
feerlangs *von ferne*
ficheln *schmeicheln*
fiev *fünf*
Flach *Fläche, Strecke*
fledig *leicht, bequem*
Fleit *Flöte*
fleiten *flöten;* fleiten gahn *verlorengehen*
Flecken *Einfriedigung*
Flillerflaller *Schmetterling, flatterhafte Person*
Flücht *Flügel*
föddern *fordern*
föfftig *fünfzig*
Foot *Fuß;* Mz. *Fööt*
Freed *Friede*
Fruhkost *Frühstück*
Fuuldowat *Faulpelz*
füünsch *wütend*
Füürholt *Brennholz*

Gaffork *Garbenforke*
gaht to *hausen, zu Kehr gehen*
Garvkammer *Sakristei*
Gaßbott *Gastmahl*
Gatz *Riß*
gau *schnell*
geel, gele *gelb*
gettern *stark gießen*
glänstern *glänzen*
glöhnig *glühend*
glösen *glimmen, qualmen*
glummen *glimmen*
glupen *finster blicken*
gluupsch *blind, ungestüm*
Gniddern un Fliddern *winzige Stücke*
Goden, to'n-gahn *gut ausgehen*
Goos *Gans;* Mz. *Göös*
gramm un grillig *ärgerlich*
granaatsch *wütend*

Grapen *eiserner Kochtopf*
grapsen *raffen, stehlen*
Gresen *Schauder*
gresig *schauderhaft*
groff *grob*
grolig *gruselig*
Grootmöhm *Großmutter, Großtante*
günt *drüben, jenseits*

hack an *klebe an*
Hacksels *Häcksel, Häckerling*
Hadoorn *Hagedorn*
halen *holen*
halfs, dat *die Hälfte*
Halter *Halfter*
Handgebeer *Handbewegung, Beschäftigung*
Hanschen *Handschuh*
hapst to *schnappt zu*
harden, hen *mit seinen Kräften hinreichen*
Harß, Harvst *Herbst*
Hasen *Strümpfe*
haugen *hauen*
Havern *Hafer*
Heben *Himmel*
heel un deel *ganz und gar*
Heen *Henne*
hellisch *höllisch, sehr*
hendal *hinunter*
heßen *hissen, hinaufwinden*
Hill *Boden über den Viehställen*
högen *freuen*
Hohn *Huhn*
Hollänner *Vorsteher einer Milchwirtschaft*
hollen *halten*
hott, hier *rechts, links, Zurufe beim Pflügen*
huken *hocken*
hulen *heulen*
Huushollersch *Haushälterin*

inasen *beschmutzen*
infaten *(einen Bienenschwarm) einfangen*
intuckern *ins Gefängnis stecken*
jackeln *verprügeln*
jichtens, jiggens *irgend*
jiepen *Verlangen haben*
juuchen *jauchzen*
juun *euer*

Kaat *kleines Wohnhaus*
Kaff *Hülsen des Getreides, Spreu*
kanten, sik *sich hin- und herwälzen*
Ketscher *Netz am Stiel*
Kiep *Korb*
Kievitt *Kiebitz*
Klapp *Bund Stroh*
klebudern *galoppieren*
kleden *einkleiden*
kleien *kratzen*
Klever *Klee*
Klinglööd *wohlklingende Glöckchen*
kluckern *Pferden den Hals klopfen*
Klump *Kloß, Klöße*
Klunsterfoot *Klumpfuß*
klütern *basteln*
Knevel *Knebel, Kind, junger Bursche*
Knick *Buschwerk auf Erdwällen*
knicken *Buschwerk abhauen*
Kniep *Klemme*
knubberig *holperig*
knütten *knoten, stricken*
Kohharr *Kuhhirte*
Kööm *Kümmel, Branntwein*
Köömkees *Kümmelkäse*
kort ut *kurz, durchaus*
Köst *Hochzeit*
Kösttüüch *Hochzeitswäsche*

Kötel *Stück Kot*
Krack *minderwertiges Pferd*
Kramerlatiensch Kauderwelsch
kramert sik *schlüpft geschäftig hinein*
Kreevt *Krebs*
Kreih *Krähe*
Krömeln *(Brot)krumen*
krömen *zerkrümeln*
Kroog *Wirtshaus*
Kröööt, Kröötsack *freche Person, störrisches Kind*
Kröpelskraft, ut *aus Leibeskräften*
Krüff *Krippe;* Mz. *Krübben*
krupen *kriechen*
Küll *Kälte*
Kumm *Schüssel*
kümmt bi *geht daran*
Kusen *Backenzähne*
Kuul *Grube*
Küül *Keule*

Laad, Laag *Getreide, zum Dreschen gelagert*
laat *spät*
Laps *ungeschliffener Bengel*
lastig *schwer*
Ledder *Leder, Leiter*
leddern *ledern, eins versetzen*
leddig *leer, ledig*
Lee *Sense*
Leed *Schwelle*
leeflich *lieblich*
leeg *schlecht, schwer krank*
Leev *Liebe*
legen *lügen*
lehnen *leihen, entleihen*
lehren *lehren und lernen*
leidig *wunderlich, eigen*
leifig *schlau, gewandt*
Leit *Pferdeleine*
Lepel *Löffel*
libberig *süßlich, flau*
lichten, mit *leicht*
Lick up *leckere Speise*
licken *lecken*
liekers *gleichwohl*
Lien, veer ut de *mit 4 Pferden vom Bock aus*
löben *glauben*
Lögen *Lügen*
Lööv *Laube*
Losement *Gemach, Kammer*
lücken *glücken*
Lünk *Sperling*
Lussen, mit *es gelüstet*
lüürlütt *winzig klein*

Maad *Schlamm*
Maan *Mond*
Macker *Mitarbeiter (beim Dreschen)*
man *nur*
mang *zwischen*
Masch *Marsch*
meihn *mähen*
meist *beinahe*
Meß, Metz *Messer*
Meß *Mist*
messen *misten*
Miegelreem *Ameise*
mit sien *passen, gefallen*
moden sien *vermuten*
Moll *Mulde, Schlachtermulde*
mööör *mürbe*
morrn *morgen*
möten *zurückhalten*
Mundeerung *Montur*
Muscheblix *scherzhaft Herr Blitz*
Muusplacken *Muttermal*

Naamdag *Nachmittag*
nablieben *unterbleiben*
na dissen *nachgerade*
nalaten *unterlassen*

narms *nirgends*
Naverschop *Nachbarschaft*
nedden *unten*
neegste *nächste*
Nees *Nase*
negen *neun*
neger *näher*
neihen *nähen*
nielich *neugierig*
nipp *genau*
noog *genug*
nölen *zaudern, lässig etwas tun*
nölig *schleppend*
nömen *nennen*
Nööt *Nuß*
nösseln *betäubt purzeln*
nümms *niemand*
nusselig *unsauber*

öbberst *oberste*
oolt *alt;* de Ool *der Alte*
opbööm *aufheben*
opseelt *gesattelt*
Ordeel *Urteil*
Order, Oller *Auftrag*
Över *Ufer, Anhöhe*
över un döver *über und über*
överdönig *übermütig, hochmütig*
Överfelg *Überfall, Teil des Türverschlusses*
överjahr *in diesem Jahr*

Palten *Fetzen*
Pans *Pansen, Kuhmagen*
Pasen *Taschen*
Patschon *Portion*
pedden *treten*
Peerfiegen *Pferdeäpfel*
Pietsch *Peitsche*
plietsch *pfiffig*
Ploog drieven *pflügen*
Ploogsteert *Handgriff am Pflug*
Ploogstöker *Eisenstab zur Säuberung der Pflugschar*
Plumm *Pflaume*
Plümperküül *Stange, mit der man ins Wasser schlägt*
plümpern *mit einer Stange ins Wasser schlagen*
Plünnen *Lumpen*
Poch *Frosch*
Pöting *Teufel*
prahlen *laut sprechen*
Prüntje *Kautabak*
Prüük *Perücke, auch für Mütze*
pulen *zupfen*
Pull *Baumkrone*
pundwies *pfundweise*
purren *stochern*
Puttschaarn *Topfscherben, auch für unbeschädigte Töpfe*

quarken *mißgestimmtes Reden*
quosen *mit vollen Backen kauen*

rachgierig *habsüchtig*
Rad, ünner *nacheinander*
raken *zusammenharken, mit der hohlen Hand zusammenschieben*
Rauh *Ruhe*
Redder *Weg zwischen zwei Knicks*
Reeg *Reihe*
Reeg, in 'e *in Ordnung*
reeglangs *nach der Reihe*
reegnicht *regnerisch*
Reep *Seil*
Regel *Platz, wo die Kühe zum Melken zusammengetrieben werden*
reinefeern *rein machen*
Reisen *der Reisende, Handwerksbursche*
reisfardig *reisefertig*

Reken *Rechnung*
rementen *wüsten Lärm machen*
Rentlichkeit *Reinlichkeit*
Rich *Regal*
Röder, Rööd *Räder*
rögen *rühren*
Röhrent *Teufel*
Rööp *Raufe*
Röß *aus Haselstreifen geflochtene Mulde*
Rump *Bienenkorb*
Rung *Wagenrunge*
Ruumboom *Baum, der im Stall 2 Pferde trennt*

sachs, sachts *vielleicht*
Sagelspöön *Sägespäne*
sagen *sägen*
sahlen *sohlen*
schaadt, wat – dir? *was fehlt dir?*
Schacht *Schaft*
Schallkatt *Mistkäfer*
schandeern *beim Schimpfen das Wort »Schande« gebrauchen*
Schapp *Schrank*
Schees *Kutschwagen*
Schell *Schale, Rinde*
Schellbieter *ein Käfer*
Schetelwater *Salpetersäure*
Schewickel, bi'n *beim Wickel (kriegen)*
Schick, to *in Ordnung*
Schoor *Schar*
Schöttel *Schüssel*
schrimpen *schmerzen, stechen*
schruterig *schauerlich*
schubben, sik *mit dem Körper hin und her zucken*
schuddern *schaudern*
Schüffel *Schaufel*
Schuut *grobe Küchenschürze*
Sebber *Maikäfer*
Seel *Seil, Aufhängeseil an offenem Herd*
Seel *Siele, Pferdegeschirr*
siet *niedrig*
slaven *schwer arbeiten*
Sleef *hölzerner Kochlöffel, Nichtsnutz*
Sleet *Stangen als Unterlage für Getreide, Heu und Stroh*
Slöök *Speiseröhre, Kehle*
slööksch *gierig fressend*
Smeed *Schmiede*
smerig *schmierig*
smutelich, smuddelich *schmutzig*
snaaksch *wunderlich*
söben *sieben*
Söög *Sau*
Soot *offener Brunnen*
Sößling *Kupfermünze*
Speetsch, 'n Speetschen *Münze, 1½ Taler*
Spektakel, to'n *zum Schabernack*
Spijöök *Faxen*
Spill *Spiel*
Spill, to – gahn *dabei abfallen*
spökeln *spuken*
Staakfork *langgestielte Gabel*
Starkenkalf *weibl. Kalb*
Stell *Gestell*
sticken, sik *ersticken*
Stock, op'n – doon *schikanieren*
Stööl *Stiel*
Stoot, en *zeitlang*
strevig *stark, stämmig*
Strichkorf *Strickkorb*
strieden *streiten*
strieden, de Been *die Beine spreizen, ausschreiten*
strukenhaun *herumlungern vor der Tür des Hochzeitshauses*
Sucht *die Fähigkeit zu saugen*
suffanner, selbander *miteinander*
Summari *langer Priesterrock*
sülben *selbst*
sünnerlich *absonderlich*
sünst, süß *sonst*

suur *sauer;* sik suur doon *sich sauer werden lassen*
swaar *schwer*
Sweep *Peitsche*
sweern *schwören*
Swiebagen *Schwibbogen*
Swienegel *Igel, unsauberer Mensch*
swögen *viel Wesens machen*
Swülk *Schwalbe*
swutschen *wüst leben*

tageln *prügeln*
Takeltüüch *Lumpengesindel*
tallföten *mit den Füßen zappeln*
Tang *Zweig*
Tarten *Torten*
töben *warten*
tobreken *zerbrechen*
todegen *gehörig*
tokaken *zukochen, festlich kochen*
toleevt *ihm gefallen, ihn gereizt*
Toloop *Anlauf*
tonaast *nachher*
tööf! *warte!*
Toomwark *Zaumzeug*
Toorn *Turm*
Tööt *Stute*
torieten *zerreißen*
toslapen *einschlafen*
totruffen *zustapfen*
Traad *Wagenspur*
Trallen *eisernes Gitter*
trecken *ziehen*
Tremin *Termin*
trollen *rollen*
truffen *hart auftreten*
tücken *zupfen*
tüderig *verwirrt, unvernünftig*
Tüffeln *Pantoffeln*
tummeln *taumeln*
Tumpbüdel *Dummbeutel, Dummbart*
tumpig *unbeholfen, dumm*
Tüüt, ut de *außer sich*
tweelt *gegabelt*

Ulenlock *Öffnung in der Spitze des Giebels*
ümkamen *mit jemandem auskommen können*
ümlangsher *ringsumher*
Ümslag *Kieler Januarmesse*
Undöög *dumme Streiche*
ünnergahn *auf eine Bedingung eingehen*
ünnerhööcht *in die Höhe*
ünnernesig holln *übermütig behandeln*
unnood geern *ungern*
upholln *aufhalten, aufhören*
upstütt *aufgeschoben*
Upwand *Aufsehen*
utasen *ausschimpfen unter Gebrauch des Wortes Aas*
uthüppt, di is een *dir ist einer der Sinne ausgefallen*
utlüstern, sik *sich auskundschaften*
utmaden *aus dem Soot den Schlamm herausschaufeln*
ut'n *drum herum, zeitlich*
utneihn *weglaufen*
utöven *ausüben*
utracken *ausrücken*
utrauhn, sik *sich ausruhen*
Utschell *Schelte*

Vadder *Vater, Gevatter, Pate*
Vageln *scherzhaft für Läuse*
verbröcht *hindurchgebracht*
verdregen *ertragen*
verdweer un verdwas *quer*
verfeern, sik *erschrecken*

vergeben *vergiften*
verhalen, sik *sich erholen*
Verlag *Vermögen, um die Auslagen zu bestreiten*
verlang *der Länge nach*
Vermaak kriegen *etwas merken*
vernarrn hebben *zum Narren haben*
verrött *verrottet*
versnoort, verhoort *(Geld) hindurchgebracht*
verstrict *mit auseinander gespreiteten Beinen*
verweiht *verweht, verloren*
Vörblääd *Vorderblätter, -beine*
Vörschuur *überdachter Raum vor der Grootdöör*
vunabend *heute abend*
vundaag *heute*
vunmorgen *heute morgen*

Waag *Wagen*
Warkkamer *Sakristei*
wedderhaarig *widerspenstig*
Wehdaag *Schmerzen*
Welgen *Haferschleim als Krankenkost*
wecker *welcher, wer*
wenen *weinen;* he weent *er weint*
weten *wissen*
wielt *während*
wieltdes *währenddessen*
Wierdraht *Metalldraht*
wieswarrn *gewahr werden*
Wisch *Wiese*
wiß utsehn *verlegen, ängstlich aussehen*
wißhollen *festhalten*
wo, wodennig *wo, wie*
wogen *unruhig hin und hergehen*
wokeen *wer*
woneem *wo*
wonehr *wann*
woor, woorns *wo, irgendwo*
Wöörden *Würden, Pracht*
woort an *antwortet*
wracken *mit Anstrengung tragen, schleppen*
wrangen *ringen, sich unruhig auf dem Lager wälzen*
wull *wohl;*
wullehr *vor Zeiten*
Wust *Wurst*
wutschen *schlüpfen*

Zeeg *Ziege*

ANHANG

a) Literatur

Aarne, Antti: Estnische Märchen- und Sagenvarianten, Helsinki 1918 (FFC 25)
–, Verzeichnis der finnischen Ursprungssagen und ihrer Varianten, Helsinki 1912 (FFC 8)
–, The Types of the Folktale, transl. and enl. by Stith Thompson, sec. rev., Helsinki 1961 (FFC 184)
Die Heimat, Monatszeitschrift des Vereins zur Pflege der Natur- und Landeskunde, Jg. 1 ff., Kiel 1890 ff.
Niedersachsen, Monatszeitschrift für Heimat, Kunst und Leben, Jg. 1 ff., Bremen 1895 ff.
Thompson, Stith: Motif-Index of Folk-Literature, 6 vols., sec. ed., Bloomington 1955–58
Ranke, Kurt: Schleswig-Holsteinische Volksmärchen, 3 Bde, Kiel 1955–1962
Wisser, Wilhelm: Wat Grotmoder vertellt, 3 Bde, Leipzig 1904–09
–, Auf der Märchensuche, Hamburg-Berlin. – Unser Volkstum, hrg. von W. Stapel
(Die Hinweise »oben p.« beziehen sich auf Wissers erste Ausgabe der vorliegenden Sammlung.)

b) Erzähler der Märchen

Becker, Gottfried, Kuhknecht in Löhrsdorf, geb. 1835
Bendfeldt, Fritz, Tagelöhner in Grube, geb. 1842
Block, Christine, aus Kröß, geb. 1821
Blunck, Heinrich, Schneider in Jahnsdorf, geb. 1853
Bräsen, Hinrich, Tagelöhner in Rensefeld, geb. 1824
Clasen, aus Klenzau, geb. 1823
Dohse, Minna, aus Görtz, geb. 1831
Ehlers, August, Gärtner in Lütjenbrode, geb. 1855
Ehrig, Heinrich, Tagelöhner in Kreuzfeld, geb. 1830
Evers, Fritz, Tagelöhner in Petersdorf, geb. 1834
Fock, August, Tagelöhner in Bökenberg, geb. 1840
Frank, Markus Hinrich, Tagelöhner in Lensahn, geb. 1830
Glaser, Johann, Tagelöhner in Görtz, geb. 1858

Harms, Wilhelm, Tagelöhner in Altenkrempe, geb. 1855 in Kasseedorf
Horst, Dorothea zur, aus Eutin, geb. 1847
Howe, Stina, aus Kasseedorf, geb. 1826
Hünike, Johann, Maurer in Neustadt, geb. 1825
Klüver, Johannes, Tagelöhner in Sibstin, geb. 1842
Köster, Waldarbeiter in Schönwalde, geb. 1855
Kühl, aus Diemersdorf bei Heiligenhafen
Külsau, Johann, Tagelöhner bei Neustadt, geb. 1827
Laas, Schneider in Hobstin, geb. 1869
Langbehn, Hinrich, Bauernvogt in Klenzau (1820–91)
Laudy, Kätner in Kreuzfeld, geb. 1853 in Klein-Meinsdorf
Lembke, Hans, Tagelöhner in Lensahn, geb. 1839
Lemcke, Caroline, aus Eutin, geb. 1826
Lunau, Dorten, aus Neudorf
Möller, Schäfer in Stadtfurt, geb. 1837 in Straßburg in der Uckermark
Muhs, Karl, Kuhknecht in Niehof, geb. 1835
Petersen, Wilhelm, Schäfer in Bahrenkrug, geb. 1872
Rump, Georg, Heizer in Lütjenburg, geb. 1840
Sander, Gartenarbeiter in Weißenhaus, geb. 1845
Schlichting, Anna, aus Sagau, geb. 1828
Schloer, Stina, aus Griebel, geb. 1828
Schütt, Johann, Tagelöhner in Altenkrempe, geb. 1819
Schultz, aus Langenhagen
Steer, Johann, Altenteiler auf dem Rabans/Behrendorf, geb. 1819
Steffen, Wilhelm, Schneider in Barsbeck, geb. 1865
Weidemann, Fritz, Schäfer in Sierhagen/Kassau, geb. 1849
Wiedfeld, aus Heiligenhafen
Wisser, Christine, geb. Sach, Mutter des Sammlers, geb. 1816
Wulf, Fritz, Korbflechter in Altenkrempe, geb. 1829
Zauß, Georg, Nachtwächter in Neujellingsdorf, geb. 1844

c) Anmerkungen

1 De twee Bröder. – Wisser-Ms. 33,5. – Erzähler: Hünike, aufgen. 1904. Vg. dazu oben p. XV; Ranke, Volksmärchen, I 118 Nr. 5; Wisser Märchensuche, p. 84. Abgedr.: Niedersachsen, XV p. 28 ff. – AT 303.

2 Hack an! – Wisser-Ms. 25, 1 + 2. Kontam.: 2 Fass. Erzähler: Weidemann, aufgen. 11. 7. 1904, und Frau Lunau, aufgen. 19. 7. 1906. Vgl. dazu Ranke, Volksmärchen, II p. 301 + 303 Nr. 4 + 304 Nr. 5; Wisser, Märchensuche, p. 84. – AT 571.

3 De Küken lehrt dat Snacken. – Kontam.: 3 Fass. Erzähler: Sander,

aufgen. 1906; Steer, aufgen.: 1906; und Köster, aufgen. 1900. Vgl. dazu Wisser, Märchensuche, p. 84. – AT 1750.

4 Bet de Kukuk röppt. – Erzähler: Hünike, aufgen. 1904. Vgl. dazu Wisser, Märchensuche, p. 84. – AT 1000 + AT 1003 + AT 1007 + AT 1004 + vgl. Thompson F 624. 3. 1 + AT 1291 B + AT 1006 + AT 1008 + AT 1012 + AT 1029.

5 De Köster un de Preester. – Erzähler: Frau Schlichting, aufgen. 1898. Vgl. dazu Wisser, Märchensuche, p. 84. – AT 1792 + AT 1536 A + AT 1735 A.

6 De Zegenbuck. – Erzähler: Külsau, aufgen. 1906. Vgl. dazu Wisser, Märchensuche, p. 84. – AT 132.

7 Herr Negenkopp. – Wisser-Ms. 170. Erzähler: Hünike, aufgen. 1904. Vgl. dazu Ranke, Volksmärchen, I p. 150; Wisser, Märchensuche, p. 84. Abgedr.: Die Heimat, XV 143 Nr. 46 – AT 312.

8 Dischdeckdi, Esel un Fiedel. – Wisser-Ms. 57, 2. Erzähler: Hünike, aufgen. 21. 7. 1904. Vgl. dazu oben p. XV; Ranke, Volksmärchen, II 246 Nr. 2; Wisser, Märchensuche, p. 84. – AT 563.

9 De dree Geselln un de Düvel. – Wisser-Hs. 77. Erzähler: Hünike, aufgen. 1904. Vgl. dazu oben p. XV; Ranke, Volksmärchen, III 137 Nr. 1; Wisser, Märchensuche, p. 84. – AT 812 + AT 613.

10 Hans un de Buur. – Erzähler: Frau Schultz, aufgen. 1900. Vgl. dazu Wisser, Märchensuche, p. 84. Abgedr.: Die Heimat, XII 89 Nr. 29. – AT 1535.

11 Hans Hillbrand. – Erzähler: Harms, aufgen. 1899. Vgl. dazu Wisser, Märchensuche, p. 84. Abgedr.: Die Heimat, XIV 166 Nr. 44. – AT 1360 C.

12 Wo bleibt denn der Sohn? – Kontam.: 2 Fass. Erzähler: Lembke, aufgen.: 1900; und Ehrig, aufgen. 1901. Vg. dazu Wisser, Märchensuche, p. 84. – Vgl. AT 1842.

13 Slang, Müch un Swülk. – Erzähler: Frau Clasen, aufgen. 1899. Vgl. dazu Wisser, Märchensuche, p. 84 – Thompson B 527. 2, Aarne (FFC 25) 149 Nr. 61, Aarne (FFC 8) 19 Nr. 107 + Thompson A 2236.1.

14 Haak un Öösch. – Wisser-Hs. 27, 2. Erzähler: Frau Schloer, aufgen. Herbst 1898. Vgl. dazu oben p. X; Ranke, Volksmärchen, I 231 Nr. 2; Wisser, Märchensuche, p. 84. Abgedr.: Die Heimat, XI 81 Nr. 16. – AT 327 A.

15 De Snieder un de Ries. – Erzähler: Bendfeldt, aufgen. 1907. Vgl. dazu Wisser, Märchensuche, p. 84. – AT 1640.

16 Hans mit de hölten Koh. – Erzähler: Steffen, aufgen. 1908. Vgl. dazu Wisser, Märchensuche, p. 84. – AT 1535.

17 De Buur un de Raatsherr. – Erzähler: Bräsen, aufgen. 1907. Vgl. dazu Wisser, Märchensuche, p. 84. AT 1346 A*.

18 De Buur un de Professer. – Erzähler: Hünike, aufgen. 1904. Vgl. dazu Wisser, Märchensuche, p. 84: oben p. XV.

19 De gries Buck. – Erzähler: Hünike, aufgen. 1904. Vgl. dazu oben p. XV; Wisser, Märchensuche, p. 84.

20 Dat Undeert. – Erzähler: Frau Schloer, aufgen. 1898. Vgl. dazu oben p. X; Wisser, Märchensuche p. 84. Abgedr.: Die Heimat, XI 135 Nr. 22. – Thompson J 1736.

21 Dat Unweder. – Kontam.: 4 Fass. Erzähler: Frau Schloer, aufgen. 1898; Rump, aufgen. 1905; Frau Howe, aufgen. 1901 und Köster, aufgen. 1906. Vgl. dazu oben p. X; Wisser, Märchensuche, p. 84. – AT 1296 A.

22 De lütt Ent. – Erzähler: Frau Lemcke, aufgen. 1898. Vgl. dazu Wisser, Märchensuche, p. 84. – AT 403.

23 Gniedeln un Fiedeln. – Wisser-Hs. 82, 1. Erzähler: Harms, aufgen. 26. 7. 1903. Vgl. dazu Ranke, Volksmärchen, II 341 Nr. 1; Wisser, Märchensuche, p. 85. Abgedr.: Eutiner Kalender 1911. – AT 592.

24 Haspelholt. – Erzähler: Frau Schloer, aufgen. 1898. Vgl. dazu oben p. X; Wisser, Märchensuche, p. 85. – AT 1405.

25 De groot Gatz. – Erzähler: Hünike, aufgen. 1904. Vgl. dazu oben p. XV; Wisser, Märchensuche, p. 85. – AT 1090 + AT 1095.

26 Hans Veertein. – Wisser-Hs. 40, 9. Erzähler: Petersen, aufgen. 6. 7. 1906. Vgl. dazu oben p. XXIV; Ranke, Volksmärchen, II 367 Nr. 2; Wisser, Märchensuche, p. 85. Abgedr.: Wisser, Grotmoder, III p. 67. – AT 650 A.

27 Giff di! – Kontam.: 3 Fass. Erzähler: Harms, aufgen. 1899; Lembke, aufgen. 1900 und Bräsen, aufgen. 1907. Vgl. dazu Wisser, Märchensuche, p. 85.

28 De Preester mit de Wust. – Kontam.: 2 Fass. Erzähler: Frau Schloer, aufgen. 1898, und Harms, aufgen. 1899. Vgl. dazu oben p. X; Wisser, Märchensuche, p. 85. Abgedr.: Die Heimat, XIII 137 Nr. 35. – AT 1785 A.

29 De Schuufkaar. – Erzähler: Frau Howe, aufgen. 1901. Vgl. dazu Wisser, Märchensuche, p. 85.

30 De Ploog. – Erzähler: Steffen, aufgen. 1908. Vg. dazu Wisser, Märchensuche, p. 85.

31 Na'n Kivitsbarg. – Kontam.: 2 Fass. Wisser-Hs. 48, 1 + 2. Erzähler: Frau Wiedfeld, aufgen. 1906, und Zauß, aufgen. 1908. Vgl. dazu Wisser, Märchensuche, p. 85; Ranke, Volksmärchen, II p. 75. – AT 461.

32 De Fischprinzessin un de Snieder. – Wisser-Hs. 52, 1. Erzähler: Frau Schloer, aufgen. Sommer 1898. Vgl. dazu oben p. X; Ranke, Volksmärchen, III 135 Nr. 21; Wisser, Märchensuche, p. 85. Abgedr.: Die Heimat, XI 135 Nr. 21. – AT 945 II.

33 De ool Fritz un de Bessenbinner. – Wisser-Hs. 31, 13. Erzähler: Rump, aufgen. 1905. Vgl. dazu Ranke, Volksmärchen, III p. 278–80; Wisser, Märchensuche, p. 85. – AT 921 A + AT 922 B + Thompson N 415.

34 De Buur un de Goldsmitt. – Erzähler: Rump, aufgen. 1905. Vgl. dazu Wisser, Märchensuche, p. 85. – AT 1546.

35 Vun de Teertunn in de Feddertunn. – Erzähler: Schütt, aufgen. 1899. Vgl. dazu Wisser, Märchensuche, p. 85. – AT 1358 A + B.

36 De Koopmannssöhn. – Wisser-Hs. 50, 3. Erzähler: Evers, aufgen. 29. 7. 1909. Vgl. dazu Ranke, Volksmärchen, II 111 Nr. 2; Wisser, Märchensuche, p. 85. Abgedr.: Eutiner Kalender 1917. AT 506 + Thompson H 13. 2. 7.

37 Sülben verraden. – Kontam.: 4 Fass. Erzähler: Harms, aufgen. 1899; Laas, aufgen. 1904; Sander, aufgen. 1906 und Fock, aufgen. 1907. Vg. dazu Wisser, Märchensuche, p. 85. – AT 1725.

38 De bunt Buck. – Erzähler: Hünike, aufgen. 1904. Vgl. dazu Wisser, Märchensuche, p. 85. – AT 889.

39 Petrus na Jerusalem. – Kontam.: 6 Fass. Erzähler: Wulf, aufgen. 1899; Lembke, aufgen. 1900; Köster, aufgen. 1900; Klüver, aufgen. 1903; Sander, aufgen. 1906, und Bräsen, aufgen. 1907. Vgl. dazu oben p. XV; Wisser, Märchensuche, p. 85. AT 1735.

40 Ruuchklaas. – Wisser-Hs. 63, 5. Erzähler: Frau Block, aufgen. 20. 7. 1903. Vgl. dazu Ranke, Volksmärchen, II 127 Nr. 2; Wisser, Märchensuche, p. 85. Abgedr.: Wisser, Grotmoder, I p. 11 ff. – AT 510 B.

41 De lütt witt Katt. – Wisser-Hs. 38, 5. Erzähler: Hünike, aufgen. 15. 7. 1904. Vgl. dazu oben p. XV; Ranke, Volksmärchen, I 324 Nr. 8; Wisser, Märchensuche, p. 85. Abgedr.: Wisser, Grotmoder, I p. 17 ff. – AT 402.

42 Hans un de Preester. – Erzähler: Buck, aufgen. 1902. Vgl. dazu Wisser, Märchensuche, p. 85. Abgedr.: Die Heimat, XIV 164 Nr. 43 = Wisser, Grotmoder, I p. 22 ff. – AT 1736.

43 Dree Säck vull Lögen. – Wisser-Hs. 39, 11. Erzähler: Hünike, aufgen. 1904. Vgl. dazu oben p. XV; Ranke, Volksmärchen, II 266 Nr. 2; Wisser, Märchensuche, p. 85. Abgedr.: Wisser, Grotmoder, I p. 24 ff. – AT 570 + AT 1610.

44 Fritz un de Prinzessin. – Wisser-Hs. 32, 3. Erzähler: Hünike, aufgen. 21. 7. 1904. Vgl. dazu oben p. XV; Ranke, Volksmärchen, III 246 Nr. 3; Wisser, Märchensuche, p. 85. – AT 900.

45 Vagel Fenus. – Wisser-Hs. 37, 3. Erzähler: Laudy, aufgen. 12. 1. 1901. Vgl. dazu Ranke, Volksmärchen, II 199 Nr. 4; Wisser, Märchensuche, p. 85. Abgedr.: Wisser, Grotmoder, I p. 34 ff. – AT 551.

46 De gollen Vagel. – Wisser-Hs. 37, 2. Erzähler: Lembke, aufgen. 11. 4. 1900. Vgl. dazu Ranke, Volksmärchen, II 192 Nr. 1; Wisser, Märchensuche, p. 85. Abgedr.: Die Heimat, XIV 19 Nr. 41 = Wisser, Grotmoder, I p. 41 ff. – AT 550.

47 Hans Dünk. – Kontam.: 3 Fass. Wisser-Hs. 72, 1 + 2 + 5. Erzähler: eigene Erinnerungen + Frau Wisser, aufgen. 1898, und Frau Lunau, aufgen. 19. 7. 1906. Vgl. dazu Ranke, Volksmärchen,

III 35 Nr. 3–5; Wisser, Märchensuche, p. 85. Abgedr.: Die Heimat, XII 36 Nr. 28 = Wisser, Grotmoder, I p. 56 ff. – AT 700.

48 De König un de Ent. – Wisser-Hs. 63, 4. Erzähler: Frau Block, aufgen. Michaelis 1899. Vgl. dazu Ranke, Volksmärchen, II 13 Nr. 5; Wisser, Märchensuche, p. 85. Abgedr.: Die Heimat, X 25 Nr. 2 = Wisser, Grotmoder, I p. 65 ff. – AT 1920 F + AT 1960 D.

49 De Eddelmann un de Buur. – Erzähler: Frau Schloer, aufgen. 1898. Vgl. dazu oben p. X; Wisser, Märchensuche, p. 86. Abgedr.: Die Heimat, X 25 Nr. 2 = Wisser, Grotmoder, I p. 70 ff. – AT 1920 F + AT 1960 D.

50 De Suldat un de Düvel. – Erzähler: Frau Block, aufgen. 1899. Vgl. dazu Wisser, Märchensuche, p. 86. Abgedr.: Wisser, Grotmoder, I p. 73 ff. – AT 361.

51 Fuuldowat. – Kontam.: 2 Fass. Wisser-Hs. 61, 1. Erzähler: Frau Schloer, aufgen. Sommer 1898, und Frau Lemcke, aufgen. 1898. Vgl. dazu oben p. X; Ranke, Volksmärchen, III 9 Nr. 2; Wisser, Märchensuche, p. 86. Abgedr.: Die Heimat, X 205 Nr. 10 = Wisser, Grotmoder, I p. 76 ff. – AT 675.

52 Mien Ohm. – Erzähler: Schütt, aufgen. 1899. Vgl. dazu Wisser, Märchensuche, p. 86. Abgedr.: Die Heimat, X 134 Nr. 7 = Wisser, Grotmoder, I p. 80 ff. – AT 761, Ra 761*.

53 De gerecht Vadder. – Erzähler: Frau Schloer, aufgen. 1898. Vgl. dazu oben p. X; Wisser, Märchensuche, p. 86. Abgedr.: Deutsche Welt (1899) Nr. 25 = Die Heimat, XI 118 Nr. 18 = Wisser, Grotmoder, I p. 82 ff. = Schleswig-Holsteinischer Kalender 1907. AT 332.

54 Windhund, Kreih un Miegelreem. Wisser-Hs. 30, 1a. Erzähler: Frau Block, aufgen. Michaelis 1899. Vgl. dazu Ranke, Volksmärchen, I 104 Nr. 5a; Wisser, Märchensuche, p. 86. Abgedr.: Wisser, Grotmoder, II p. 5 ff. – AT 302.

55 De Königsdochter in'n Keller. – Erzähler: Frau Lemcke, aufgen. 1898. Vg. dazu Ranke, Volksmärchen, III p. 192; Wisser, Märchensuche, p. 86. Abgedr.: Deutsche Welt (1902) Nr. 32 = Die Heimat, XII 236 Nr. 33 = Wisser, Grotmoder, II p. 11 ff. AT 870.

56 De Mann ut'n Paradies. – Erzähler: Lembke, aufgen. 1900. Vgl. dazu Wisser, Märchensuche, p. 86. Abgedr.: Die Heimat, XI 178 Nr. 26 = Wisser, Grotmoder, II p. 18 f. – AT 1540.

57 De klook Buurndochter. – Wisser-Hs. 10, 1. Erzähler: Harms, aufgen. 12. 11. 1899. Vgl. dazu Ranke, Volksmärchen, III 206 Nr. 4; Wisser, Märchensuche, p. 86. Abgedr.: Die Heimat, XIII 88 Nr. 34 = Wisser, Grotmoder, II p. 19 ff. – AT 875.

58 De dummen Fruunslüüd. – Erzähler: Frau Schloer, aufgen. 1898. Vgl. dazu oben p. X; Wisser, Märchensuche, p. 86. Abgedr.: Wisser, Grotmoder, II p. 25 ff. – AT 1211 + AT 1386 + AT 1387 +

AT 1384 + AT 1245 + AT 1218.

59 Uns' Herrgott un de Dööster. – Wisser-Hs. 130, 2. Erzähler: Frau Howe, aufgen. Juli 1901. Vgl. dazu Ranke, Volksmärchen, III 126 Nr. 3; Wisser, Märchensuche, p. 86. Abgedr.: Wisser, Grotmoder, II p. 38 ff. – AT 846, Ra 792*.

60 Dat Königriek vun Morrnsteern. – Wisser-Hs. 29, 1. Erzähler: Frau Block, aufgen. Michaelis 1899. Vgl. dazu Ranke, Volksmärchen, I 284 Nr. 1; Wisser, Märchensuche, p. 86. Abgedr.: Eekbom (15. 5. 1903) Nr. 10 = Die Heimat, XIV 88 Nr. 42 = Wisser, Grotmoder, II p. 40 ff. – AT 400.

61 Simson, tu dich auf! – Kontam.: 2 Fass. Erzähler: Becker, aufgen. 1908, und Ehlers, aufgen. 1908. Vgl. dazu Wisser, Märchensuche, p. 86. Abgedr.: Wisser, Grotmoder, II p. 55 ff. – AT 530.

62 De Katt. – Erzähler: Frau Schloer, aufgen. 1898. Vgl. dazu Wisser, Märchensuche, p. 86. Abgedr.: Die Heimat, IX 106 Nr. 1 = Wisser, Grotmoder, II p. 85 ff. – AT 65.

63 De Snieder un sien dree Söhns. – Wisser-Hs. 57, 1. Erzähler: Frau zur Horst, aufgen. Herbst 1898. Vg. dazu Ranke, Volksmärchen, II 246 Nr. 1. Abgedr.: Wisser, Grotmoder, II p 67 ff. – AT 212 + AT 563.

64 De König un de Schinnerknecht. – Wisser-Hs. 31, 1a. Erzähler: Frau Block, aufgen. Michaelis 1899. Vgl. dazu Ranke, Volksmärchen, III 118 Nr. 1 + 325 Nr. 1; Wisser, Märchensuche, p. 86. Abgedr.: Die Heimat, XIV 256 Nr. 45 = Wisser, Grotmoder, II p. 75 ff. – AT 791 + AT 952.

65 De Spitzboovmeister. – Kontam.: 7 Fass. Erzähler: Schütt, aufgen. 1899; Harms, aufgen. 1899; Frank, aufgenommen 1899; Möller, aufgen. 1904; Sander, aufgen. 1904; Muhs, aufgen. 1907; und Frau Lemcke, aufgen. 1898. Vgl. dazu oben p. XXIII; Wisser, Märchensuche, p. 86. – AT 1525 GI + AT 1525 D + AT 1525 A.

66 De witt Wulf. – Kontam.: 4 Fass. Erzähler: Frau Kühl, aufgen. 1908; Glaser, aufgen. 1908; Frau Dohse, aufgen. 1908; und Blunck, aufgen. 1908. Vgl. dazu Ranke, Volksmärchen, I 19 Nr. 7; Wisser, Märchensuche, p. 86. – AT 425 A.

67 Grugen lehren. – Wisser-Hs. 6, 4. Erzähler: Frau Block, aufgen. 1899. Vgl. dazu oben p. XXIV; Ranke, Volksmärchen, I 208 Nr. 4; Wisser, Märchensuche, p. 86. Abgedr.: Eutiner Kalender 1905. – AT 326 + AT 1061 + AT 1159 + AT 1383.

68 De ool Tambur. – Erzähler: Hünike; aufgen. 1904. Vgl. dazu oben p. XV; Wisser, Märchensuche, p. 86. – AT 1535 + AT 1539.

69 De Königssöhn. – Wisser-Hs. 43, 1. Erzähler: Hünike, aufgen. 15. 7. 1904. Vgl. dazu oben p. XV; Ranke, Volksmärchen, III 313 Nr. 1; Wisser, Märchensuche, p. 86. – Thompson K 1812. 2 + AT 1525 D + vgl. AT 955 + AT 950.

INHALT